# 电子竞技
# 职业生涯规划
## CAREER PLANNING OF E-SPORTS

龙马电竞 主编

清华大学出版社
北 京

## 内 容 简 介

职业规划就是对职业生涯乃至人生进行持续、系统地计划的过程。良好的职业规划极大促进着个人的提高与发展，特别是对于电子竞技这一快速发展的新型行业来说，如何将个人的兴趣、能力与行业需求结合是至关重要的。本书详细介绍了职业生涯规划所包含的实用性知识点，全面讲解了职业生涯规划的理论定义和实际操作方法。

本书共7章，内容包括职业生涯规划概述、自我认知、电子竞技从业环境、电子竞技职业简析、电子竞技职业分类与职业发展、电子竞技职业选择与就业准备、电子竞技职业适应与发展。

本书语言通俗易懂，注重实用，充分结合电子竞技行业发展现状，内容结构合理，适合作为高校电子竞技专业职业规划指导课程的教材，也可供对电子竞技职业生涯规划感兴趣的大众读者阅读。



**图书在版编目（CIP）数据**

电子竞技职业生涯规划/龙马电竞主编. —北京：清华大学出版社，2021.12(2025.8重印)
ISBN 978-7-302-59667-7

Ⅰ. ①电… Ⅱ. ①龙… Ⅲ. ①电子游戏－运动竞赛－职业选择 Ⅳ. ①G898.3

中国版本图书馆CIP数据核字(2021)第255725号

**责任编辑**：袁勤勇
**封面设计**：刘家亨
**责任校对**：李建庄
**责任印制**：沈 露

**出版发行**：清华大学出版社
**网　　址**：https://www.tup.com.cn, https://www.wqxuetang.com
**地　　址**：北京清华大学学研大厦A座　　**邮　　编**：100084
**社 总 机**：010-83470000　　**邮　　购**：010-62786544
**投稿与读者服务**：010-62776969，c-service@tup.tsinghua.edu.cn
**质量反馈**：010-62772015，zhiliang@tup.tsinghua.edu.cn
**课件下载**：https://www.tup.com.cn，010-83470236
**印 装 者**：三河市君旺印务有限公司
**经　　销**：全国新华书店
**开　　本**：185mm×260mm　　**印　　张**：10.25　　**字　　数**：238千字
**版　　次**：2021年12月第1版　　**印　　次**：2025年8月第2次印刷
**定　　价**：49.00元

产品编号：093486-01

电子竞技作为近年来蓬勃发展的朝阳产业，成为越来越多年轻人的择业目标。根据行业发展程度和不同阶段人力资源结构分析，截至2018年年底，电竞生态从业者达7.1万人。根据行业调查结果和行业复合增长率估算，目前行业从业者整体劳动力需求规模约50万人。2019年4月3日，人力资源和社会保障部、国家市场监管总局、国家统计局正式向社会发布13个新职业的相关信息，电子竞技员、电子竞技运营师被列为正式职业。电子竞技的快速发展带来了新的就业机会，了解电子竞技产业、做好个人的职业生涯规划是本书的核心内容。

职业生涯规划的实质是对自己职业生涯开发和对未来职业生涯发展的设计。职业生涯规划是职业生涯管理的主要内容之一，而职业生涯管理是人力资源开发与管理研究的重要内容。本书以职业生涯规划发展的基础理论为切入点，深入介绍电子竞技从业环境、电子竞技产业地图以及电子竞技行业中的各个职业发展要求，并辅以应对就业初期适应职业的方法论，让想要走进电子竞技行业的择业者们找到成功的钥匙。

每个人都应该有明确的人生目标，在人生每一个阶段都应该对本阶段的"自我"和"环境"有清晰的认知，并在此基础上做好自己的短期和中长期规划。要做好职业生涯规划，必须清晰地认识职业生涯规划的相关概念，了解职业选择和职业决策的相关理论，认清职业、专业对生涯规划的影响，把握影响职业生涯规划的因素，掌握职业生涯规划的内容、原则和步骤，为制定科学、合理并符合自身特色的生涯规划提供保障，同时也为成功的职业人生打好基础。

近年来，电子竞技产业在国家和社会各界的推动下日趋规范化、广泛化、蓬勃化发展，越来越多的岗位等待着就业者们的到来。如何在竞争日益激烈的就业环境下顺利地找到电子竞技产业中适合自己的工作岗位？如何在日新月异的电子竞技产业中持续稳定地发展？想要厘清这些思路，既需要科学系统的职业生涯规划方法，又需要对电子竞技产业及产业内部各环节有充分的了解。

未来，社会将会对电子竞技从业人员的素质提出越来越更高的要求：一方面，电子竞技从业人员要对电子竞技行业有全面的理解并掌握系统的专业知识；另一方面，电子竞技从业人员还要具备传统行业从业人员的核心工作能力。电子竞技从业人员两方面能力的有机结合才能促进电子竞技行业与其他行业实现深入的合作，创造更高层次的价值。希望各位电子竞技行业的择业者、从业者都能够在自己适合和喜欢的职业中发挥自身最大的价值。

编　者<br>2021年8月

# 目录

# 第 1 章

# 职业生涯规划概述

在社会未进入工业化以前，职业的种类较少，工作的内涵也极为简单，通常的职业都是子女继承自父母，或由师傅传给徒弟，因此“择业”的概念并不普及。工业革命以来，随着科学技术的快速发展，各种各样的生产设备被发明制造出来，生产过程也日渐复杂，产品的种类和生产量也大幅增加。因此，社会分工越来越细致，行业与职业的种类更加趋于复杂与专业。

面对众多的职业种类与复杂的职业内涵，年轻人仅凭自己很难洞悉各种职业的内容及分类，而父母、亲友们也难以用专业化的知识来协助他们选择适当的职业。因此，辅导年轻人择业的责任就由家庭转向学校以及社会就业辅导机构。对于年轻人而言，职业的选择是否妥当，将影响其将来事业的成败及一生的幸福；对于社会而言，个人择业是否适当，决定着社会生产力供需是否平衡。如果每个人都能适才适所，那么不仅每个人都能发挥自我价值，而且社会的发展也会欣欣向荣。

职业生涯是人生中一段重要的历程，是追求自我实现的重要阶段，是人生价值的重要体现。想要实现自我价值，得到社会的认可，就需要对社会作出贡献，这是人生的必修课。因此，可以说人生的成功与职业生涯的成功息息相关。

职业生涯规划作为一项必要的社会生存技能，影响着个人的事业成就和生活质量。职业生涯规划能够帮助个人认识自身条件与外部环境，制定提升方案，确定事业发展的方向。在针对具体行业进行职业生涯规划之前，了解职业的含义、类型、特征等以及有关职业生涯规划的基础知识是非常必要的。

## 1.1 职业的基本概念

### 1.1.1 职业的定义

《现代汉语词典》中对“职业”的描述为，个人在社会中所从事的作为主要生活来源的工作。职业是指人们在社会生活中所从事的以获得物质报酬作为自己主要生活来源，并能满足自己精神需求的、在社会分工中具有专门技能的工作，是对特征相同或相似的一类工作的统称。根据中国职业规划师协会的定义：职业＝职能×行业。可以说，职业是参与社会分工，利用专门的知识和技能，为社会创造物质财富和精神财富，获取合理报酬，作为物质生活来源，并满足精神需求的工作。

总体来说，职业不单是人们相对稳定从事的有一定专门职能并取得经济报酬的工作，也是人的生活方式、经济状况、文化水平、行为模式、思想情操的综合反映，更是一个人的权利、义务、职责和社会地位的一般体现。职业是人与社会联系的纽带，职业生活在人类社会生活中居首要地位。职业生活质量高，对社会的贡献大，人生的价值就容易实现。职业不同于工作，它更多地是指一种事业，在人一生的发展过程中至关重要。因此，职业问题不是简单的工作问题，就职业而言，它至少可以包括以下几方面的含义。

(1) 与个人生活相关，强调物质生活来源并设法满足精神生活。

职业是人生的主要活动。职业作为人们参与社会生活、从事社会活动、进行人生实践的最重要场所，从多方面决定了个人特征和境遇。职业是个体实现个性功能的重要渠道，当一个人从事的职业符合其个人的特点、兴趣时，这个人的工作积极性就会得到充分发挥，也就促进了个性的充分发展。职业是个人为社会作贡献的重要途径，职业活动既是实现自身价值的过程，也是为社会创造价值的过程，个人对社会的贡献主要通过其职业活动来实现。人们通过从事职业活动获得相应的荣誉、权力、地位和收入，既满足了个人的经济需要，也满足了受到社会尊重的价值需要，从社会、单位获得了归属感，促进了个人的全面发展。

(2) 与人类的需求和职业结构相关，强调社会分工。

职业是社会分工的结果，是社会存在的内容。职业是劳动者的社会角色，每个劳动者通过职业活动与社会发生关系，从而形成社会关系。职业作为一种社会存在，不仅是人的社会身份、等级、地位的体现，其本身也构成了人类社会存在的一个内容。职业的种类越多，社会活动就越多样化、越丰富多彩。

职业是社会发展的动力。职业的社会运动，包括个人改善职业的向上流动、与社会经济结构相联系的职业结构变动、不同职业阶层间的矛盾冲突及解决等，构成了社会发展与社会进步的动力。

职业是社会控制的手段。职业是人的重要生活方式，“安居乐业”是人们的共同愿望。政府在就业方面的种种政策、制度，也都是为了实现各种大大小小的社会目的。

(3) 与社会伦理相关，强调创造物质财富和精神财富，获得合理报酬。

职业是个人获得经济收入的来源。人们通过职业活动来获取相对稳定的报酬，以维持个人生存、家庭生活和职业发展。职业劳动创造社会财富。人们通过职业劳动为社会创造物质精神财富，推动社会不断进步。职业分工是构成社会经济制度运行的主体。随着社会不断进步，职业分工更加合理，社会经济制度也将越来越完善。

## 1.1.2 职业的特征

### 1. 职业的特性

1) 目的性

职业的目的性即职业活动是以获得现金和实物等劳动报酬，以实现自我价值和为社会作贡献为目的的。所有的从业人员，其所从事的工作都是有偿的，与志愿者的无私奉献有着本质的区别。职业人员的薪资待遇、安全保障、退休生活保障等,都是受劳动法保护的。所以,从业人员的目的性是十分明显的。

2）社会性

职业的社会性即职业是从业人员在特定社会生活环境中所从事的一种与其他社会成员相互关联、相互服务的社会活动。职业的产生本身就具有社会性,没有哪一种职业是游离于社会而单独存在的。从业人员所做的各种工作,对其所在的社会、群体是有贡献和价值的。而且,必然与其他的从业者发生关系。

人们所从事的工作不仅仅是为谋生,也为社会贡献了力量。一个个体通常只能从事一种或几种具体的工作,不可能生产制造出个人生活所需的所有资料。通过交换,在满足自己需要的同时,也满足了其他社会成员的需要,从而起到了服务他人的作用,对国家和社会也作出了贡献。

3）稳定性

职业的稳定性即职业在一定时期内形成,并具有相对稳定性。社会分工要求劳动者相对稳定,这样才能不断积累经验,不断丰富各个职业门类的知识。任何一个相对复杂的职业都需要具备一定的专业素质、能力素质、身体素质和道德素质的从业者,职业对从业人员的素质要求越高,该职业的稳定性也就越高。从事职业活动的就业者,其从事的劳动是稳定的、螺旋上升的,具有明显的连续性。

4）规范性

职业的规范性即职业活动必须符合国家法律和社会道德规范,符合生产技术和技能规范的要求。从事职业活动的就业者,其从事的每一种职业都有其特定的职业规范,有其应遵守的各种操作规则和章程。职业的规范性也是随着时代的发展而不断变化的,人们对各种职业所制定的规范一般都会经历由简单到细致、由宽泛到严谨、由粗浅到科学的过程。而相同或相似的职业,其劳动条件、工作对象、生产工具、操作内容相同或相近,由于环境的相同,就会形成统一的行为模式,有共同的语言习惯和道德规范,因而形成了诸如行业协会、商会等组织。

5）技术性

职业的技术性即与职业的内在属性相关,强调利用专门的知识和技能。从事职业活动的就业者需要具备相应的知识和技术,例如要成为电子竞技员就需要了解对应电子竞技项目的各项相关知识与规则,同时还要具备优于其他从业者的电子竞技操作技术。

随着社会的进步和发展,对许多职业劳动者应具备的知识和技术水平的要求会越来越高,例如电子竞技俱乐部中的数据分析师一职,早期只是需要简单地统计赛训数据,并借助 Excel 软件进行基础的整理。如今电子竞技俱乐部中的数据分析师不仅要能够借助 Excel 这类基础软件对各项数据进行整理分析,还需要通过更专业的工具对俱乐部的赛训体系反复验证,更需要寻找并发现新的关键数据加以运用。

6）群体性

职业的群体性即从事某一职业的人们形成了职业性群体。随着生产力的发展,社会化大生产已成为当代社会的基本特征,社会分工越来越细,人与人的合作关系越来越密切。即使是以独立工作方式为主的职业,也都会形成以同一类职业人为特征的职业群体。

### 2. 职业的特征

1）产业性特征

一个国家，一个社会，就大的方面可以分为三类产业。第一产业和第二产业都是物质生产部门，第三产业虽然并不生产物质财富，但却是社会物质生产和人民生活必不可少的部门。在传统农业社会，农业人口比重最大；在工业化社会，工作领域中的职业数量和就业人口显著增加；在科学技术高度发达和经济发展迅速的社会，第三产业职业数量和就业人口显著增加。

2）行业性特征

行业是根据生产工作单位所生产的物品或提供服务的不同而划分的，主要是按企业、事业单位、机关团体和个体从业人员所从事的生产或其他社会经济活动的性质的同一性来划分的。可以说，行业表现了人们所在的工作单位的性质。

3）差异性特征

不同职业间存在着很大的差异，劳动条件、工作对象、工作性质、工作方式及报酬等都不相同，这体现了社会本身的多种分工和劳动者相互间的差异。随着社会的进步和发展，新的职业将会不断涌现，各种职业间的差异也会不断变化。

4）职位性特征

职位是一定的职权和相应责任的集合体。职权和责任是组成职位的两个基本要素。职权相同，责任一致，就是同一职位。在职业分类中每一种职业都含有职位的特性。从社会需要角度来看，职业并没有高低贵贱之分。但是，在现实生活中由于对从事职业的素质要求不同以及人们对职业的看法或舆论的评价不同，职业便有了层次之分，这种职业的不同层次往往是由于不同职业体力、脑力劳动的付出，收入水平，工作任务的轻重，社会声望，权力地位等因素的不同决定的。

5）组群性特征

无论以何种依据来划分，职业都带有组群特点，如科学研究人员的领域包含哲学、社会学、经济学、理学、工学、医学等；又如咨询服务行业包括科技咨询工作、心理咨询工作、职业咨询工作等。

6）阶段性特征

随着社会的发展和进步，职业变化迅速，除了弃旧换新外，同一种职业的活动内容和方式也会发生变化，所以职业的划分带有明显的时代性，不同时代有不同的热门职业。我国曾出现过的“当兵热”“从政热”，后又发展到“下海热”“外企热”等，都反映出特定时期或阶段人们对某种职业的热衷程度。

## 1.2 职业生涯规划的基本理论

### 1.2.1 职业生涯规划的含义与类型

“职业生涯”这个词的含义曾随着时间的推移发生过很多变化。在 20 世纪 70 年代，职业生涯专指个人生活和工作中相关的各个方面。后来，又有很多新的定义被纳入“职业生涯”的概念中，其中甚至包含了生活中关于个人、集体及经济生活的方方面面，它是一个人一生中所有与职业相联系的行为与活动，以及相关的态度、价值观、愿望等连续性经历的过程，也是一个人一生中的职业、职位的变迁及目标、理想的实现过程。

职业生涯是一个发展的概念，随着时间的推移和社会的发展，无论从事何种职业，其职业生涯都会不断向前发展；职业生涯也是人一生中最重要的历程，是追求实现自我的重要人生阶段，对人生价值起着决定性作用；同时它也是一个动态的过程，不论职位高低、成就得失，每个工作着的人都有自己的职业生涯。

职业是人们实现自己事业目标的重要途径，人们在职业生活中创造和体验到的幸福感受是持久的，而搞好职业生涯规划和做好职业选择又是事业成功的前提。

### 1. 职业生涯规划的含义

职业生涯规划(career planning)在不同领域中的定义不尽相同。管理学家诺斯威尔将职业生涯规划界定为：个人结合自身情况以及眼前制约因素，为自己实现职业目标而确定行动方向、行动时间和行动方案。美国著名职业问题专家舒伯认为：职业生涯是指一个人终生经历的所有职位的整体历程，是生活中多种事件的演进方向和历程，是个人独特的自我发展组合。中国学者林幸台认为：职业生涯包括个人一生中所从事的工作以及所担任的职务、角色，同时也涉及其他非工作或非职业的活动和个人生活中衣食住行、娱乐各方面的活动与经验。

总而言之，本书所阐述的职业生涯规划是指，个人和组织相结合，在对个人职业生涯的主、客观条件进行测定、分析、总结、研究的基础上，对兴趣、爱好、能力、特长、经历等各方面进行综合分析与权衡，结合时代特点，根据个人的职业倾向，确定最佳的职业奋斗目标，并为实现这一目标作出行之有效的安排，如制定出个人职业的近期和远景规划、职业定位、阶段目标、路径设计、评估与行动方案等一系列计划。

### 2. 职业生涯规划的特点

1）前瞻性

职业生涯规划是个体对于自我未来职业发展的一种预期，它以现实为基础，但又高于现实，是未来的人生目标和职业理想。因此，这种预期依赖于自我条件和社会需求这两个现实，并在准确地评估自我和职业环境的基础上进行合理的自我职业定位。

根据 Newzoo 的最新数据，全球电子竞技观众规模正在大幅增长，2021 年，这一数字预计将达到 4.74 亿。其中，核心电子竞技爱好者将占据 2.34 亿人，而在这一群体中，中国的人数将成为其中之最，为 9280 万。2024 年，全球电子竞技观众规模预计将以 7.7%的复合年增长率持续增长至 5.77 亿人。从营收上来看，2021 年，全球电子竞技赛事营收规模将达到 10.84 亿美元，其中，中国凭借 3.6 亿美元的收入成为全球赛事收入最高的电子竞技市场，比 2020 年的 3.15 亿美元增长了 14%，其次是北美和西欧。由此可见，中国电子竞技市场在全球范围内是极具商业价值的。同时，电商、视频网站、游戏公司等资本力量纷纷进军电子竞技行业，5G 网络部署规模提高，部署速度加快，也带动着电子竞技产业的发展。随着资本的不断涌入和技术的不断革新以及电子竞技用户的快速增长，电子竞技行业的分工日益明细，大量电子竞技爱好者纷纷投身于电子竞技行业。

2）发展性

职业生涯规划贯穿于人的一生。职业生涯规划不是某个阶段的工作与任务，而是贯穿于一生的学习过程，并随着个人职业生涯的变化发展而不断完善与修正。这一系列阶段，是有机结合、循序渐进、分阶段、分任务逐级落实职业生涯规划的发展过程。

与其他职业相比较，电子竞技从业者，尤其是职业选手似乎是一个生命周期相对较短的职业。大多数职业选手在二十多岁就会迎来自己职业生涯的瓶颈期，也有很多职业选手选择在这个时候退役，而这正是大多数同龄人完成学校教育刚刚踏入社会的时期。然而，一个人职业生涯的发展不仅取决于职业本身的特征，更取决于个人对自身的职业生涯规划是否能及时作出修正与完善。前TOP俱乐部《英雄联盟》职业选手吴尧（游戏ID：Cat）、*DOTA2* TI2冠军姜岑（游戏ID：YYF）、《星际争霸》职业选手孙一峰（游戏ID：F91）等在退役后选择了解说或主播的职业道路，凭借职业选手的意识、专业又幽默的解说风格赢得了大批观众的喜爱；此外，还有一部分退役职业选手如李晓峰（游戏ID：SKY）、伍声（游戏ID：2009）等选择在电子竞技行业创业或在电子竞技相关行业工作，继续发展自己的电子竞技事业。

这些退役职业选手的成功转型主要有赖于自身的电子竞技实力、个人在职期间的影响力以及退役后个人综合素质的提升。更重要的是，在面临职业发展瓶颈之前，他们就能够分析自身的条件与社会需求，及时地培养自己的能力与素质，在退役时能够把握机遇进行转型。

3）目标性

职业生涯规划以职业目标的设定为先导，在确定目标的前提下，明确路径、制定措施，从而有计划、分阶段地实现人生目标。职业生涯规划以职业目标的设定为核心，职业目标一旦确立，将成为职业生涯规划的依据，也会作为个人职业生涯发展的动力。

4）针对性

个人职业生涯规划是以个人为主导进行的。每个人的成长环境、个性特征、兴趣爱好、能力特长、文化背景、价值观、职业生涯目标不尽相同，随着环境的变化，上述条件也可能发生变化。因此，在进行职业生涯规划时，每个人都应该认真分析外部环境，并依据自身条件来制定个性化的职业生涯规划，并随着个人条件和社会环境的变化，及时调整修正职业生涯方案。个人职业生涯规划是个性化、有针对性的发展蓝图，它没有一套固定的模式，只能由自己根据个人情况制定。

5）综合性

职业生涯规划目标的实现，不是单一的某种能力素质就能促成的，它必须全面整合个人包括内部和外部的各方面素质与条件，甚至要综合利用社会、学校和亲友的资源条件，从而确定切合实际的生涯路线，充分开发个人潜能，最终实现职业生涯的发展。

6）实践性

职业生涯规划的本质是一份帮助个人实现职业目标的方案。因此，职业生涯规划必须具备实践可行性，并要结合个人的具体实践促进职业生涯规划的实现。职业生涯规划的实践，主要体现在以职业目标为指引，循序渐进地提升个人的目标能力与综合素质，并创造机会进行职业体验和实践锻炼。

7）开放性

人是社会的动物。虽然人们常说"走自己的路，让别人说去吧"，意在强调个性的回归，但是人们的行为抉择不可能不考虑社会、组织环境和他人的影响。尽管社会的包容性和开放性在逐渐提高，但是在制定职业生涯规划时，还是受到客观的社会发展环境和社会发展要求的制约，还是需要积极地分析主、客观环境，广泛听取专业、客观的意见和建议。

### 3. 职业生涯规划的类型

按照规划的时间维度，职业生涯规划可以分为人生规划、长期规划、中期规划和短期规划 4 种类型。一般来说，短期规划目标服从于中期规划目标，中期规划目标服从于长期规划目标，长期规划目标又服从于人生规划目标。因此，职业生涯规划目标应从一生的发展开始，然后分别制定出十年计划，五年、三年、一年计划，乃至制定出一月、一周、一日的计划。计划制定好后，再一日、一周、一月地实行下去。当然，制定好各周期规划后，根据社会的发展和个人人生经历不断地调整规划也是很重要的。

1）人生规划

人生规划指对整个职业生涯的规划，时间跨度可达 40 年左右，规划的目的是确定整个人生的发展目标，即这辈子想要做什么，想成为什么样的人，想取得何等成就，想成为哪一领域的佼佼者，想清楚这些问题之后，人生规划的目标也就基本确定了。人生规划没有好坏对错之分，但在作规划时要秉承正确的世界观、人生观、价值观。

2）长期规划

跨度几十年的人生规划侧重的是方向，而 5～10 年的长期规划主要是设定较长远的目标。如规划十年后成为电子竞技俱乐部运营商务总监，掌握更多的行业资源和具备更强的资源调配能力，并设计为实现此目标应采取的具体措施。之后的 5～10 年里，希望有什么样的事业？预计有多少收入？怎样一步步地实现？想清楚这些，长期规划也就基本成形了。

3）中期规划

中期规划一般涉及 2～5 年内的职业目标和任务，是常用的一种职业生涯规划。中期规划是将长期规划分阶段实施，因此要更为具体、详细。在电子竞技行业，赛事执行公司基础的执行人员在工作一段时间后，对赛事品牌运营的思路和赛制流程有了基本的理解和掌握，能够逐渐胜任方案策划与项目监管，甚至是品牌设计与运营的工作。这样的职业发展道路可以成为职业生涯中期规划的参考，对应则要考虑为了实现该目标而参加的培训和采取的具体措施。

4）短期规划

短期规划指 2 年以内的规划，主要是确定近期目标，规划近期应完成的任务。比如计划 1 年内完全熟悉岗位职能与工作方法，融入企业文化中，为此要花比较多的时间与同事、领导沟通，向前辈学习。

在作短期规划时也可以按照年、月、周、日为单位制定具体的执行计划，比如拟出明年的计划以及实现计划的步骤、方法与时间表，内容尽可能地具体、切实可行。制定月计划的时候则要侧重在计划完成的工作、应该完成的任务、质量方面的要求、学习计划等。周计划的制定重点在于具体、详细、尽可能地数字化、切实可行。日计划的重点则在于计划内事项的轻重缓急，按先后顺序排列好，避免执行时毫无头绪、因小失大。

在实际的操作过程中，规划的时间年限如果太长，会因为个人和环境的变化而难以准确把握；如果太短，规划的意义和作用又难以完整体现。因此，比较理想的职业生涯规划是中期规划，其次是长期规划，既便于根据实际情况设定可行目标，又便于随时根据现实的反馈进行修正和调整。

### 1.2.2 职业生涯规划的主要理论

职业生涯规划的基本理论主要作用于解决职业的选择、职业的发展以及职业的决策几方面的问题，反映的是职业生涯发展的一般规律。通过对这些理论的学习和应用，可以有更好的方法进行职业生涯规划。职业生涯规划的相关理论是在心理学、人力资源管理学、社会学等学科理论基础上，经过不断地整合与发展而建立起来的。职业生涯规划的基本理论为以下几种：特质因素论、类型论、生涯发展理论、职业生涯发展理论、社会学习理论、认知信息加工理论、职业锚理论。

其中生涯发展理论注重职业生涯发展不同时期个体的特征和相应的职业发展任务；职业生涯发展理论、社会学习理论、认知信息加工理论和职业锚理论则注重探讨个体特征与职业的关系，旨在为职业选择提供相应的依据。

#### 1. 帕森斯的特质因素论

1）特质因素论概述

早期的特质因素论（trait and factor theory）源自弗兰克·帕森斯（Frank Parsons）的“人职匹配”的概念，他出版了《选择一个职业》一书，这本书告诉人们，不要只是“找工作”，而是要“选择职业”。特质因素论是最早的职业辅导理论，也是用于职业选择与职业指导的经典理论之一。

帕森斯认为，每个人都有稳定的特质，职业也有一组稳定的因素，可以通过对自我爱好和能力的认识、对工作环境及其性质的了解以及二者之间的协调与匹配，作出职业决定，实现“人职匹配”。特质（trait）是指个人的人格特征，包括指向、兴趣、成就、价值观和个性，可以用测量工具加以评量；因素是指在工作上要取得成功所必须具备的条件或资格，可以通过对工作的分析表了解。

2）职业选择的主要原则

帕森斯提出，明智的职业选择有 3 个主要原则。

（1）对自我进行探索，清楚地了解自己的特性，即了解自己的态度、能力、兴趣、志向、限制以及其他特质。

（2）了解各种职业及岗位的要求模式，即从事各种职业所需要的知识、技能、经验以及成功的必要条件，各种职业的利弊、报酬以及晋升的机会。

（3）将上述两类资料进行综合并找出与个人特质匹配的职业。

特质因素以差异心理学为理论依据，以特质为描述个别差异的重要指标，强调个人特质与职业选择的关系。特质因素论认为个人特质，如兴趣、志向、能力、人格等，都可以用心理测验等客观的方法测量出来，从而勾勒出一个人的潜能。同样地，职业也可以按照它需要的个人特质的"量"来描述出此项工作的侧面图。特质因素论具有重视"个别差异"与"职业资料"的优点，但是它预设了一个前提：一个人在选择职业上只有一个"正确"的目标，即只有一种职业是适合自己从事的。同时，它还假设每一种工作只需要单一类型的人来从事。这样的假设将个人特质和工作要求视为静态的关系，从而低估了一个人学习和成长的潜能，忽视了工作要求发生改变的可能。因此，特质因素论就是要求一个人在作职业的决定与选择时，必须先做好知己知彼的工作，"知己"是要了解个人的兴趣、能力、人格、需求等特质；"知彼"是要了解外在工作世界的状况以及不同工作所要求的条件，凭借各种测验结果与职业资料的分析，达成自我探索的目的。

### 2. 霍兰德的类型论

1）霍兰德类型论概述

类型论（typology theory）是美国著名的指导专家约翰·霍兰德（John Holland）于1959年提出的具有广泛社会影响的职业兴趣理论。他认为人的人格类型、兴趣与职业密切相关，兴趣是人们活动的巨大动力，凡是具有职业兴趣的职业，都可以提高人们的积极性，促使人们积极、愉快地从事该职业，且职业兴趣与人格之间存在很高的相关性。类型论提出后，在生涯发展、职业心理学等领域中，引起了许多有关此理论的研究，并发展出许多测量工具。

霍兰德认为，在当今社会中，可以把大多数人的人格归纳为6种类型，相应地，大多数职业环境也可以区分为6种类型，其名称及性质与人格类型的分类一致。某一类型的职业通常会吸引具有相同人格特质的人，而具有相同人格特质的人对许多生活事件的反应模式也是相似的，因而他们创造了具有某一特色的生活环境，也包括工作环境。他还认为，在同等条件下，人和环境的适配性或一致性将增加个体的工作满意度、职业稳定性和职业成就感。霍兰德6种职业人格特质与职业环境类型如表1-1所示。

**表1-1　霍兰德6种职业人格特质与职业环境类型**

| 类型 | 个人喜好 | 人格特质 | 典型职业 | 职业环境 |
|---|---|---|---|---|
| 现实型(R) | 通常动作灵活敏捷，具有较好的操作技能，喜欢用手或工具制造或修理一些东西，喜欢从事户外工作，喜欢使用和操作工具，而不喜欢在办公室工作；宁愿与机械和工具打交道，而不愿与人打交道；通常具有较强的实践性，热衷于通过自己的双手创造出新事物；主要喜欢熟练的手工工作和技术工作 | 重视物质、顺从、温和、实际、自然、坦率、害羞、谦卑、坚毅、诚实、稳健、节俭 | 机械制造、建筑、渔业、野外工作、实验技师、某些军事职业、木匠、铁匠、产业工人、运输工作等 | 较多运用到身体的实际操作；通常需要运用到某些特殊的技术，以便进行机器的修理、电子器材的维护、汽车的驾驶或动物的畜养 |

续表

| 类型 | 个人喜好 | 人格特质 | 典型职业 | 职业环境 |
|---|---|---|---|---|
| 研究型(I) | 聪明、好奇、有学问、有创造性和批判性，有数学和科学天赋等；对科学研究和科学探索有热情，喜欢参与与思考有关的研究活动，如数学、物理、生物和社会科学等；喜欢研究需要分析、思考的抽象问题；喜欢独立工作，对周围的人不感兴趣 | 重视方法和分析、独立、温和、谨慎、智慧、精确、好奇、有判断力、内向、理性、保守、好学、有自信 | 实验室工作人员、生物学家、化学家、社会学家、工程设计师、物理学家和程序设计员 | 通常需要运用复杂抽象的思考能力；常常采用数学或科学知识寻求问题的解决方法；不太需要处理复杂的人际关系，必须独立解决工作上的问题 |
| 艺术型(A) | 喜欢自由自在，富有创意，喜欢借助文字、声音、动作或色彩来表达内心想法和对美的感受；个性热情、冲动，有丰富的想象力和创造力；工作上乐于独立思考、创作，不喜欢受人支配；喜欢自我表达，喜欢在写作、音乐和戏剧等方面进行艺术创作 | 崇尚理想、不从众、有创意、复杂、无条理、独立、冲动、富幻想、善表达、情绪化、感情丰富、不重秩序、不服权威、不重实际 | 作家、艺术家、音乐家、诗人、漫画家、演员、戏剧导演、作曲家、乐队指挥和室内装潢设计师 | 非常鼓励创意以及个人的表现能力；提供了开发新产品与创造性解答的自由空间；鼓励感性与情绪的充分表达，不要求逻辑形式，经常使用的工具也是为了传达内心的情绪或创意 |
| 社会型(S) | 喜欢从事与人接触的活动；个性温和、友善，乐于助人，容易与人相处；对人慷慨、仁慈，喜欢倾听和关心别人，能敏锐察觉别人的感受；在团体中，乐于与人合作，有责任感，喜欢和大家一起完成工作，不爱竞争 | 令人信服、慷慨、助人、敏锐、富洞察力、善解人意、善沟通、宽宏、合作、有责任心、仁慈友善、温暖、理想主义 | 教师、社会工作者、牧师、心理咨询员、服务性行业人员 | 鼓励人和人之间的和谐相待、互相帮助、和睦相处；充满了有教无类的经验指导与交流、心理的沟通、灵性的扶持等；强调人类的核心价值，如理想、仁慈、友善和慷慨等 |
| 企业型(E) | 喜欢冒险、竞争，通常精力充沛、生活紧凑、个性积极、有冲劲；喜欢领导和支配别人，喜欢与人争辩，总是力求使别人接受自己的观点；社交能力强，是沟通协调的高手；希望拥有权力、受人注意并成为团体中的领导者 | 精力充沛、冒险、武断、外向、善于社交、擅长说服人和表达、有野心、冲动、自信、引人注意、乐观、热情、有管理和组织能力 | 商业管理人员、律师、政治运动领袖、营销人员、市场或销售经理、公关人员、采购员、投资商、电视制片人和保险代理 | 经常管理和鼓舞其他的人，力图达成组织或个人的目标；充满了权力、金融或经济的议题，甚至为了达成预期的绩效，不惜冒点风险；工作氛围重视升迁、绩效权力、说服力与推销能力；非常强调自信、社交手腕与当机立断 |
| 常规型(C) | 个性保守谨慎，注意细节，有责任感；做事按部就班，精打细算，清清楚楚；喜欢安定，奉公守法，不喜欢改变、创新和冒险；在工作上表现出有秩序、做事仔细、有效率、尽本分、值得信赖；喜欢在别人的领导下工作，乐于配合和服从 | 缺乏弹性、保守、顺从、自抑、缺乏想象力、谦逊、规矩、坚毅、谨慎、重秩序、有责任感、有效率 | 会计师、银行出纳、簿记、行政助理、秘书、档案文书、交通管理员、税务专家和计算机操作员 | 注重组织与规划；对数据进行细致有序的系统处理，如档案管理、数据记录、进度管控、信息组织和工作机器操作等 |

霍兰德用一个六边形简明地描述了6种类型之间的关系，如图1-1所示。

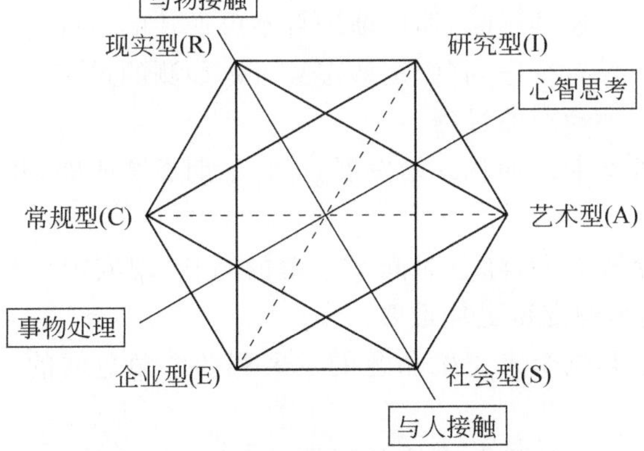


**图1-1 霍兰德的职业人格六边形模型**

在这个六边形中，每种职业人格类型与其相邻的两种类型属于相近关系，与其处于次对角线上的两种类型属于中性关系，与其处于主对角线上的职业人格类型属于相斥关系。

2）类型论职业选择的原则

霍兰德提出了职业选择时应遵循以下几个原则。

（1）适宜原则。每种职业人格类型的人适宜从事同种类型的职业，如S型人格类型的人适宜从事S型职业。

（2）相近原则。每种职业人格类型的人选择从事与人格类型相近类型的职业比较容易适应，如S型人格类型的人从事与其相邻的E型或A型职业。

（3）中性原则。人们选择从事与人格类型成中性关系类型的职业，经过努力，也比较容易适应，如S型人格类型的人从事与其相隔一个类型的C型或I型职业。

（4）相斥原则。人们如果选择与人格类型成相斥关系类型的职业，将很难适应，如S型人格类型的人从事与其相对立的R型职业。

霍兰德认为，个人的职业兴趣往往是多方面的，因此通常用得分最高的前3个字母的代码来标示一个人的职业兴趣，这个代码就称为"霍兰德代码"（Holland code）。3个字母之间的顺序表示不同类型兴趣的强弱程度，如SEC代码表示S型得分最高，依次是E型、C型。

大多数人都属于6种职业类型中两种以上类型的不同组合，某种人格类型或类型组合的个体在与之相对应的职业类型或组合中最能满足其职业需求，表现职业兴趣，发挥职业能力。生涯选择是一个人的人格在工作中的表露和延伸。一般来说，人总是寻求一个能与自己相适应的职业环境，在这个环境中发挥自己的知识、能力和技术，展示自身的态度与价值。例如，一个外向、喜欢社交的人，将比较倾向于选择在一个能和他人密切互动的环境中工作。如果人格与职业环境能够适配一致，即为最佳的生涯选择。

### 3. 舒伯的生涯发展理论

1）生涯发展理论的基本主张

唐纳德·E.舒伯（Donald E.Super）是生涯发展论的代表人物，他综合了许多流派，以差异心理学与现象学的观点来解释职业选择的过程，并将发展心理学与自我概念相联系，提出了12项基本主张。

（1）职业发展是一种连续不断、循序渐进且不可逆转的过程。

（2）职业发展是一种有秩序、有固定形态且可以预测的过程。

（3）职业发展是一种动态的过程。

（4）自我概念在青春期前期就开始发展，至青春期逐渐明朗，并于成年期转化为职业概念。

（5）自青少年期至成人期，随着时间及年龄的渐长，现实因素（如人格特质及社会因素）对个人职业选择的影响变得更加重要。

（6）父母的认同会影响个人正确角色的发展和各个角色间的一致与协调，以及对职业计划及结果的解释。

（7）职业升迁的方向和速度与个人的聪明才智，父母的社会地位，本人的地位需求、价值观、兴趣、人际交往技巧以及经济社会中的供需情况有关。

（8）个人的兴趣、价值观、父母的认同度，社会资源的利用，个人的学历及其所属社会的职业结构、发展趋势、态度等均会影响个人职业的选择。

（9）虽然每种职业都要求有特定的能力、兴趣和人格特质，但这些要求却颇具弹性，因此，允许不同类型的人从事相同的职业或一个人从事多种不同类型的工作。

（10）工作满意度与个人能力、兴趣、价值观以及人格特质能否在工作中适当发挥相关。

（11）工作满意度与个人在工作中实现自我概念的程度有关。

（12）对于大部分人而言，工作及职业是个人人生的重心。

2）生涯发展理论概述

舒伯认为生涯发展是人生成长的一部分，生涯发展的萌芽期自童年就开始了，随着年龄的增长，生涯发展呈现出一种连续的、有秩序的、无法逆转的形态。他根据不同年龄阶段人们的生涯任务与角色的差异，将生涯发展划分为5个阶段：成长阶段（growth）、探索阶段（exploration）、建立阶段（establishment）、维持阶段（maintenance）、衰退阶段（decline）。生涯发展阶段及发展任务如表1-2所示。

**表1-2 生涯发展阶段及发展任务**

| 阶段 | 描　述 | 阶段特征 | 任　务 |
|---|---|---|---|
| 成长阶段 | 经由家庭、学校中重要人物的认同，开始发展出自我概念；需要与幻想是此时期最重要的特质；随着年龄增长，社会参与及现实考验逐渐增加，兴趣与能力越来越重要 | ① 幻想（fantasy，4～10岁）：需求占决定性因素，角色扮演在这个阶段很重要。<br>② 兴趣（interest，11～12岁）：喜欢是从事活动的主要原因。<br>③ 能力（capacity，13～14岁）：能力占的比重较大，但也会考虑工作要求的条件 | 提高自理能力；性别认同；发展立志能力；发展团队协作的能力；选择适合自己能力的活动；提高对自己行为的责任感 |

续表

| 阶段 | 描　述 | 阶 段 特 征 | 任　务 |
|---|---|---|---|
| 探索阶段 | 在学校、休闲活动及各种检验中进行自我检讨、角色探索及职业探索 | ① 试探(tentative,15～17 岁):会考虑自己的需求、兴趣、能力、价值与机会,并会通过幻想、讨论、课程、工作等尝试,作试探性的选择。此时的选择会缩小范围,但因仍对自己的能力、未来的学习与就业机会不是很确定,所以现在的某些选择以后并不一定都会采用。<br>② 过渡(transition,18～21 岁):会考虑现实的状况,并试图将自我概念实施。<br>③ 初步尝试(initial trial,22～24 岁):已经确定了一个似乎比较适当的领域,找到一份入门的工作,并尝试以它来维持生活 | 进一步发展能力与才干;选择学习计划;发展独立性;选择适合自己的专业与工作;发展相关的专业技能 |
| 建立阶段 | 寻求适当的职业领域,逐步建立稳固的地位;职位、工作可能变迁,但职业一般不会改变 | ① 尝试(25～30 岁):原本以为是适合的工作,后来可能发现令人不太满意,于是会有一些改变,此阶段是定向后的尝试,不同于探索阶段的尝试。<br>② 稳定(stabilization,31～44 岁):当职业的形态都很明确后,便力图确定,努力在工作中谋取一个安定的位子 | 逐渐稳定于一项工作;确立自己将来的保障;发现适当的晋升路线 |
| 维持阶段 | 逐渐取得相当的地位,重点在于如何维持地位,很少有新意;需要面对新进员工的挑战 | 45～64 岁:属于升迁和专业技能娴熟阶段,已不再考虑变换职业工作 | 维持既有成就和地位 |
| 衰退阶段 | 身心状况衰退,原工作停止,发展新的角色,寻求不同方式以满足需要 | 65 岁以上:结束职业生涯,学会接受一种新角色 | 逐渐适应退休生活;充实闲暇时间;学习个人兴趣活动技能;尽可能维持自理的状态 |

3）舒伯的生涯彩虹图

舒伯非常强调“自我概念”在职业选择和生涯发展中的作用。所谓自我概念,就是自己对“我是谁”问题的回答。1976—1979 年,经过不断探索,除原有的发展理论外,舒伯又向其中加入了角色理论,从而提出了一个更具有广度和深度的生活广度、生活空间的生涯发展观,并以“生涯彩虹图”表示此理论,舒伯职业生涯彩虹图如图 1-2 所示。

根据舒伯的看法,一个人一生中扮演着各种角色,就如同一条彩虹同时具有许多色带。这些角色包括儿女、学生、公民、工作者、配偶、父母及退休者等,这么多个角色主要是在家庭、社区、学校及工作场所 4 个人生舞台上扮演。在彩虹图中,每一阶段都有其显著角色,成长阶段是儿童;探索阶段是学生;建立阶段先是家长,而后是工作者;在 45 岁左右的维持阶段,学生角色会再次出现,工作角色中断,公民与休闲者的角色分量逐渐增加。生涯发展论综合了差异心理学、发展心理学、自我心理学以及有关职业生涯彩虹图行为发展方向的长期研究,汲取了这四大领域当中有关生涯发展的精华,成为当今生涯辅导领域

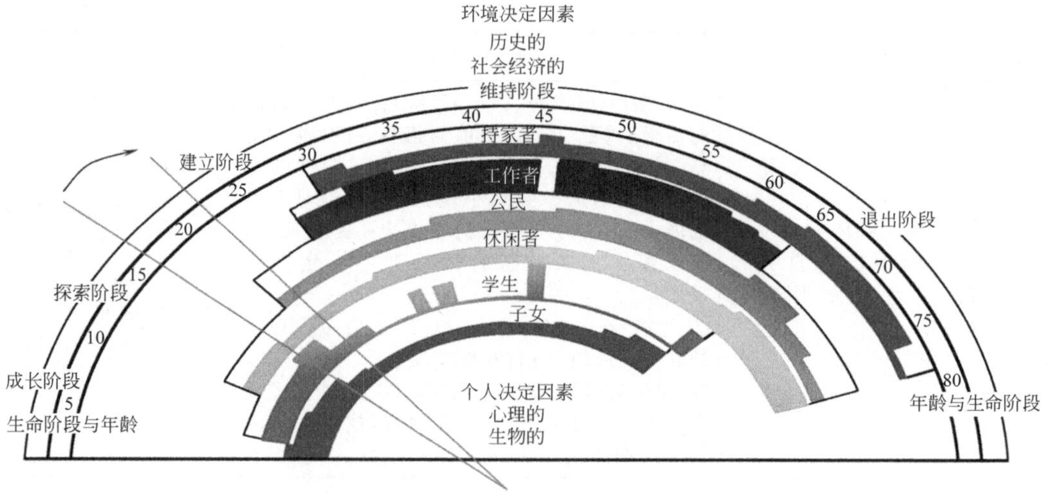


**图 1-2　舒伯职业生涯彩虹图**

重要的理论基础。“生涯彩虹图”的提出恰好弥补了原有发展阶段理论的不足，使横向的发展阶段、发展任务（即生活广度的部分）和纵向的生涯角色发展（即生活空间的部分）交织成一个具体的生涯发展结构，对促进个体的自我了解、自我实现有很大的帮助。但是，生涯发展论中关于维持阶段、衰退阶段的角色与任务研究得还不够，而且生涯发展论较少涉及经济、社会因素对生涯发展的影响，较少关注学习的因素与生涯发展历程之间的关系。

### 4. 金斯伯格的职业生涯发展理论

美国著名职业指导专家金斯伯格（Eli Ginzberg）对职业生涯的发展进行了长期研究，并将职业发展理论分为幻想期、尝试期和现实期 3 个时期。他的职业生涯发展理论展示了幼年到青年期个体职业心理发展的生动图景，描述了职业生涯发展前期的不同阶段。而且，就业前职业意识或职业追求的变化发展对人们的职业生涯发展具有深远的影响，说明职业心理发展对人生职业选择的影响重大。

### 5. 克朗伯兹的社会学习理论

1）社会学习理论概述

社会学习理论由班杜拉（Albert Bandura）于 20 世纪 70 年代提出，它以经典行为主义、强化理论和认知信息加工理论为基础。社会学习理论强调，人类在能够控制自己行为的同时，还要受到环境的控制，也就是说，所谓的自由是有限度的，人们必须考虑外界环境对人的限制。克朗伯兹（John D.Krumboltz）又将之引入生涯辅导领域，他提出：个人的社会成熟度在很大程度上依赖于对他人行为的学习和模仿，并由此决定他们的职业导向。

2）影响生涯选择的四大要素

（1）遗传因素和特殊能力。即个人得自于遗传的一些特质，包括种族、性别、外表特征、智力、动作协调能力等。这些因素对人的职业喜好和相关能力有很大的影响，甚至有时候是决定性的。如在模特职业中，身高、体型等先天条件占据了很重要的地位。

(2) 环境因素。包括自然环境条件，也包括社会环境条件，既有大的宏观环境因素，也有围观的身边环境因素，如社会、文化、政治、经济活动、地域、家庭、教育的影响。这些因素对职业发展和职业选择有很大的决定作用。如“改革开放”这样重大的社会经济变革，极大地改变了社会中很多人的人生轨迹。

(3) 学习经验。克朗伯兹认为，每个人都有独特的学习经验，这对于个人的生涯抉择具有重要的影响。知识技能是一种学习经验，处事能力也是一种学习经验。其实每个人一出生，就处在一个不断的学习过程中，学习是人们与环境不断相互作用的一种过程。学习经验是适应环境的同时改造环境的一种成果，它影响着人们的生涯选择。如一个小孩在成长过程中感受到教师对他的帮助，由此产生对教师的美好印象，长大后很可能会选择这一职业。

(4) 任务取向的因素。包括个人价值观、成功的标准、解决问题的能力、工作习惯、心理状态、情绪反应和认知的历程。同样一件任务，对于不同的人会具有不同的意义，其中最重要的依据就是自己的价值观和成就的标准，也就是说，认为什么更有价值，取得什么样的成就才比较满意等。人们在对生涯选择作出判断时，个人的价值观会起到很重要的作用。

### 6. 认知信息加工理论

1) 认知信息加工理论概述

在20世纪90年代初期，彼得森、辛普森和利尔敦(Peterson、Sampson、Reardon)提出了从信息加工取向看待生涯问题解决的认知信息加工理论。该理论认为生涯发展就是一个人是如何作出生涯决策以及在生涯问题解决和生涯决策过程中是如何使用信息的。该理论假设：生涯选择源于认知过程和情感过程的交互作用，它是一种相当复杂的问题解决活动。个人解决生涯问题的能力，即生涯成熟度，取决于个人的知识和认知操作的有效性。

2) 认知信息加工模式

认知信息加工理论把生涯发展与规划的过程视为学习信息加工能力的过程。按照信息加工的特性可构成一个信息加工金字塔，即认知信息加工模式图，如图1-3所示。

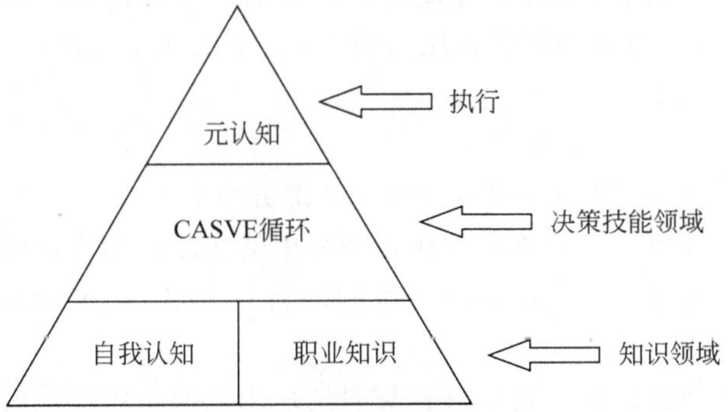


**图1-3 认知信息加工模式**

位于塔底的知识领域，包括自我认知——对自己的兴趣、能力、价值观等的了解；职业知识——对工作世界的认识。金字塔的中间是决策技能领域，即一般性的信息加工技能，它包括沟通（communication）、分析（analysis）、综合（synthesis）、评估（valuing）、执行（execution）5 个阶段，构成了决策 CASVE 循环，如图 1-4 所示。

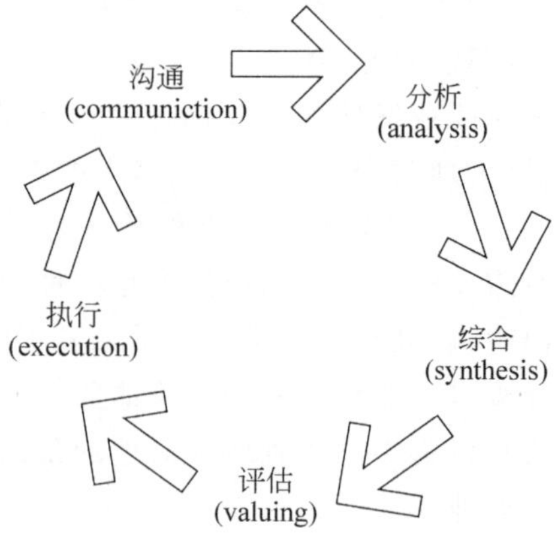

图 1-4　决策 CASVE 循环

（1）沟通（确认需要）。开始意识到理想条件与现实环境之间有不容忽视的差距，有作出职业选择的需要。

（2）分析（将问题的各个部分相互联系起来）。对所有的信息进行分析，这些信息可以从研究和观察中获得，并增长关于自我探索方面的知识。

（3）综合（形成选项）。把收集到的有关自我探索和职业探索的知识放在一起，并扩展开来，形成可能的解决方法并寻求实际的解决方法。

（4）评估（评估选项）。评估每种选项的优劣，评出先后顺序。

（5）执行（策略的实施）。依照选择的方案积极行动。

位于金字塔最上层的是执行领域，也称为元认知。元认知就是个人对自己认知过程及结果的认知、体验和调节。它包括个人所具有的关于自己思维活动和学习活动的知识，对自我的觉察和对自己进行认知活动的过程和结果的监督控制。

### 7. 施恩的职业锚理论

1）职业锚理论概述

“职业锚”是在职业生涯规划领域具有“教父”级地位的概念，该理论是由美国麻省理工学院心理学家施恩（Edgar H. Schein）在 1978 年提出来的。职业锚（又称职业定位）是指当一个人不得不作出职业选择的时候，放弃不了的那种至关重要的东西或职业价值观；正如“锚”的含义一样，选定水域停泊抛锚，起到定位的作用。

职业锚由个人进入早期工作情境后，由习得的实际工作经验所决定，与在经验中自省的动机、价值观、才干相符合，是达到自我满足和补偿的一种稳定的职业定位。它强调个人能力、动机和价值观 3 方面的相互作用与整合，是个人同工作环境相互作用的产物，在实际工作中是不断调整的。

2）职业锚的核心——职业自我观

职业自我观是职业锚的核心内容，由以下 3 部分组成。

（1）自身的才干和能力。它以各种作业环境中的实际成功为基础。

（2）自身的动机和需要。它以实际情境中的自我测试、自我诊断的机会及他人的反馈为基础。

（3）自身的态度和价值观。它以自我与雇佣组织以及工作环境的准则和价值观之间的实际遭遇为基础。

3）职业锚的类型

经过几十年的发展，职业锚已经成为职业发展、职业设计的必选工具，其类型也由最初研究发现的5种拓展为8种。

（1）技术/职能型。

爱自己专业的技术/职能工作，注重个人在专业技能领域的进一步发展，不喜欢从事一般的管理工作。例如，一个具有技术/职能型职业锚的财务分析员，他希望在能发挥自己财务会计专长的领域中谋求发展，其最高目标是公司的财务副总裁，而不在任何其他职能领域中涉足，也许对全面管理抱有强烈的抵触情绪。

（2）管理型。

能发展和提高自己的人际沟通、解决问题的能力，并能得到职位的提升。追求目标是具有较高责任的管理职位。管理型职业锚的主要职业领域是政府机构、企事业组织的主要负责人，如市长、局长、校长、厂长和总经理等。

（3）创造型。

有强烈的创造需求和欲望，渴望建立或创造完全属于自己的东西，如作品、公司等。成功的企业家就具有创造型职业锚，他们在创建新公司时表现出非凡的创造性才干，而一旦建成，他们就会厌倦或不适应正规的工作而退出领导层，自愿或不自愿地让位于他人，而自己继续创造性的追求。创造型职业锚的主要职业领域是发明家、冒险性投资者、产品开发人员和企业家等。

（4）安全/稳定型。

关注公司的稳定、工作的保障和收益的安全，对组织有较强的依赖性，更倾向于让组织决定自己的职业生涯。在现实生活中存在两种类型的安全取向：一种人的稳定源和安全源主要来自组织中稳定的成员资格，如政府部门公务员或大公司职员；另一种人的安全源是以地区为基础，考虑因素包括是家庭稳定以及自使自己融入社团，如有的人在职业早期流动了几次，最后还是选择了在自己家乡的某公司就职，还有的人总是在同一地区选择职业，即使其他地区的就业机会再好，也不会离开本地区。

（5）自主/独立型。

希望随心所欲地安排自己的工作方式、工作习惯和生活方式，追求能施展个人能力的工作环境，不喜欢受约束。这种类型的人自主需要比其他需要更强烈，很多具有这种职业向往的人同时也有相当高的技术型职业定位，但他们一般喜欢在相对自由、独立的氛围中工作，而不愿在组织中发展。自主与独立型职业锚的主要职业领域是学者、科研人员、职业作家、个人咨询人员、手工业者和个体工商户等。

（6）服务型。

希望用自己的知识、技巧帮助别人。这种类型的人喜欢从事符合自己价值观的工作，希望“服务于人”的精神能够在工作中体现。社会工作者、医师、护士、教师等都有可能属于具有这种职业锚的人。

（7）挑战型。

渴望超越自我，解决别人难以解决的问题，战胜强硬的对手。这类人更愿意为战胜困难而付出额外的努力。典型职业为特种兵、高级顾问、探险者等。

(8)生活型。

希望工作具有足够的弹性,喜欢平衡个人、家庭及职业需要的工作环境,相对于具体工作环境、工作内容,他们更关注自己如何生活,如何提升自己和家人的生活质量。

将个人职业锚进行分类的目的是为具备不同"职业锚"的人疏通实现其职业目标的渠道。职业锚是内心深处对自己的看法,它是自己的才干、价值观、动机经过自省后形成的。"职业锚"这个职业规划工具可以启发人们思考"到底什么才是最重要的"。决定未来职业生涯是否成功的关键是要找准自己的职业定位,过自己想要的生活,而不是盲从别人的做法。

### 1.2.3 职业生涯规划的基本过程

职业生涯发展是一个有机的、逐渐展开的,而不是一个机械的、预先设计好的过程。一个人的每一种经历、每一种职业体验,都会导致对自我的重新认识,校正自己的职业抱负。无论是成功还是失败,都会使个人重新认识自己的潜力和局限。个人对自己的职业发展有自己的设想,并试图能够按照这个设想去实现理想中的职业生涯,从而得到自己所工作的单位、家庭和社会的认可。因此,个人如果能按自己的理想去规划一条适合其主要能力和价值观的职业生涯,即自身能控制自己的职业发展道路的话,就越能成功,并拥有成就感。因此,良好的职业生涯规划对一个人的成功具有重要意义。

职业生涯规划是一个周而复始的长期的连续过程,需要设计一套程序来保证顺利实施。个人职业生涯规划的内容虽因人而异,但在制定个人职业生涯规划时,一般需要经过环境分析、自我分析、职业目标定位、自我管理 4 个步骤完成。

#### 1. 环境分析

人是社会的人,任何一个人不可能离群索居,都必须生活在一定的环境之中,特别是生活在一个特定的组织环境之中。环境为每个人提供了活动的空间、发展的条件、成功的际遇。特别是近年来,社会的快速变迁、科技的高速发展、市场的竞争加剧,对个人的发展产生了很大的影响。在这种情况下,个人如果能很好地利用外部的环境,就会有助于事业的成功,否则,就会处处碰壁,寸步难行,事倍功半,难以成功。

环境分析主要是通过对组织环境特别是组织发展战略、人力资源需求、晋升发展机会的分析以及社会环境、经济环境等有关问题的分析与探讨,弄清环境对职业发展的作用及影响,以便更好地进行职业目标的规划与职业路线的选择。

#### 2. 自我分析

自我分析就是对自己进行全面的分析,通过自我分析认识自己、了解自己,以便准确地为自己定位。自我剖析的内容包括自己的兴趣、爱好、特长、性格、学识、技能、智商、情商以及协调、组织管理、活动能力等。

职业生涯规划的过程是从个人对自己的能力、兴趣、职业生涯需要及其目标的评估开始的。自我分析的过程实际上是自我暴露和解剖的过程,其重点是分析自己的条件,特别是性格、兴趣、特长与需求。性格是职业选择的前提,内向的人,从事外向性的工作,难以成功。兴趣是工作的动力,如果一个人的工作与自己的兴趣相符,那么工作的就是一种享受和乐趣。特长主要是分析自己的能力与潜力。需求主要是分析自己的职业价值观,弄清自己究竟要从职业中获得什么。因此,个人分析是职业生涯规划的基础,直接关系个人的职业成功与否。

自我分析作为一种常用的基本的职业生涯规划方法,通过这种对自我、自我目标、环境及状况的综合分析和鉴定,个人能更好地选择他们的职业道路,更快地达到他们的职业目标。在职业生涯规划过程中,强调自我分析的核心作用及内容,能带来许多积极的影响,能使人们对自己的职业从长计议。更重要的是,它使人们在职业管理中充分考虑个人的责任。自我分析行为促使人们检查过去作出的职业选择以及这些选择的效果,并据此引导以后的职业选择。一般来说,职业生涯规划还是产生职业变动的一种动力,许多时候,个人都是通过自我分析认识到一定的职业变动是可能的,实际上,每个人都拥有或多或少的选择机会。另外,自我分析还鼓舞着个人去尝试新的工作任务,挑战更艰巨的工作。总之,自我分析使人们无论是在工作职责本身还是个人利益方面都获得了更多的机会。

### 3. 职业目标定位

职业发展必须有明确的方向与目标,目标的选择是职业发展的关键。因为坚定的目标可以成为追求成功的驱动力。目标的抉择是以自己的最佳才能、最优性格、最大兴趣、最有利的环境等条件为依据的。职业生涯目标作为个人的一种发现,往往要经过一番危机才能找到自己的目标。以下几个问题能够帮助个人在遇到危机之前发现自己的目标。

(1) 你有何才能?把它们全部列出来,选择3种最重要的才能,然后把每种才能用一两个词来表达,如"我最重要的才能是我的观察能力、沟通能力和计划能力"。

(2) 你的追求是什么?什么是你梦寐以求,使你希望为之付出更多精力的?究竟哪些事情你愿意为之一展才华?在哪些主要领域你愿意投资自己的才力?例如,"我的追求是能够负责举办大型的电子竞技职业联赛"。

(3) 什么样的环境让你感到如鱼得水?什么样的工作和生活环境最适合你发挥自己的才能?例如,"我最擅长跟别人沟通之后根据对方的情况提供行之有效的解决问题的策略"。

将上述问题的答案列出来,将每个答案中自己认为最重要的因素结合起来组成一个完整的句子。比如,"我的职业生涯目标是利用我的观察能力、沟通能力和计划能力在与多方沟通之下负责大型电子竞技职业联赛的组织和举办"。也许就会发现自己的职业生涯目标有多个。如果再不断探寻,最终会发现它们当中贯穿着一条内在的主线。因此,要经常重复上述问题。

在确定目标的过程中要注意如下几方面的问题。

(1) 目标要符合社会与组织的需要,有需要才有市场,才有位置。

(2) 目标要适合自身的特点,并使其建立在自身的优势之上。

(3) 目标要高远但绝不能好高骛远,一个人追求的目标越高,其才能就发展越快,对社会越有益。

(4) 目标幅度不宜过宽，最好选择窄一点的领域，并把全部身心的力量投入进去，这样更容易获得成功。

(5) 要注意长期目标与短期目标的结合，长期目标指明了发展的方向，短期目标是实现长期目标的保证，长短结合更有利于生涯目标的实现。

(6) 目标要明确具体，同一时期的目标不要太多，目标越简明、越具体，就越容易实现，越能促进个人的发展。

(7) 要注意职业目标与家庭目标以及个人生活与健康目标的协调与结合，事业的成功应该以家庭和健康为基础和保障。

职业生涯路线是指一个人选定职业后从什么方向上实现自己的职业目标，是向专业技术方向发展还是向行政管理方向发展。发展方向不同，要求就不同。因此，在职业生涯规划时必须对此作出选择，以便安排今后的学习和工作，使其沿着生涯路线和预定的方向发展。在确定了职业生涯的目标后，要实现职业生涯目标还必须有相应的职业生涯策略保证，并通过反馈与修正，纠正最终职业目标与分阶段职业目标的偏差，保障职业生涯规划的行之有效。

#### 4. 自我管理

事物都是处在运动变化中的，由于自身及外部环境条件的变化，职业生涯规划也要随着时间的推移而变化。从个人的角度而言，职业生涯发展可分为早期阶段、中期阶段和后期阶段。由于在不同的时期个人生命特征和职业生涯特征的不同，其所面临的职业生涯发展问题与任务也各不相同。因此，不同阶段的职业生涯管理也存在着明显的差异。根据个人职业生涯的不同阶段开展职业生涯管理具有重要意义和作用。

## 1.3 电子竞技职业生涯规划

### 1.3.1 电子竞技职业生涯规划的现状

电子竞技作为信息时代的新兴产业，近年来吸引了越来越多的关注。2011 年，大量资本纷纷进入电子竞技产业，电子竞技产业开始向传统体育产业学习，成立俱乐部联盟，并制定更加明确的赛事规则，使整个行业日益规范。然而，作为近些年来才在国内迅速发展起来的行业，电子竞技职业化的程度较低。一般而言，一个行业里从业人员的职业生涯规划由政府、行业协会来主导以及制定规范。但是现阶段国内电子竞技行业的政府监管部门及职能仍未十分清晰明确，行业内各级协会构架混乱，无法统一组织电子竞技行业从业人员进行职业生涯规划培训。目前国内电子竞技行业的职业生涯规划主要由游戏公司主导的电子竞技项目职业联盟、电子竞技俱乐部、开设电子竞技相关专业或电子竞技方向专业的院校以及电竞从业人员的个人职业生涯规划意识在发挥作用。

另一方面，电子竞技行业中对于职业生涯规划的讨论主要聚焦在职业选手退役后的职业生涯发展这一特殊领域，而对电子竞技核心产业的其余相对于其他行业而言差异不大的部分，如游戏研发和运营人员，解说、裁判、赛事策划、设备管理人员，电子竞技媒体中的主播、内容制作员等关注较少。这主要是因为电子竞技职业选手作为电子竞技赛事主要的参与人员，其竞技水平、个人素质对赛事、电子竞技项目甚至是整个电子竞技行业都会产生重要的影响；其次，相比电子竞技行业的其他从业人员，电子竞技职业选手的职业寿命相对较短，更需要科学的方法来解决他们面临的职业生涯发展危机。此外，大部分电子竞技职业选手从业的年龄都非常低，彼时同龄人大都还在校园学习，这也使得电子竞技职业选手的职业发展更加受到社会的广泛关注，也进一步影响着社会对电子竞技行业的看法与评价。

目前中国参与电竞行业职业生涯规划的主体主要由电子竞技项目职业联盟、电子竞技俱乐部、开设电子竞技相关专业或电子竞技方向专业的院校以及电竞从业人员组成，以上几方各自的责任和立场不同，不同主体组织或进行的电子竞技职业生涯规划也不同。

### 1. 电子竞技项目职业联盟

随着电竞赛事的规范化，选手综合素质的培养也越来越受到重视。目前国内电子竞技项目职业联赛对于电子竞技选手的职业生涯规划培训主要体现在：联赛在大型赛事开始前，为俱乐部的队员做不同类型的素质培训，而这些培训的课程体系中，一般会包含“职业生涯规划”这门课程。

2018 年，KPL 联盟（King Pro League 联盟，王者荣耀职业电竞联盟）在秋季赛开始前为俱乐部选手提供的培训课程体系包括三大模块：专业拓展、素质修养以及个人管理。在专业拓展模块，选手既可以选择学习如“竞技精神的培养”“团队协作训练”“竞技康复训练”这类提升个人与团队竞技水平的课程，也能通过参与“职业发展与规划”课程提高个人职业生涯规划的意识和能力。

国内的电子竞技项目职业联盟如 KPL 联盟已经具备为电子竞技选手提供素质教育的意识，也要求俱乐部积极参与。然而，目前职业联赛为选手提供的职业培训课程体系还十分粗略，职业生涯规划的培训还存在以下问题：教学方法不能很好地适应职业选手的学习特性；课程内容没有完全符合职业选手的电子竞技行业特性以及学习需求；课程讲师对于电子竞技这个新兴行业的理解有所欠缺；教学效果由于教学时间不够充足而无法得到保证。另外，由于职业选手未能清晰地认识到课程的重要性，并且脱离校园学习的状态太久，因此学习意愿、学习成效以及对课程的接受程度较低。

鉴于国内电子竞技赛事和俱乐部的规范化程度较低，现役职业选手的整体素质还有待提高，职业联赛针对选手的培训课程仍有非常大的进步空间。

### 2. 电子竞技俱乐部

目前，国内电子竞技俱乐部还没有为选手提供系统的职业生涯规划培训课程，但是在日常的训练和战队管理过程中，教练、运营人员和队员能够发现选手身上的潜质以及可能的职业发展道路，并据此与选手展开讨论。这种非正式的、关于职业生涯规划的讨论是电子竞技俱乐部对选手开展职业生涯规划培训的重要组成部分。此外，部分俱乐部会不定期聘请讲师为职业选手讲授职业礼仪、职业生涯规划等相关课程。

总体而言，这些内部沟通与课程还没有形成体系，也很难实现针对每个选手个人的职业生涯规划进行培训，效果并不理想。其主要原因是：目前俱乐部运营与管理的重心在于提升战队成绩以及俱乐部品牌推广，对选手进行职业生涯规划培训只是俱乐部运营工作中很小的一部分。

### 3. 开设电子竞技相关专业或电子竞技方向专业的院校

2016 年，教育部将“电子竞技运动与管理”作为体育类专业列为普通高等学校高等职业教育(专科)增补专业。其后，大幅度的人才缺口以及政府的准许使得电子竞技相关的学历教育发展迅速。

据不完全统计，目前，国内开设电子竞技方向专业的本科院校包括中国传媒大学、南京传媒学院、上海戏剧学院、上海体育学院以及天津体育学院，主要依托艺术、播音主持、传媒等相较更为传统的专业进行电子竞技方向的专业开设。而国内开设“电子竞技运动与管理专业”的专科院校多达六十余家，这些院校遍布全国。目前这些院校主要是通过开设专业课程的方式对电子竞技专业或方向的学生开展职业生涯规划培训。一般而言，高职院校的课程计划里会设置一门“大学生职业生涯发展教育”的通识教育必修课程，这门课通常为理论课，学分为 1～3 分不等，占该门专业全部课程的学分比例约为 1/100。图 1-5 是上海体育学院播音与主持艺术专业本科培养方案课程计划。

| 课程类别 | 课程编号 | 课程名称 | 学分 | 学时 | | | | 开课学期 | 考核方式 |
|---|---|---|---|---|---|---|---|---|---|
| | | | | 总计 | 理论课 | 实验课 | 实践课 | | |
| 通识教育必修课程 | 4101220 | 思想道德修养与法律基础 | 3 | 48 | 48 | | | 2 | 考试 |
| | 4102102 | 中国近代史纲要 | 2 | 32 | 32 | | | 1 | 考试 |
| | 4101218 | 毛泽东思想和中国特色社会主义理论体系概论 | 6 | 96 | 64 | | 32 | 4 | 考试 |
| | 4101217 | 马克思主义基本原理概论 | 3 | 48 | 48 | | | 5 | 考试 |
| | 4102103-0 | 形势与政策教育 | 2 | | | | | 1/2/4/5 | 考查 |
| | 9101501 | 大学生职业生涯发展教育 | 1 | 16 | 16 | | | 1 | 考查 |
| | 7101307 | 计算机应用基础(1) | 4 | 64 | 32 | | 32 | 1 | 考试 |
| | 5102409 | 大学英语(1)学科类用 | 4 | 64 | 64 | | | 1 | 考试 |
| | 5102410 | 大学英语(2)学科类用 | 4 | 64 | 64 | | | 2 | 考试 |

**图 1-5　上海体育学院播音与主持艺术专业本科培养方案课程计划(部分)**

由于当前开设电子竞技相关专业或方向的院校的培养方案与课程计划主要参照该校已有的专业，依据职业生涯规划教育课程的学分比例，电子竞技专业的学生在校接受的职业生涯规划教育非常有限。另外，由于“大学生职业生涯发展教育”这一课程在高职院校中属于通识教育的公共课，服务于全体大学生，教材内容较为广而泛，涉及电子竞技行业的内容几乎没有，而职业生涯规划教育的大部分讲师对电子竞技行业也了解不多。

#### 4. 电子竞技从业人员

2015 年 4 月，韩国职业电子竞技协会(Korea eSports Association，KeSPA)与中国电子竞技俱乐部联盟《英雄联盟》分部(LOL of Association of China E-sports，L.ACE)在上海正式签署《联赛及选手保护共同发展协议》。协议规定：尚在合同期的选手，转会必须先通过俱乐部，然后经由本国(中国 L.ACE，韩国 KeSPA)批准，才可开启转会流程；选手不得以个人的身份联系任何一支战队开启转会谈判或加盟，否则将被视为违规。协议同样适用于退役的选手以及青训队员。如果任何中国或韩国战队违背了 KeSPA 和 L.ACE 通过合作共同制定的条例，有问题的中国或韩国选手将被处以转会处罚，不能加入任何隶属于 KeSPA 或 L.ACE 的俱乐部。

L.ACE 隶属于 ACE(Association of China E-sports，中国电子竞技俱乐部联盟)，在当时，ACE 的联盟成员包括 WE、IG、LGD 等十余家一、二线电子竞技俱乐部。尽管中国《英雄联盟》俱乐部的管理权限不在 ACE，该项协议本身不受法律保护，但因为 ACE 的联盟成员在国内电子竞技行业占领了主导地位，该项协议仍有一定的行业影响力。

总体而言，这份协议旨在规范中韩两国的跨国选手交易，令其更加职业化、市场化、透明化。但也反映出职业选手个人面临的职业选择的困境：由于电子竞技行业经纪人的相对匮乏，大多数选手缺乏专业团队的支持。目前职业选手的个人行为指导、公众形象包装、职业行为管控等相关的工作由俱乐部负责。在这样的体系下，职业选手个人的发展十分依赖俱乐部的发展，一旦选手与俱乐部发生冲突，选手的职业发展将会受到非常严重的负面影响。另外，俱乐部对选手个人管理的资源投入非常不均匀，大部分电竞选手因为缺乏专业的经纪团队，退役之后只能自行摸索个人的转型之路。

2015 年，曾在 2005 年和 2006 年夺得两届 WCG(World Cyber Games，世界电子竞技大赛)《魔兽争霸Ⅲ》(*War3*)项目冠军的职业选手李晓峰(SKY)正式宣布退役，创办"钛度科技"，自此告别职业选手身份，拥抱商业生涯。公司在创建之初就收到了包含普思资本在内的 5000 万元人民币的 A 轮融资，目前已经估值过亿。

像李晓峰这样的职业选手转型之路虽然为人所津津乐道，但在整个电子竞技行业只是凤毛麟角。在电子竞技选手短暂的职业生涯结束后，功成名就的选手可以选择创业、转型成为职业主播或是战队教练，而成绩平平、默默无闻的选手往往会陷入迷茫。因此，在退役，甚至是成为一名电子竞技职业选手之前，职业选手或者电子竞技爱好者都应该未雨绸缪，及时地了解电子竞技行业环境，分析自身的条件，评估个人的职业生涯发展道路。早在退役之前，李晓峰就在多次在采访中表示：如果以后退役了，无论是继续在电子竞技行业工作还是回到自己的医学专业，都不会担心自己的未来。可见，在还是一名职业选手的时候，李晓峰就已经作好完善的、适合自己的职业生涯规划的准备了。

除了职业选手，电子竞技的其他从业人员也曾公开表达过对个人职业生涯发展的思考。然而这些思考主要是一种对于游戏和电子竞技的情怀表达。当时的电子竞技从业人员大部分都是凭着一腔对电子竞技或游戏的热爱进入这个行业，对于电子竞技行业的发展趋势和自我定位并不清晰。

**案例**：早期电子竞技从业人员对个人职业生涯发展的思考。

在电子竞技的文字战报时期，著名战报撰稿人 Stoneman 曾在一篇战报的前言中提到："老友 Saint 一次在网上问我，是否会一直以游戏为生。我说，我曾经以游戏为生，曾经有过这种日子。但这是一碗青春饭，没有人能吃一辈子。等到一个人的经历、年龄到了一定的程度，自然就不再做这一行了"。

如今，随着电子竞技赛事的发展以及俱乐部管理制度的日渐规范，电子竞技行业里的岗位职责会越来越清晰，相应的职位分工也日益明确。另外，由于大量资本开始关注电子竞技行业，多家咨询公司、研究所对电子竞技行业进行调查研究，并形成相应的行业报告和行业标准。这些变化都为电子竞技从业人员进行职业生涯规划提供了依据和目标。

## 1.3.2 电子竞技职业生涯规划的特征

由于电子竞技行业与传统行业的发展历史、行业环境、从业人员等差异，针对电子竞技行业的职业生涯规划也与其他行业的职业生涯规划存在差别。除了前文提到的职业生涯规划的普遍特点之外，电子竞技职业生涯规划的特征还表现在以下方面。

### 1. 电子竞技职业生涯规划的参考数据较为匮乏

1998 年韩国将电子游戏发展职业化产业化，电子竞技应运而生。而随着电子竞技经济的快速发展，在全世界范围内形成了庞大的产业体系。近十年，互联网发展的春风催生了电子竞技在中国的发展。如今电子竞技融入了更多人的日常生活，世界级大赛牵动着亿万人的心。

回顾电子竞技产业的历史，具有发展时间短、经济产能大以及行业欠规范等特性。行业的关注热度持续走高，中国电子竞技行业在各方资本的涌入下，进入爆发期，市场上出现了很多行业调研报告。然而，由于样本、调查角度和立场的不同，许多咨询公司和行业研究机构对于电子竞技行业的发展趋势、从业人员的生存状况、用户情况等数据描述出现了偏差。科学性欠缺的行业调研报告会降低对准备进入电子竞技行业的人员的职业生涯规划质量。另外，在国内，电子竞技行业目前还是一个新兴产业，行业内许多岗位的发展路线并不清晰，职业发展的成功案例也较为特殊。对于准电子竞技从业人员或是电子竞技从业人员而言，职业生涯规划的参考数据相对其他行业而言更为匮乏。

### 2. 电子竞技职业生涯规划的需求迫切但标准尚未明确

一个行业的发展状态影响着人们的从业意愿以及从业人员的生存状态，换言之，电子竞技行业的发展状态也影响着这个行业的从业者的职业生涯规划。总体而言，当前国内的电子竞技行业发展状态主要表现出行业发展趋势良好、行业标准亟待完善以及从业人员的职业生涯规划意识待提高 3 方面的主要特征。

1）中国电子竞技行业发展趋势良好

我国电子竞技产业在经历了十多年的探索发展后，2017 年迎来了开局的黄金五年，具体有以下表现。

（1）社会认同。国际奥委会、亚奥理事会等对电子竞技体育的认同，让电子竞技更好地融入社会主流文化。调查显示，认可“电子竞技是新兴体育运动”的网民比例由52.4%提升至62.6%，在电子竞技用户中，这一比例由67%提升至76.1%。

(2) 参与用户。2008—2016年，以《英雄联盟》、*DOTA*等为代表的网游大行其道，成熟的电子竞技赛事体系逐渐形成，涌现了多项职业赛事，45.7%的电子竞技用户开始关注电子竞技。2019—2021年，电子竞技用户中，女性用户比例不断上升，三年间从30%增加到39%，性别差异占比持续弱化；25岁以下的年轻用户和45岁以上的年长用户增加，用户覆盖更加全年龄化。MOBA(multiplayer online battle arena，多人在线战术竞技游戏)类和FPS(first-person shooting game，第一人称射击游戏)类依然是电子竞技用户最关注的两大类型，通过强调多人对抗，让赛事更具观赏性和竞技性，这也成为它们能够在电子竞技领域占据主流的重要原因，MOBA品类的关注比例逐年降低，同时越来越多的用户被其他丰富的品类吸引，电子竞技赛事品类呈现更加均匀的健康发展趋势。

(3) 地域融合。对标传统体育，许多城市已经打上了体育运动的标签。如目前较多LPL俱乐部已经落地杭州、重庆、成都、西安等城市，KPL也实现了成都和上海的“双城主客场”。

(4) 模式迭代。日趋专业的体育化运营，正为电子竞技打开更大的商业版图。在借鉴传统体育商业模式的基础上，电子竞技联赛开发出媒体版权、衍生品、门票、广告等多模块的商业价值。包括各直播平台电子竞技主播及俱乐部明星IP运作等，均显示电子竞技产业链的商业模式日渐完善。同时，赛事赞助从传统的硬件厂商，至汽车、快消及金融等领域的合作，也显示出商业合作的多元化。

2) 行业标准亟待完善

电子竞技产业朝着赛事品牌化、赛事执行规范化、赛事规则标准化、俱乐部运作商业化的方向发展。而电子竞技产业是伴随着互联网经济的快速膨胀同步发展的，该两种产业均具有发展迅速及去中心化的特点。行业飞速发展，在可借鉴参考的模式经验欠缺的情况下，电子竞技的职责岗位欠标准化，行业规则欠规范化。

由此可见，电子竞技行业的迅速发展使更多电子竞技爱好者有可能进入这个行业工作。另外，目前行业的标准仍有很大的提升空间，这在一定程度上为从业人员进行职业生涯规划带来了更大的挑战。

3) 从业人员的职业生涯规划意识待提高

由于行业发展时间较短，系统的人才培养体系目前尚未形成。随着电子竞技行业的快速发展，人才缺口严重的问题也逐渐暴露。除了电子竞技职业选手，俱乐部运营和管理、专业解说及主持、场馆设计管理和运营、大型赛事灯光舞美等相关专业人才均不足以支持电子竞技产业的持续发展。专业人才的缺乏已经成为制约电子竞技产业发展的重要因素。面对巨大的人才缺口，大量电子竞技爱好者和水平较高的游戏玩家开始思考在电子竞技行业从业的可能。但这个群体大多数是十多岁的青少年，还没有作好进入职场的心理准备，也没有掌握职业生涯规划和应聘职位的能力与技巧。另外，因为电竞行业近几年行情趋好，无论是职业选手还是俱乐部、赛事运营人员等从业人员，大多数没有感受到职业生涯规划的迫切需要，及时完善与调整个人职业发展道路的主动性仍有所欠缺。

据调查，有20.6%的高中生、16.7%的高校生、12.5%的社会人士明确表示希望从事电子竞技行业。可见，不少青年带着对电子竞技的热爱有志于投身电子竞技行业。尽管对电子竞技的热爱与理解是电子竞技从业人员必备的素质，但是，如果只是为了对某一职业选手、战队或电子竞技项目的喜爱就选择进入这个行业，在进行职业生涯规划的时候，往往不能客观地分析行业环境以及自身的条件，难以作出理性的职业选择。在入职之后，也可能被个人情绪影响到工作效率和业绩。因此，在进行电子竞技行业的职业生涯规划时，个人应强调工作的职业性，将自己的工作作为事业来发展，而不是仅凭自己的喜好随意选择或对待。

# 第 2 章

# 自 我 认 知

老子在《道德经》中提到："知人者智，自知者明。"探索自我是职业生涯规划的起点，个人想要获得生活和职业发展的成功，必须要有清晰的自我认知，了解自己的优势与劣势，才能按照成功的标准提高自身的能力。知道自己适合做什么，喜欢做什么，能做什么，环境要求自己做什么，做什么才能有成就感……这些比知道自己要去哪里更重要。倘若一个人对自己想什么、能做什么都没有概念，那么他将很难选择适合自己的职业发展道路。

## 2.1 自我认知概述

自我概念(self-concept)，即一个人对自身存在的体验。通过积累经验、自我反省和他人的反馈，逐步加深对自身的了解与评估。自我概念是一个有机的认知结构，由情感、态度和价值观等组成，贯穿个人经验和行动，并把个体表现出来的各种特定习惯、能力、思想、观点等组织起来。

个体差异是这个世界的基本特征，我就是我自己，不是别人，了解自己是作好职业生涯规划的前提。认识自我是成熟的第一步，人只有认识自我以后，才能走好接下来的每一步。认识自我是一种人生体验，是一种人生智慧。千百年来人们一直都在寻找"我是谁"的答案。从古希腊时期的苏格拉底到存在主义哲学家萨特，他们一直在不断地思索着、寻找着。"我是谁"就是认识自我的问题。一个人一旦真正认识了自己，他就会成熟起来，会把自己塑造成内心渴望的形象，并且终身不变。

历史上，自我的概念具有各种不同的含义，主要原因在于这个概念源自多种学科。哲学强调自我是道德选择和责任感的场所；社会学强调语言与社会的相互作用是自我出现并得以保持的基础；实验社会心理学强调自我是认知组织、印象处理和动机激发的源泉。

自我认知有许多理论，其主旨就是要求人们必须从多个角度去了解自己。比如，美国心理学家詹姆斯在探讨自我内在结构时，曾首次将自我分成"主体自我"和"客体自我"。前者指个体的纯经验，后者则指经验内容。美国田纳西州心理治疗专家费池提出了 5 个自我认知的基本维度，来帮助人们进行自我认知。还有人提出现在自我、理想自我和他观自我的看法。

本书在总结国内外自我认知基本理论的基础上，进一步提炼出自我认知的 3 个重要部分——“生理自我”“心理自我”“社会自我”。

## 2.1.1 生理自我

生理自我是指一个人对自己的身体机能、外貌、动作技能等生理特征的认识，包括身高、体重、视力、体力、相貌等可以量化或直观得到的指标。生理自我对于个人最大的意义在于，个人首先要悦纳生理自我，尊重自己的生理特征，进而有意识地开发生理自我，以增强应对复杂多变、竞争日益激烈的职业环境的能力。

生理自我是非常基本的一种自我概念，它对个人的适应能力与未来发展都有重要的影响。正确认识生理自我，理性面对自己的生理特点，根据生理自我来选择自己能够适应的工作是非常重要的。比如，电子竞技职业选手需要非常好的身体素质和极快的反应速度；而姣好的容貌与伶俐的口齿可能是电子竞技解说、主播、主持人的一部分任职条件。一个人如果生理上达不到岗位任职条件，却强行从事这些工作必然事倍功半。

生理自我会随着一个人的成长或通过外在手段而变化或完善，生物的自然生长必然会带来一些身体机能上的改变，后天的工作和生活环境也会对生理自我产生影响。因此，改变和完善生理自我要根据成长过程，从环境因素和外部手段两方面入手。

### 1. 成长过程

生理自我顺应自然规律，具有不可逆的成长过程，在这个过程中，人们的各项身体机能从萌芽到成熟再到走向衰老，因此，在作职业生涯规划时，除了要考虑时间周期的因素外，还要考虑在这个时间周期内生理自我的改变。将生理自我条件的优势尽可能地延长或强调，尽可能地规避或改善生理自我对职业生涯的负面影响。

据不完全统计，电子竞技职业选手的平均退役年龄是 24 岁，众多职业选手的高光时刻都在 16～23 岁这个区间。电子竞技职业选手对于思维和细节操作的要求都是极高的，随着年龄的增长个人的反应速度会有明显下降。而如果一个人在 24 岁时才选择成为一个电子竞技职业选手，那么他作为电子竞技职业选手的职业生涯必然是相对短暂的。

### 2. 环境因素

生理自我除了具有生物性，会随着生命的自然生长而改变外，同样会受到成长过程中工作和生活环境的影响。

2020 年 6 月 3 日，电子竞技职业选手 Uzi 在微博发长文宣布正式退役，如图 2-1 所示。在退役长文中，Uzi 提到因为常年压力大、肥胖、饮食不规律、熬夜等原因，在 2019 年体检的时候查出 2 型糖尿病，并且糖化血红蛋白指数已经到了 11%。在尝试了控制饮食、运动减肥、吃药等手段后，情况依然没有得到明显改善。加之因为长期训练积劳成疾的手伤，难以再适应长时间高强度的赛训生活。然而 Uzi 这名电竞职业选手也是年少成名，在 16 岁的时候就在英雄联盟全球总决赛的舞台上大放异彩。但电子竞技职业选手需要长时间的高强度训练来保证自己的竞技状态，以至于一个 16 岁的少年仅仅在 7 年之后就伤病缠身。可见工作和生活环境对于生理自我的影响也直接影响着每个人的职业生涯。在Uzi宣布退役之后,他正式成为了一名电子竞技主播,工作的时间和强度较之于曾经是职业选手的时候可控了许多。

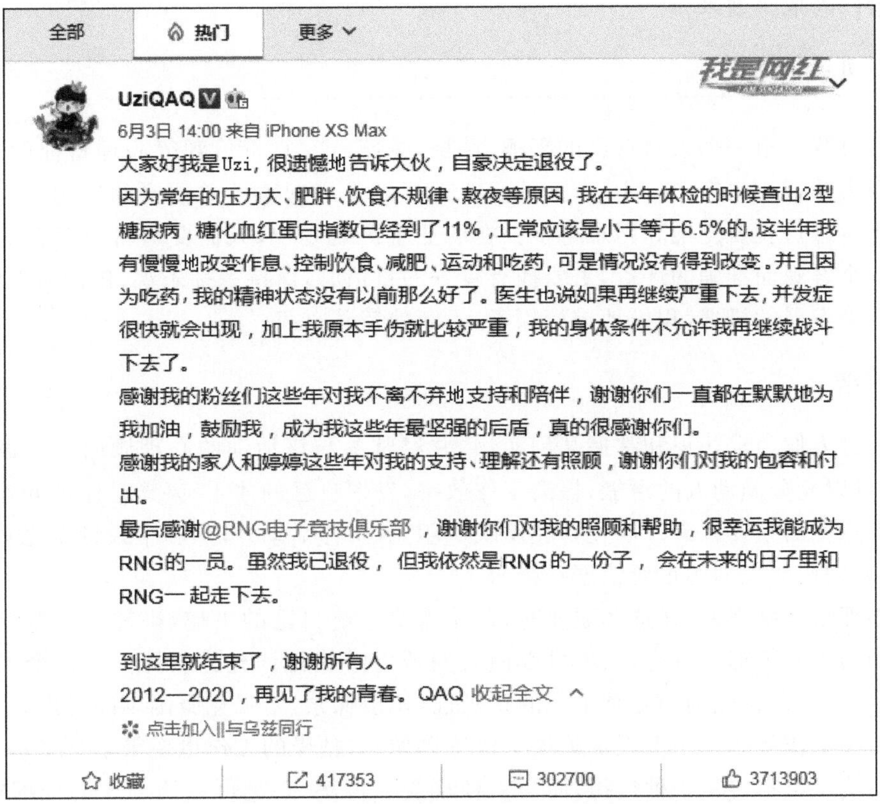


**图2-1 知名电子竞技选手Uzi微博截图**

### 3. 外部手段

虽然生理自我的绝大多数条件都源自先天,但依然可以通过一些外部手段来改善,例如体重与外貌。在电子竞技行业中,解说、主播、主持人这3个岗位通常需要姣好的外形条件,而高矮胖瘦是人们可以通过健康饮食与合理运动来调控的。同时,得体的衣着和合适的妆容搭配,也可以对一个人的形象带来提升。

接受生理自我并不是一件很容易的事情,尤其在如今这个快节奏的时代,外在特征的优劣往往会给生活带来更加便利的条件或是更直接的伤害。青少年特别容易因为生理自我的一点瑕疵而产生自卑心理,尤其是当这点瑕疵作用于他们在乎的人事物时。在这种情况下,如果不能克服自卑心理,悦纳生理自我,及时进行自我调节,就会对性格造成极其不利的影响。

人在成长过程中能够逐渐成熟,克服自卑心理,开始悦纳生理自我。一个自信的人在照镜子的时候会逐渐欣赏自己的形象,这就是悦纳生理自我的一种表现。一个人走向社会,首先要做到悦纳自我,然后才能够充满自信地面对他人,而自信心能够使一个人充满正能量。不断完善、提高生理自我会最大限度地提升一个人的职业形象与职业魅力,使一个人在职场中神态坚定自信、举止优雅大方，与职场环境高度和谐。因此，一个人在职业生涯中不仅要正确认识生理自我，更要不断完善生理自我，随着生理自我的成长，心理自我也会紧跟着成长起来。

## 2.1.2 心理自我

心理自我是指一个人对自己的兴趣、性格、情感、能力、价值观等心理特征的认识，也是自我探索的核心内容，它对一个人的职业选择和发展起着至关重要的作用。心理自我的认知比生理自我要复杂和困难得多。在职业生涯规划中，人们要对自身存在的能力与潜力有一个客观而准确的评价，更要拥有良好的自信心，保持一种乐观、积极向上的心态，不断地寻求发展的机遇，积极地进行探索，不断地完善自我。

### 1. 兴趣

兴趣是人们力求认识和掌握某种实物，并经常参与该活动的心理倾向。兴趣是最好的老师，可以充分调动人的潜能，提高工作效率，发挥自己的才干；兴趣是保证职业稳定性和工作满意度的重要因素。职业兴趣反映了职业（工作活动）特点和个人特点之间的匹配关系，是人们职业规划的重要依据和指南。

从心理学角度来说，在选择职业时，首先需要了解自己的兴趣，兴趣上的差异构成了职业选择的重要依据。首先，兴趣可以使人的智力潜能得到充分发挥。当一个人对某种事物发生兴趣时，就能调动起整个人的积极性，积极探索，增强克服困难的意志。其次，兴趣可以提高工作效率。一个人对某项工作感兴趣时，枯燥的工作也变得丰富多彩，趣味无穷。兴趣使工作不再是一种负担，而是一种享受。再次，兴趣可以调动人的全部精力，使其高度集中，从而提高效率。兴趣还是事业成功的重要因素。许多成功人士都有着惊人的相似之处，就是对自己感兴趣的事非常执着，一旦认定便全心投入。兴趣是可以培养的，也可以随着对某项事物认知的增加而发生改变。

### 2. 性格

性格是人对现实的态度和行为方式中比较稳定的心理特征的总和。职业性格是一个人对职业的稳定态度和在职业活动中习惯化的行为方式所表现出来的个性心理特征，对个人职业生涯规划有重要意义。

性格使一个人更加偏爱某一种而非另一种环境，由于性格不同，每个人在对不同环境的认知过程中，也表现出不同的个性化风格。从事与自己的性格不匹配的工作，个人的才能展现会受到阻碍，整个工作状态都受影响。因此，在职业选择中，应尽可能充分考虑自己的个性特征与职业要求是否相适应，这样在工作中就能够发挥个人特有的能力，利用个人资本体验到更多的快乐和愉悦。

有人认为在职业发展上，性格比能力重要。某些用人单位在选择人才时也越来越看重一个人的性格。如果一个人能力不足，可以通过培训提高，假以时日总能开发出来。但一个人的性格与职业或岗位不吻合，改变起来要远比培训技能困难。

### 3. 能力

能力指顺利完成某一活动所必需的主观条件。能力是直接影响活动效率，并使活动顺利完成的个性心理特征。能力总是和人完成一定的活动联系在一起的。离开了具体活动，既不能表现人的能力，也不能发展人的能力。

1）能力类型

能力包含以下几种类型。

（1）一般能力和特殊能力。

一般能力是指观察、记忆、思维、想象等能力，通常也叫智力。它是人们完成任何活动所不可缺少的，是能力中最主要又最一般的部分。

特殊能力是指人们从事特殊职业或专业需要的能力。人们从事任何一项专业活动既需要一般能力，也需要特殊能力。二者的发展也是相互促进的。

（2）流体能力和晶体能力。

流体能力是以学得的经验为基础的认知能力，如语言文字能力、判断力、联想力等，是基本心理过程的能力，它随年龄的衰老而减退。与流体能力相对应，晶体能力受后天的经验影响较大，主要表现为运用已有知识和技能去吸收新知识和解决新问题的能力。晶体能力在人的一生中一直在发展，它与教育、文化有关，并不因为年龄增长而降低，只是某些技能在新的社会条件下变得无用了。人在25岁以后，晶体能力发展的速度渐趋平缓。

（3）模仿能力和创造能力。

模仿能力是指通过观察别人的行为、活动来学习各种知识，然后以相同的方式作出反应的能力。而创造力是指产生新思想和新产品的能力。

（4）认知能力、操作能力和社交能力。

能力按照它的功能划分为认知能力、操作能力和社交能力。

① 认知能力。认知能力指接收、加工、存储和应用信息的能力。它是人们成功地完成活动所需要的最重要的心理条件。知觉、记忆、注意、思维和想象的能力都被认为是认知能力。

② 操作能力。操作能力是指操纵、制作和运动的能力。劳动能力、艺术表现能力、体育运动能力、实验操作能力等都被认为是操作能力。它是在操作技能的基础上发展起来，又成为顺利地掌握操作技能的重要条件。

③ 社交能力。社交能力指人们在社会交往活动中所表现出来的能力。组织管理能力、言语感染能力等都被认为是社交能力。社交能力中包含认知能力和操作能力。

2）潜能

潜能是一个人潜在的能力和能量。在现有教育阶段，学校主要考查学生两方面的能力：逻辑思维能力和语言能力。而事实上人的潜能是多方面的，如人际沟通能力、领导管理能力、艺术创造能力、形态知觉能力等，这些在考试中很难体现出来，而这些能力又往往对一个人的成功非常重要。

能力是个人职业选择和职业成功的基础。在职业生涯中，职业的成功不仅与人的个性特点、知识技能、工作态度、物质条件、健康状况、人际关系等因素有关，还与一个人的职业能力密切相关。在其他条件相同的情况下，职业能力强的人比职业能力弱的人，更能使工作顺利进行。

不同职业对人的能力有不同的要求，不同的人其能力也不相同。如有人擅长言语交谈，有人擅长实际操作，也有人擅长理论分析，还有人擅长事物性工作。每个人都有自己独特的能力范围。社会上不同的职业对从业者的能力有不同的要求，如有的需要语言能力，有的需要计算能力，有的需要动手能力，而大多数职业则都需要多种能力的综合。

人的能力差别是客观存在的，这种差别制约着人们活动的领域与职业选择的范围。一个人如果不能很好地评价自己的能力，错误地选择职业，将无法发挥出自己的潜力。

#### 4. 价值观

人们所处的自然环境和社会环境，包括人的社会地位和物质生活条件，决定着人们的价值观。每一个社会都有一些共同认可的普遍的价值标准，从而发现普遍一致的或大部分一致的行为定式，这称为社会行为模式。有的人的行为更趋向于利，有的人更趋向于名，有的人则趋向于事，这反映出人的价值观会有不同。不同价值观的人有不同的思维方式、行为模式或者说出发点不一样。

价值观是人们希望获得哪些结果的一种抽象说法。它揭示了人们看待工作、职业回报、薪酬或其他问题的不同态度。价值观对人的一生有着重要的影响。各种职业都有各自的特性。不同的人对职业的特性可能有不同的评价和取向，这就是职业价值观，也称为择业观。作为人们对待职业的一种信念和态度，职业价值观往往决定了人们的职业期望，影响着人们职业方向的目标和选择。

职业生涯规划中常常需要作出这些选择：是要工作舒适轻松，还是要高标准的工资待遇；要成就一番事业，还是要安稳太平。当两者发生矛盾或冲突时，最终影响人们决策的还是存在于内心的职业价值观。由此可见，价值观对职业生涯的影响是高层的、最深远的。职业价值观通常都是与某种职业紧密相连的，当人们认为某项很重要的价值在一项职业里缺失的时候就会出现职业错位的现象。

价值观具有以下几种特点。

（1）价值观是因人而异的。

由于每个人的先天和后天环境不同，人生经历也不尽相同，每个人的价值观形成会受到不同的影响，因此，每个人都有自己的价值观和价值观体系。在同样的客观条件下，具有不同价值观和价值观体系的人，其动机模式不同，产生的行为也不同。

（2）价值观是相对稳定的。

价值观是人们思想认识的深层基础，它形成了人们的世界观和人生观。它是随着人们认知能力的发展，在环境、教育的影响下，逐步培养而成的。人们的价值观一旦形成，便是相对稳定的，具有持久性。

（3）价值观在特定的环境下是可以改变的。

由于环境的改变、经验的积累、知识的增长，人们的价值观有可能发生变化。

个人价值观要与社会主义核心价值观相融合，个人价值观要随着时代、社会环境的变化而变化，不能一成不变。

### 2.1.3 社会自我

社会自我是指一个人在与他人交往中感知到的他人对自己的一种看法以及自己的社会责任感。社会自我会影响一个人的人际关系以及在社会中的角色定位，进而影响一个人的职业生涯规划。

在社会生活初期，人们要实现从校园到社会的过渡，也就是说，既要把个人的个性充分发挥，也要注意把个性塑造得极为接近社会个性，使自己的欲望符合自己所扮演的社会角色的需要。这种社会角色不仅要有现代人才的品质，还要有强烈的社会责任感。在职业选择时，人们如何基于社会主义核心价值观来选择自己的职业和去向，可以完全反映出自我的社会责任。例如，国家为了建设社会主义新农村，提出了大学生村官的政策；为了充实基层管理人员的力量，号召大学生去基层服务；国家为了加强国防建设，鼓励大学生参军等举措，无一不体现出社会对人才的期待和要求。因此，要把自己打造成社会主义事业的建设者，这也是社会自我的体现。

事实上，社会自我的认知是提醒人们要有社会责任意识，在关注社会的同时，也可以发现更多的发展机会。因此，一定要把自己放在社会这个大背景下来考虑自己的职业发展，这样才能更好地实现自己的职业目标。

## 2.2 自我认知的方法

每个人在正式就业之前都有很强的可塑性，要注意使用正确的自我认知方法，既要重视躬行自省，又要广泛听取他人意见；既要重视测评的重要参考作用，但又不应对其产生绝对迷信。此外，还应该通过社会实践去认知自我，这种在实践中检验自我、了解自我、认识自我的方法是极其重要的。当然，无论采用何种方法，都要注意相互之间的联系与综合，这才有利于自我作出准确、全面的评价。

### 2.2.1 自我分析

自我分析是职业生涯规划的重要环节，是职业生涯规划的主体对自己的知识、能力、价值观、愿望、行为和个性特点等有关职业发展的因素所进行的分析、判断和评价。自我分析是最简单、最方便、可重复利用的一种自我认知方法。一个人如果能够正确、如实地认识和评价自己，就能正确地对待和处理个人与社会、集体以及他人的关系，有利于克服缺点、发扬优点，在工作中充分发挥自己的作用。自我评估的结果可能是积极的，也可能是消极的。自我评估往往是自己行为的主要调节器。自我评价较高的人往往具有较高的抱负水平，可以取得较高的成就。因此，积极的自我分析与评价有助于保持身心健康，有助于适应新环境，有助于摆脱孤独和困境。

自我分析的方法有多种，常用的有橱窗分析法、SWOT分析法、“六何”思维模式法、自我测试法、计算机测试法等。通过不同方法的测试，全面了解自己、认识自己，并以此为基础规划和设计自己。

1）橱窗分析法

橱窗分析法是自我分析的重要方法之一。心理学家把对个人的了解比作一个橱窗。为了便于理解，可以把橱窗放在一个直角坐标系中加以分析。坐标系横轴的正向表示别人知道，负向表示别人不知道；纵轴正向表示自己知道，负向表示自己不知道。坐标橱窗可用图 2-2 的形式表示。

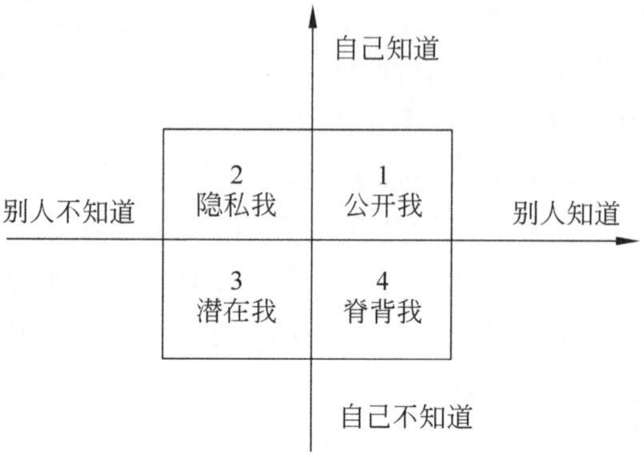


**图 2-2 橱窗分析法坐标橱窗**

橱窗 1 为“公开我”，这是自己知道、别人也知道的部分，属于个人展现在外，无所隐藏的部分。

橱窗 2 为“隐私我”，这是自己知道、别人不知道的部分，属于个人内在的隐私和秘密的部分。

橱窗 3 为“潜在我”，这是自己不知道、别人也不知道的部分，是有待进一步开发的部分。

橱窗 4 为“脊背我”，这是自己不知道、别人知道的部分，就像自己的背部一样，自己看不到，别人却看得很清楚。

在进行自我剖析时重点是了解橱窗 3“潜在我”和橱窗 4“脊背我”这两部分。

“潜在我”是影响一个人未来发展的重要因素。认识和了解潜在我，是自我剖析的重要内容之一。了解潜在的我主要方法有积极暗示法、光明思维法等。

“脊背我”是准确对自己进行评价的重要方面，如果能够诚恳地、真心诚意地接受他人的意见和看法，就不难了解“脊背我”。当然这需要开阔的胸怀，正确的态度和有则改之、无则加勉的精神。否则，就很难听到别人的真实评价。

2）SWOT 分析法

SWOT 分析法在个人职业生涯规划中也具有较好的分析效果。SWOT 分析是一种功能强大的分析工具，是检查个人的技能、能力、职业偏好和职业机会的有用工具。通过 SWOT 分析，可以很容易了解自己的优点和弱点，并且可以评估出自己感兴趣的不同职业道路的机会和威胁所在。S 代表 strength（优势），W 代表 weakness（弱势），O 代表 opportunity（机会），T 代表 threat（威胁）。其中，S、W 是内部因素，O、T 是外部因素。

一般来说，在个人职业生涯规划中进行 SWOT 分析时，应遵循以下 5 个步骤。

(1) 评估自己的长处和短处,进行 SW 分析。

伴随着社会的进步和发展,劳动分工日益细化,人们在职业领域中都会有自己擅长与适合的领域,也同样会有不喜欢和不胜任的岗位。进行 SW 分析,可以使用列表分别在 S 方向列出自己喜欢做的事情和自己的长处所在,在 W 方向列出自己不喜欢做的事情和自己的弱势。找出自己的短处与发现自己的长处同样重要,因为这有助于基于自己的长处和短处作两种选择:一是努力去改正自己的缺陷和常犯的错误,提高自己的技能;二是放弃那些自己不擅长、技能要求很高的职业。根据 SW 分析可以列出自己认为所具备的很重要的强项和优势以及对职业选择会产生影响的弱项和劣势。

(2) 找出自己的职业机会和威胁,进行 OT 分析。

进行 OT 分析,同样可以列表在 O 方向列出某一职业行业存在的际遇和资源,在 T 方向列出可能存在的威胁和危险。不同的行业面临着不同的外部机会和威胁,所以,找出这些外界影响因素将有助于个人成功地找到一份适合自己的工作,因为这些机会和威胁会影响个人的职业选择和未来的职业发展。如果一个行业所处的外部环境不利,那么它能提供的职业机会将会很少,而且其所能提供的职业升迁的机会也会很少。相反,如果一个行业充满了许多积极的外界因素和良好的外部发展环境,该行业将为求职者提供广阔的职业机会和发展前景。可以根据个人的情况和兴趣,选择一两个行业,然后认真地评估这些行业所面临的机会和威胁。

(3) 提纲式地列出未来 3～5 年的职业目标。

在仔细地对自己进行了 SWOT 分析的基础上,列出未来 3～5 年内最想实现的 4～5 个职业目标。这些目标可以包括:最想从事哪一种职业,将管理多少人,期望的薪酬水平,想达到的管理岗位级别等。需要注意的是,必须充分发挥自己的优势,并使之与所在行业提供的职业机会相匹配。

(4) 列出未来 3～5 年的职业行动计划方案。

围绕第(3)步提出的未来 3～5 年的职业目标,拟定一份实现每一目标的行动计划并详细说明为实现每一目标需要做的具体事项,何时完成这些事情。如果需要外界帮助,那么,它们是何种帮助和如何才能获取这种帮助。例如,根据个人 SWOT 分析的结果,为了实现个人理想的职业目标,需要进修更多的管理课程,那么,在职业行动计划中就应说明要进修哪些课程、什么水平的课程以及何时进修这些课程等。一份详尽的行动计划将有助于个人进行职业生涯决策,就像外出旅游前事先制定的计划将成为个人的行动指南一样。

(5) 寻求专业帮助。

在开展了深入的个人 SWOT 分析后,要改变自己的缺陷和不足,往往还需要父母、老师、朋友、上级主管、职业咨询专家等给予一定的帮助,特别是借助专业人士的力量会让个人更容易发现问题的所在,更容易找到解决问题的捷径。

3) "六何"思维模式法

"六何"思维模式的目的是通过分析当前的困难,找到解决方法。其思维过程是程序化的,对问题进行层层分析,具体步骤如下。

第一步,身在何处,澄清问题。澄清问题是对目前所处状态的定位。

第二步，因何至此，找到原因。问题澄清后就要作进一步的分析。

第三步，欲往何方，明确期望。了解清楚问题的原因，就要明确方向和目的，准备解决问题。

第四步，有何资源，盘点现在。明确了目标和方向后，在解决问题之前要先分析一下目前所处的环境，有什么可以利用的资源，以及如何有效利用。

第五步，如何达到，选择路径。盘点好资源之后，就要制定一个实现目标的最优路径。需要注意的是，这个路径不是捷径，而是最优路径。

第六步，何以至致，量化标准。做到什么程度才是达成目标、达到目的呢？这就要对目标进行量化分析，将目标分解为一项项具体因素。一方面可以找到要解决的具体问题；另一方面可以随时知道自己处于什么阶段。有标准可参考，行动方向就更加明确了。

### 2.2.2 他人评价

所谓当局者迷、旁观者清，在自我认知的过程中，综合利用他人评价是不可或缺的一个环节。在成长过程中，父母、老师、兄弟姐妹、同学、朋友都会对个人有一些描述或评语，这些话语就像一面镜子，可以让个人知道自己在别人眼中是一个怎样的人。结合自我分析，可以制作如表 2-1 形式的综合评估表。

**表 2-1 他人评价表**

| | 同学朋友眼中的我 | | 老师眼中的我 | | 亲人眼中的我 | |
|---|---|---|---|---|---|---|
| | 优点 | 缺点 | 优点 | 缺点 | 优点 | 缺点 |
| 兴趣方面 | | | | | | |
| 性格方面 | | | | | | |
| 学习方面 | | | | | | |
| 品德方面 | | | | | | |
| 生活方面 | | | | | | |
| 能力方面 | | | | | | |
| 其他方面 | | | | | | |

在寻求他人评价的过程中，必须学会选择性倾听。听取他人评价，最忌讳的是缺乏自己的主见。马云谈他当年的创业生涯，在犹豫是否要“创办”的时候，咨询了 24 个人，其中有 23 个都持否定意见，只有一个人表示支持，但他还是选择了创业，并且获得了巨大的成功。有时候“真理掌握在少数人手里”。这符合成功学的概念，因为成功的人毕竟是少数，他们之所以能成功，有一个很重要的原因就是他们的思维与大多数的人不一样，别人的意见只能代表他们自己的观点，而不一定正确，所以在进行自我认知的时候也要充分认识这一点。

### 2.2.3 专家咨询

在进行自我分析、听取他人的评价，甚至做过测评之后，可能还是会迷茫。这个时候就有必要找专家进行针对性的咨询，并且这也是一种有效的、快捷的方式。相关专家一般都拥有丰富的知识和人生阅历，并且掌握大量相关案例和咨询技巧。他们会通过与咨询者探讨自己的人生经历、家庭背景、专业、学历、兴趣爱好、人生期望和个人能力等内容，帮助咨询者来清晰地认识自我，准确地定位，找到适合自己的职业发展方向。

职业咨询最早起源于美国，1908 年美国职业指导之父帕森斯在波士顿建立了第一个职业指导局，不仅服务于已获得工作的年轻人，还服务于在激烈的社会变革中失业的年轻人。迄今为止，职业咨询已有近百年的发展历史。在经济社会急速发展的今天，人才竞争加剧，职业门类剧增，人们对职业咨询的需求急剧增加，促使我国新兴的职业咨询行业发展迅猛。

个人在职业发展中可以借助心理咨询师和职业咨询师来认识自我。而咨询师的任务就是通过测试、咨询、诊断、规划等方式，运用科学的测评工具，提供全面的信息、策略与方法，引导求助者客观地认识自己，了解自己的发展潜能、职业兴趣、个人性格，调整自己的职业状态，选择适合自己的职业发展方向，制定合理的职业发展规划，促进职业发展。

值得注意的是，专家咨询有时候是需要反复多次的。而且，不要期望专家可以为咨询者指明一条具体的道路，他可以指点迷津，但是最终把握人生航向的还是自己。

### 2.2.4 职业测评

职业测评是心理测验的一个分支，在学术上被广泛认可的心理测验的定义是“行为样组的客观的标准的测量”。科学的职业测评以特定的理论为基础，经过设计问卷、抽样、统计分析、建立常模等程序编制，必须符合以下 3 个条件。

效度：测验结果的准确性。

信度：测验结果的稳定性。

常模：每一位被试的心理测验都有一个原始分数，通常情况下这个分数没有实际意义，除非这个分数能与别人比较，与此相关的标准便是常模。常模是指有代表性的样本在测验上的分数分布情形。

科学的职业测评是客观化、标准化的问卷，它的科学性、客观性以及可比较的功能是其他自我认知的方法所不具备的。职业测评在职业生涯规划中具有重要作用，但只有合理地应用才能达到期望的效果，以下是作职业测评的注意事项。

(1) 选择具有良好效度、信度和合适的常模的测验，如果测验本身不具有良好的效度、信度，或选择的常模不正确，则测验的实施与解释都是浪费时间。

(2) 测试的实施与解释应寻求专业咨询人员及心理学工作者的协助，尽量避免人为的误差。

(3) 测验以个人测验为佳，这样才能针对个人需要。

(4) 测验需要在安静的环境中凭第一印象完成。

(5) 测验结果只是一个参考，测验结果与自己的特质有明显不同时，有必要持怀疑态度。

(6) 如果是通过专业咨询机构进行测试的，测试结果应当保密，任何人无权散布被测者的隐私。

常用的职业测评工具有职业性格测评（MBTI 测评、PDP 性格测试）、职业兴趣测试

(霍兰德职业兴趣测评)、职业能力测评(C8 职业定位系统测评和 KENEXA 职业能力测评、360 度测评)、价值观测评(价值观倾向测评和职业锚)等。

1) MBTI 测评

MBTI 测评是凯瑟琳・布里格斯与伊莎贝尔・布里格斯・迈尔斯,依据瑞士著名心理学家卡尔・荣格的心理类型理论,加以演化,最后形成的 4 个维度、8 种偏好、16 种人格类型的人格类型量表,简称 MBTI(Myers-Briggs type indicator)。MBTI 测评在分析人类个性时,运用 4 个关键点,称为 4 个维度,在某些关键点上,每个人都会表现出不同的天生和习惯的行为倾向,称为某维度的偏好。这 4 个维度实际上是由 8 种个性偏好类型编成的 4 个组,每组都是由两极组成的一个区间,再把(从每个区间中)选出的、与被测者个性最为相似的 4 种偏好组成所谓一类。

4 个分组与判定标准如下。

外向(E)—内向(I):如何释放自己的能量(能量倾向)。

感觉(S)—直觉(N):如何获取信息。

思考(T)—情感(F):怎样作出决定(处理信息)。

判断(J)—知觉(P):喜欢以何种方式来构建生活(行动方式)。

(1) 能量倾向,如表 2-2 所示。

**表 2-2　MBTI 测评能量倾向对照表**

| 外向(E) | 内向(I) |
|---|---|
| 注意力和能量主要指向外部世界的人和事,而从与人交往的行动中得到活力 | 注意力和能量集中于自己的内心世界,从对思想、回忆和情感的反思中得到活力 |
| • 关注外部环境 | • 关注自己的内心世界 |
| • 喜欢用谈话的方式进行沟通 | • 更愿意用书面方式沟通 |
| • 通过谈话形成自己的意见 | • 通过思考形成自己的意见 |
| • 用实际操作或讨论的方式能学得更好 | • 用思考和用头脑中"练习"的方式学得最好 |
| • 兴趣广泛 | • 兴趣专注 |
| • 好与人交往、善于表达 | • 安静而显得内向 |
| • 先行动,后思考 | • 先思考,后行动 |
| • 在工作和人际关系中都积极主动 | • 当情境或事件对他们具有重要意义时才会采取主动 |

(2) 获取信息,如表 2-3 所示。

**表 2-3　MBTI 测评获取信息对照表**

| 感觉(S) | 直觉(N) |
|---|---|
| 用自己的五官来获取信息。喜欢收集实实在在的、确实已出现的信息。对于周围所发生的事件观察入微,特别关注现实 | 通过想象、无意识等超越感觉的方式来获取信息。喜欢看整个事件的全貌,关注事实之间的关联。想要抓住事件的模式,特别善于看到新的可能性 |
| • 着眼于当前的实际情况 | • 着眼于未来的可能 |

续表

| 感觉(S) | 直觉(N) |
|---|---|
| • 现实、具体 | • 丰富想象力和创造性 |
| • 关注真实的、实际存在的事物 | • 关注数据所代表的模式和意义 |
| • 观察敏锐,并能记住细节 | • 当细节与某一模式相对应时才能记得 |
| • 经过仔细周详的推理一步步得出结论 | • 靠直觉很快得出结论 |
| • 通过实际运用来理解抽象的思维和理论 | • 希望在应用理论之前能对之进行澄清 |
| • 相信自己的经验 | • 相信自己的直觉 |

(3) 处理信息,如表 2-4 所示。

**表 2-4 MBTI 测评处理信息对照表**

| 思考(T) | 情感(F) |
|---|---|
| 通过分析某一行为或选择的逻辑后果来作出决定。会将自己从情境中分离出来,对事件的正反两方面进行客观地分析。从分析和确认事件中的错误并解决问题中获得活力,目标是要找到一个能应用于所有相似情境的标准或原则 | 喜欢考虑对自己和他人来说什么是重要的。会在头脑中将自己放在情境中牵涉的所有人的位置上试图理解别人的感受,然后在此基础上根据自己的价值判断作出决定,从对他人表示的赞赏和支持中获得活力。目标是创造和谐的氛围,把每个人都当作一个独特的个体来对待 |
| • 善于分析 | • 善于体贴他人、感同身受 |
| • 运用因果推理 | • 受个人价值观的引导 |
| • 以逻辑的方式解决问题 | • 衡量决定对他人产生的后果和影响 |
| • 寻求一个合乎真理的客观标准 | • 寻求和谐的气氛和积极的人际交往 |
| • 爱讲理 | • 富于同情心 |
| • 可能显得不近人情 | • 可能显得心慈手软 |
| • 公平意味着每个人都能得到平等的待遇 | • 公平意味着每个人都被作为独特的个体来对待 |

(4) 行动方式,如表 2-5 所示。

**表 2-5 MBTI 测评行动方式对照表**

| 判断(J) | 知觉(P) |
|---|---|
| 喜欢将事情管理得井井有条,过一种有计划的、井然有序的生活。喜欢作出决定,完成后继续下面的工作。生活通常会比较有规划、有秩序,喜欢把事情敲定下来。照计划和日程安排办事对他们来说很重要。从完成任务中获得能量 | 喜欢以一种灵活、自发的方式生活,更愿意去体验和理解生活而不是去控制它,详细的计划或最后决定会使他们感到被束缚。愿意对新的信息和选择保持开放态度,直到最后一分钟。足智多谋,善于调节自己以适应当前场合的需要,并从中获得能量 |
| • 有计划的 | • 自发的 |

续表

| 判断(J) | 知觉(P) |
|---|---|
| • 喜欢组织管理自己的生活 | • 灵活 |
| • 有系统、有计划 | • 随意 |
| • 按部就班 | • 开放 |
| • 爱制定短期和长期计划 | • 适应,改变方向 |
| • 喜欢把事情敲定落实 | • 不喜欢把事情确定下来,以留有改变的可能性 |
| • 力图避免最后一分钟才做决定或完成任务的压力 | • 最后一分钟的压力会使他们感到活力充沛 |

衡量这 4 项个性的尺度是：人是怎样获得才能的；人是怎样领悟信息的；人是怎样作决定的；人是怎样选择个人偏好的生活方式的。人的能量释放有外部转化和内部转化两种。外部转化是从个人自身的思想、感情或感觉世界中汲取才能的。这两种感知作用分别属于人的感觉和知觉的范畴。依靠感觉的人借助自己的五官来收集信息,以判断什么是真实的,依靠直觉的人则是通过“第六感”来获取信息,用以估计什么事情会发生。

2）霍兰德职业兴趣 SDS 测试

霍兰德的职业兴趣理论的核心假设是人可以根据职业兴趣分为六大类,即现实型、研究型、社会型、传统型、企业型、艺术型。职业环境也可以相应地分成同样名称的六大类,人格与职业环境的匹配是形成职业满意度、成就感的基础。

人格和职业有着密切的关系,不同职业对从业者的人格特征的要求是有差距的。通过科学的测试,可以预知自己的人格特征,有助于选择适合个人发展的职业。表 2-6 是职业兴趣 SDS 测试表,通过该表的测试可以帮助被测者做一次简单的人格自评,从而更加清楚自己的人格特征更适合从事哪方面的工作。

**表 2-6　职业兴趣 SDS 测试表**

| 请根据对每一题目的第一印象作答,不必仔细推敲,答案没有对错之分。根据自己的实际情况回答“是”或“否”。如选“是”,请在()里打“√”,否则请打“×”。 | |
|---|---|
| 1. 我喜欢把一件事情做完再做另一件事。 | (　) |
| 2. 在工作中我喜欢独自筹划,不愿受别人干涉。 | (　) |
| 3. 在集体讨论中,我往往保持沉默。 | (　) |
| 4. 我喜欢做戏剧、音乐、歌舞、新闻采访等方面的工作。 | (　) |
| 5. 每次写信我都一挥而就,不再重复。 | (　) |
| 6. 我经常不停地思考某一问题,直到想出正确的答案。 | (　) |
| 7. 对别人借我的和我借别人的东西,我都能记得很清楚。 | (　) |
| 8. 我喜欢抽象思维的工作,不喜欢动手的工作。 | (　) |
| 9. 我喜欢成为人们注意的焦点。 | (　) |
| 10. 我喜欢不时地夸耀一下自己取得的好成绩。 | (　) |
| 11. 我曾经渴望有机会参加探险。 | (　) |
| 12. 但我一个人独处时,会感到更愉快。 | (　) |
| 13. 我喜欢在做事情前,对事情作出细致的安排。 | (　) |
| 14. 我讨厌修理自行车、电器之类的工作。 | (　) |
| 15. 我喜欢参加各种各样的聚会。 | (　) |

续表

| 请根据对每一题目的第一印象作答，不必仔细推敲，答案没有对错之分。根据自己的实际情况回答“是”或“否”。如选“是”，请在()里打“√”，否则请打“×”。 | |
| --- | --- |
| 16. 我愿意从事虽然工资少、但是比较稳定的工作。 | (　　) |
| 17. 音乐能使我陶醉。 | (　　) |
| 18. 我办事很少思前想后。 | (　　) |
| 19. 我喜欢经常请示上级。 | (　　) |
| 20. 我喜欢需要运用智力的游戏。 | (　　) |
| 21. 我很难做那种需要持续集中注意力的工作。 | (　　) |
| 22. 我喜欢亲自动手制作一些东西，从中得到乐趣。 | (　　) |
| 23. 我的动手能力很差。 | (　　) |
| 24. 和不熟悉的人交谈对我来说毫不困难。 | (　　) |
| 25. 和别人谈判时，我总是很容易放弃自己的观点。 | (　　) |
| 26. 我很容易结识同性朋友。 | (　　) |
| 27. 对于社会问题，我通常保持不悲观也不偏激的态度。 | (　　) |
| 28. 当我开始做一件事情后，即使碰到再多的困难，我也要执着地干下去。 | (　　) |
| 29. 我是一个沉静而不易动感情的人。 | (　　) |
| 30. 当我工作时，我喜欢避免干扰。 | (　　) |
| 31. 我的理想是当一名科学家。 | (　　) |
| 32. 与言情小说相比，我更喜欢推理小说。 | (　　) |
| 33. 有些人太霸道，有时明明知道他们是对的，也要和他们对着干。 | (　　) |
| 34. 我爱幻想。 | (　　) |
| 35. 我总是主动地向别人提出自己的建议。 | (　　) |
| 36. 我喜欢使用榔头一类的工具。 | (　　) |
| 37. 我乐于解除别人的痛苦。 | (　　) |
| 38. 我更喜欢自己许下承诺的比赛或游戏。 | (　　) |
| 39. 我喜欢按部就班地完成要做的工作。 | (　　) |
| 40. 我希望能经常换不同的工作来做。 | (　　) |
| 41. 我总留有充裕的时间去赴约。 | (　　) |
| 42. 我喜欢阅读自然科学方面书籍和杂志。 | (　　) |
| 43. 如果掌握一门手艺并能以此为生，我会感到非常满意。 | (　　) |
| 44. 我曾渴望当一名汽车司机。 | (　　) |
| 45. 听别人谈“家中被盗”一类的事，很难引起我的同情。 | (　　) |
| 46. 如果待遇相同，我宁愿当商品推销员，而不愿当图书管理员。 | (　　) |
| 47. 我讨厌和各类机械打交道。 | (　　) |
| 48. 我小时候经常把玩具拆开，把里面看个究竟。 | (　　) |
| 49. 当接受新任务后，我喜欢以自己的独特方式去完成它。 | (　　) |
| 50. 我有文艺方面的天赋。 | (　　) |
| 51. 我喜欢把一切安排得整整齐齐、井井有条。 | (　　) |
| 52. 我喜欢做一名教师。 | (　　) |
| 53. 和一群人在一起的时候，我总想不出恰当的话来说。 | (　　) |
| 54. 看情感影片时，我常禁不住眼圈红润。 | (　　) |
| 55. 我讨厌学数学。 | (　　) |
| 56. 在实验室里独自做实验会令我寂寞难耐。 | (　　) |
| 57. 对于急躁、爱发脾气的人，我仍能以礼相待。 | (　　) |
| 58. 遇到难解答的问题时，我常常放弃。 | (　　) |
| 59. 大家公认我是一名勤劳踏实的、愿为大家服务的人。 | |
| 60. 我喜欢在人事部门工作。 | |

根据以下规则，统计并填写职业兴趣 SDS 测试计分表（表 2-7）。

**表 2-7　职业兴趣 SDS 测试计分表**

| 职业人格类型 | 选　　项 | 得　　分 |
| --- | --- | --- |
| 现实型（R） | "√"(2,13,22,36,43)<br>"×"(14,23,44,47,48) | |
| 研究型（I） | "√"(6,8,20,30,31,42)<br>"×"(21,55,56,58) | |
| 艺术型（A） | "√"(4,9,10,17,33,34,49,50,54)<br>"×"(32) | |
| 社会型（S） | "√"(26,37,52,59)<br>"×"(1,2,15,27,45,53) | |
| 企业型（E） | "√"(11,24,28,35,38,46,60)<br>"×"(3,16,25) | |
| 传统型（C） | "√"(7,19,29,39,41,51,57)<br>"×"(5,18,40) | |

职业人格的类型符合以下"√"或"×"答案的记 1 分，不符合的记 0 分。例如，在表 2-6 中，第 1 题小明的答案是"×"，那么他在"社会型"就要加 1 分；第 6 题他的答案是"×"，那么他在"研究型"就记一个 0 分。

请将得分最高的 3 种类型从高到低排列，得出 3 位组合答案。例如，小明得分最高的前 3 个类型依次为"现实型（R）""社会型（S）"和"企业型（E）"，那么他的组合类型则为 RSE。

对照"人格类型与职业环境的匹配表"（表 2-8）以及"测试结果与电子竞技职业匹配对照表"（表 2-9）得出人格类型所匹配的职业。

**表 2-8　人格类型与职业环境的匹配表**

| 人格类型 | 人格倾向 | 典型职业 |
| --- | --- | --- |
| 现实型（R） | 具有顺从、坦率、谦虚、自然、坚毅、实际、有礼、害羞、稳健、节俭的特征，表现为：<br>(1) 用具体实际的能力解决工作及其他方面的问题，较缺乏人际关系方面的能力；<br>(2) 重视具体的事务，如金钱、权力、地位等 | 工程师等技术人员 |
| 研究型（I） | 具有分析、谨慎、批评、好奇、独立、聪明、内向、条理、谦逊、精确、保守的特征，表现为：用研究的能力解决工作及其他方面的问题，即自觉、好学、自信、重视科学，但缺乏领导方面的才能 | 数学家等科研人员 |
| 艺术型（A） | 具有复杂、想象、冲动、独立、直觉、无秩序、情绪化、理想化、不顺从、有创意、富有表情、不重实际的特征，表现为：富有表达能力和直觉、独立、具创意、不顺从（包括表演、写作、语言），并重视审美的领域 | 诗人、艺术家等 |

续表

| 人格类型 | 人格倾向 | 典型职业 |
| --- | --- | --- |
| 社会型(S) | 具有合作、友善、慷慨、助人、仁慈、负责、圆滑、善社交、善解人意、说服他人、理想主义等特征,表现为:<br>(1) 以社交方面的能力解决工作及其他方面的问题,但缺乏机械能力与科学能力;<br>(2) 喜欢帮助别人、了解别人,有教导别人的能力,且重视社会与伦理的活动与问题 | 教师、辅导人员等 |
| 企业型(E) | 具有冒险、野心、独断、冲动、乐观、自信、追求享受、精力充沛、善于社交、获取注意、知名度等特征,表现为:<br>(1) 以商业方面的能力解决工作或其他方面的问题;<br>(2) 有冲动、自信、善社交、知名度高、有领导与语言能力,缺乏科学能力,重视政治与经济上的成就 | 商务、企业家等 |
| 传统型(C) | 具有顺从、谨慎、保守、自控、服从、规律、坚毅、实际稳重、有效率,但缺乏想象力等特征,表现为:<br>(1) 会以传统的能力解决工作或其他方面的问题;<br>(2) 喜欢顺从、规律,擅长文书与数学,重视商业与经济成就 | 会计、秘书等 |

**表 2-9 测试结果与电子竞技职业匹配对照表**

| 测试结果(主一次) | 匹配的电竞职业 |
| --- | --- |
| S—E、I、C | 教练 |
| S—C、E | 领队 |
| I—R、C、S | 数据分析师 |
| C—E、S、A | 翻译 |
| R—A、E、C | 视频制作人员、平面设计、美工及包装人员 |
| E—A、R | 内容运营 |
| E—S、C、A | 商务 |
| C—S、E、I | 赛事专员 |
| S—C、E、I | 后勤保障人员、选手服务人员 |
| C—S、E、I | 执行制片人员 |
| C—E、S、A | 赛事策划 |
| R—A、S、C | 导播 |
| C—S、R、I | 赛事 OB |
| A—E、R、S | 现场导演 |
| C—I、R | 技术人员 |
| R—C、I | 推流执行人员 |
| C—I、S、R | 裁判 |
| A—S、I、E | 赛事解说 |

随着经济的发展，社会涌现了许多前所未有的行业和职业，霍兰德职业兴趣 SDS 测试不能完全适用于当今社会的所有职业。在将该测试结果运用于电子竞技行业的职业分析时，应当分别考虑被测者个人的主要人格类型和次要人格类型。例如，小明得分最高的前 3 个类型依次为“现实型(R)”“社会型(S)”和“企业型(E)”，其中，“现实型(R)”的得分为 8，“社会型(S)”的得分为 6，“企业型(E)”的得分为 5，在分析小明的人格类型适合的电子竞技职业类型时，应先确定其主要人格类型，即“现实型(R)”，其他得分较少的人格类型则为次要人格类型。一般而言，主要人格类型只有一到两个，其余为次要人格类型。

由于受测试环境、测试者个人心理状态、量表的效度等多方面因素的影响，在运用霍兰德职业兴趣 SDS 测试分析个人的职业兴趣时，被测者应该适当增加测试次数，以获取较为有效的测试结果。另外，霍兰德职业兴趣 SDS 测试仅能作为个人职业选择的其中一个参考因素，在测试结果与个人能力、个人工作经历以及实际的行业情况不一致时，被测者应当综合考虑个人的素质能力、所处的环境以及个人资源等多项影响职业发展的因素，科学、理性地进行职业生涯规划。

3）KENEXA 大学生综合职业素养测评

“大学生综合职业素养测评系统”(GOPA)是根据心理学公认的、成熟的理论，按照用人单位的职业素质要求和岗位要求，从 6 方面、25 个维度对大学生个体的综合职业素养进行深度评估，有利于大学生在进行职业生涯规划和就业时得到更准确的定位。该测评系统还具有统计、查询功能，一方面可以检测学生与打算求职的岗位的匹配度；另一方面也有利于企业根据匹配度的高低选拔应聘面试者。这是世界五百强企业在招聘面试时广泛使用的一套系统。

4）价值观测评

价值观倾向测评主要测评利他主义、美感、智力刺激、成就感、独立性、社会地位、管理、经济报酬、社会交际、安全感、舒适、人际关系、追求新意这 13 种倾向。13 种价值观倾向各自表示的意义如表 2-10 所示。

**表 2-10　13 种价值观倾向测评及其意义**

| 价值观倾向 | 意　义 |
|---|---|
| 1. 利他主义 | 直接为大众的幸福和利益尽一份力 |
| 2. 美感 | 能不断地追求美的东西，得到美感的享受 |
| 3. 智力刺激 | 不断进行智力活动，动脑思考，学习以及探索新鲜事物，解决新问题 |
| 4. 成就感 | 不断创新，不断取得成就，不断得到领导与同事的赞扬，或不断实现自己想要做的事 |
| 5. 独立性 | 能充分发挥自己的独立性和主动性，按自己的方式，不受他人的干扰 |
| 6. 社会地位 | 所从事的工作在人们的心中有较高的社会地位，从而使自己得到他人的重视与尊敬 |
| 7. 管理 | 获得对他人或某事物的管理支配权，能指挥和调遣一定范围内的人或事物 |
| 8. 经济报酬 | 获得丰厚的报酬，使自己有足够的财力去获得自己想要的东西，使生活过得较为富足 |
| 9. 社会交际 | 能和各种人交往，建立比较广泛的社会联系和关系，甚至能和知名人物结识 |

续表

| 价值观倾向 | 意　义 |
| --- | --- |
| 10. 安全感 | 不管自己能力怎样，希望在工作中有一个安稳的局面，不会因为奖金、工资变动，工作调动或领导训斥等事件经常提心吊胆、心烦意乱 |
| 11. 舒适 | 希望能将工作作为一种消遣、休息或享受的方式，追求比较舒适、轻松、自由、优越的工作条件和环境 |
| 12. 人际关系 | 希望一起工作的大多数同事和领导人品较好，相处在一起感到愉快、自然。认为这就是很有价值的事，是一种极大的满足 |
| 13. 追求新意 | 希望工作的内容应该经常变换，使工作和生活显得丰富多彩，不单调枯燥 |

# 第3章

# 电子竞技从业环境

电子竞技行业的职业生涯规划需要全面考虑电子竞技的从业环境,结合自身的条件和资源以作出科学合理的判断与选择。在了解电子竞技从业环境时,从业者与创业者的观察角度是不一样的。除了对基本的行业情况要有一个基本的认知,从业人员应从自身的立场出发,准确找到个人在行业中的位置。

## 3.1 电子竞技产业生态

电子竞技行业生态也称为电子竞技产业生态系统,是指在提供电子竞技赛事的企业和组织与其生存和发展的内外环境之间进行物质和信息交换,促进产业协同发展而形成的相互作用、相互依赖及相互影响的一种动态平衡系统。

电子竞技产业生态是围绕电子竞技赛事,根据用户需求和产业本身发展需求产生的,主要有3项核心功能:服务于赛事观众的需求、实现价值增量的最大化以及反哺电子竞技运动的发展。

### 3.1.1 中国电子竞技产业发展

20世纪90年代,随着大量竞技类游戏在欧美相继诞生,国外玩家在交流中自发组成游戏公会和战队,各种大大小小电子竞技赛事开始出现,在赛事奖金的刺激下,战队中的业余玩家开始向职业选手过渡,电子竞技的概念逐渐形成。

#### 1. 萌芽期(1998—2003年)

自《星际争霸》被引入中国后,受当时条件的影响,国内出现了大量第三方对战平台以及战队和游戏公会这样的俱乐部雏形。随后玩家之间的对抗从线上延伸到线下,不同于欧美地区早期的QuakeCon赛事,中国玩家的线下比拼与当时蓬勃发展的网吧业汇集到了一起,从而诞生了中国电子竞技发展史上具有重大意义的网吧赛。“网吧赛”顾名思义就是在网吧里举行的比赛,当时中国的互联网普及度并不高,尤其是在电子竞技发展相对落后的中西部地区,网吧的出现无疑满足了一大批玩家的游戏需求。有设备,有场地,有观众,在当时似乎也很难再找到什么场所能比网吧更适合举办玩家自发组织的线下赛事了。网吧赛一方面在网吧里形成了良好的游戏氛围,让游戏玩家这个黏性很高的群体聚在一起，从而提高了单个玩家的游戏时长；另一方面，电竞比赛的观赏性还可以吸引新玩家的注意力，有效地拉动了网吧业绩，因此得到了网吧老板的大力支持。网吧赛并不是一种成熟的赛事，但对早期电子竞技产业的萌芽起到了至关重要的促进作用。

网吧赛的热度使得计算机外设厂商开始意识到电子竞技的商业价值。华硕、戴尔、联想等计算机硬件厂商纷纷牵头举办各种全国性质的比赛。通过赞助电子竞技赛事，对自己的企业和品牌进行有效的曝光，向目标受众推广品牌，提高商品购买率。Intel 全国总决赛、广州 LG 数码之旅、广东香港游戏对抗赛、北京网图杯、广州方正电脑杯等商业电子竞技赛事层出不穷。

同时，国际大型赛事也相继进入中国，早期国际电子竞技赛事在中国影响力比较强的主要是 WCG（World Cyber Games，世界电子竞技大赛）和 ESWC（Electronic Sport World Cup，电子竞技世界杯）。2001 年，WCGC 正式更名为 WCG，并在中国设立赛区，吸引了 4200 多名选手参加了全国范围内的地区选拔赛，官方网站在短短的时间内访问量就超过了 1000 万人次。最终，中国电子竞技选手马天元和韦奇迪一路披荆斩棘，在 2001 年的 WCG《星际争霸》项目 2V2 比赛中获得了冠军。作为当时主流的电子竞技项目，这个冠军让国内星际玩家备受鼓舞，马天元和韦奇迪高举五星红旗站在 WCG 最高领奖台上的画面，也成功宣传了电子竞技的正面形象，国内电子竞技的发展加速走上正轨。

2003 年，法国 Ligarena 公司举办的 ESWC 也进入了中国。但由于正值非典时期，2003 年 ESWC 全国总决赛只能采取在线上对战的形式进行，最后在组委会艰难地运作、组织下，ESWC 中国区预选赛顺利结束，选拔了包括《反恐精英》《魔兽争霸Ⅲ》《雷神之锤Ⅲ》3 个项目的 7 名电子竞技选手前往法国参加世界总决赛。

在这一时期，电子竞技也走进了当时最主流的传媒渠道——电视。2003 年 4 月 4 日，中央电视台体育频道创办以电子竞技项目游戏为主要节目内容的电视周播栏目《电子竞技世界》，栏目以资讯、言论、人物、赛事为主要切入点，对电子竞技进行宣传，受到了广大电子竞技受众的喜爱。2003 年 8 月，国家广播电视总局（以下简称广电总局）批准开办 GTV 游戏竞技频道，通过中央数字电视传媒（CDM）向全国播放，覆盖全国 1800 万专业人群，节目内容包括游戏动态、Cosplay、赛事转播、赛场故事等。

这一阶段的电子竞技产业，初步形成了"国际大型赛事—网吧赛—电子竞技职业选手—业余玩家—电子竞技媒体"的产业形态，但结构十分松散，缺乏可行的商业模式，十分依赖外部输血，受众集中在游戏深度爱好者中，处在脆弱的萌芽期。

### 2. 探索期（2004—2010 年）

2003 年 11 月 18 日，国家体育总局正式批准将电子竞技列为第 99 个正式体育竞赛项目，将电子竞技纳入体育运动进行管理，标志着电子竞技的发展走出混沌，开始接受政府的管理。但这并不意味着中国电子竞技产业的发展就能一帆风顺。2004 年 4 月，广电总局下达《关于禁止播出电脑网络游戏类节目的通知》后，电子竞技赛事无法通过电视渠道大规模传播，也失去了传统体育产业最重要的盈利模式"出售转播权"；同时，这项禁令也宣告了韩国电子竞技走过的那一条通过政府支持和电视传播快速发展的道路在中国走不通。直到今天，这纸禁令都还制约着电子竞技走入更多人的视野，即使 2018 年电子竞技已经能够作为表演项目登上雅加达亚运会的舞台，中国队夺得《英雄联盟》与《王者荣耀》（国际版）项目冠军的场面依然无法通过卫星电视被国内观众所见证。

和传统体育赛事一样，电子竞技比赛的魅力在很大程度上来自竞技带给观众的情感共鸣，仅靠录播视频传播比赛，由于时效性延后以及观众参与感比较低，观赛体验必然大打折扣。为了满足用户们的观赛需求，电子竞技从业者开始尝试通过网络直播代替电视直播传播比赛。

早在 2003 年 7 月，游戏视频直播网站 Y-Channel 便开始尝试直播《魔兽争霸Ⅲ》比赛，并转播了 2003—2004 年的 WCG 中国区决赛等一系列经典比赛。2004 年 12 月，上海文广集团成立的游戏类内容付费电视频道——游戏风云开始试播，由于广电总局对付费频道的审查相对宽松，节目得以延续。2005 年前后，国内早期直播平台 PPS 和 PPTV 相继建立，PLU 游戏娱乐传媒制作了 PLU 系列赛事的第一次线下赛“PLU4”，并通过 PPTV 同步直播。共有 84000 人在 PPTV 平台上在线观看了这场比赛，在没有数据注水和弹幕的情况下，收视率依然超过了同时段的现象级电视节目《超级女声》。2005 年 11 月，游戏风云与 GamesTV（2008 年后被上海文广集团收购，与游戏风云频道合并）合作，率先引入了 WCG 的正版直播。也是在 2005 年，李晓峰（游戏 ID：SKY）在 WCG 上夺得了《魔兽争霸Ⅲ》的世界冠军。同年年底，中国《反恐精英》战队 wNv.Gaming 荣获 WEG（World E-sports Games）第三赛季 CS 项目世界冠军。世界冠军对于大众永远都有不可估量的刺激作用，虽然当时大多数人都无法目睹夺冠时刻，但这些冠军依然给电子竞技运动带来了极为正面的影响，在中国电子竞技史上留下了浓墨重彩的一笔。

由于广电总局禁令的存在和中国互联网崛起的浪潮，中国电子竞技赛事直播早早走上了拥抱互联网的道路。但受限于当时的宽带普及程度较低和高资费标准，国内游戏直播无法支持大规模的线上视频直播，用户观看体验不佳，观赛需求依然无法被满足。

2008 年全球金融危机爆发，在全世界范围内，几乎各个行业都受到了不同程度的冲击。当时电子竞技产业的商业模式较为单一，无论是电子竞技赛事还是电子竞技俱乐部，他们的资金支持基本都来源于赞助商。而这些赞助商由于受到金融危机的影响，要么减少赞助，要么直接撤资，导致了大量电子竞技俱乐部因为资金链断裂而解散。许多电子竞技赛事也由于缺少赞助商，没有资金的注入而中途停办或是永久取消。

缺少变现模式的问题困扰着整个产业，不具备自主造血能力，整个产业依然十分不稳定。早期的电子竞技从业者艰难地探索着电子竞技可能的发展模式，逐渐出现了产业链上的分工合作，有人负责培养职业选手，有人负责赛事组织执行，有人负责赛事传播，虽然很艰难，但一直在坚持。

### 3. 发展完善期（2011 年至今）

2011 年 9 月 22 日，《英雄联盟》国服上线，不久之后《刀塔 2》（DOTA2）国服上线。在当时，可能没有人能意识到这两个项目对中国甚至整个世界的电子竞技运动造成怎样的影响。由于此时厂商们都意识到了赛事版权背后巨大的商业利益，拳头（Riot Games，拳头游戏）与 V 社（Valve Software，维尔福软件公司）在 2011 年分别推出了《英雄联盟》（League of Legends，LOL）的 S 系列赛与 *DOTA2* 的 TI（The International DOTA2

Championships)系列赛。在游戏厂商的主导下，电子竞技赛事体系不断完善升级，商业价值也不断提高，但在这个过程中，由于长期的野蛮生长，缺乏行业规则的问题一直阻碍着电子竞技的发展。因此，无论是厂商还是各方从业者，都开始推动行业规则的建立。

2011年，由国内多家电子竞技职业俱乐部发起，中国电子竞技俱乐部联盟(Association of China E-sports，ACE)正式成立，以促进电子竞技事业发展为宗旨，维护电子竞技俱乐部以及职业选手相关权益为基本，主要对DOTA2与LOL两个项目进行管理。该组织负责国内职业电子竞技战队注册、管理、转会和赛事监督等多方面工作，并颁布职业联赛参赛俱乐部管理办法、职业选手个人行为规范等多个条例。成立初期的ACE联盟对于推动产业的规范化，发挥了很多积极的作用。在选手管理方面，ACE联盟规范了选手合同，规定了选手转会期，规范了选手行为，一方面保证了选手的权益，另一方面对选手的义务进行了明确。在赛事协调方面，ACE联盟承担了国外各大赛事与参赛队伍之间信息沟通的职责，有效地规范了俱乐部的赛事行为，减少了俱乐部弃赛现象。

然而在各种管理制度尚未搭建完善的前提下，ACE联盟的一些做法越来越无法服众或是屡屡遭到诟病，甚至站在了用户以及游戏厂商的对立面。ACE联盟曾与景瑞地产联合举办WPC联赛，但赛事结束后，由于赞助商兴趣衰退，拖欠奖金，ACE联盟的品牌形象大大受损。由于联盟本身建立的基础并不牢靠，除了较低金额的押金外，联盟对于成员并没有强制的管理措施，很难保证联盟的功能完全实现。由于来自多方面的原因，ACE联盟最终解散。

ACE联盟最终失败，验证了在当前的条件下，由俱乐部自发组成联盟制定行业规则无法有效改变现状。与此同时，越来越多的主导了电子竞技赛事的游戏厂商开始制定自己的赛事规则。

从2009年起，腾讯就开始制定《英雄联盟》相关赛事规则，最终于2016年1月13日，英雄联盟中国官网发布《英雄联盟职业联赛正式规则》。官方明确表示，这份规则的制定是为了确保LPL(League of Legends Pro League，英雄联盟职业联赛)能为《英雄联盟》职业比赛建立完整的系统，并保证职业级队伍间能公平地较量。标准化的规则将有益于参与《英雄联盟》职业比赛中的各个角色，包括队伍、选手以及管理者。此规则不会限制选手竞技水平的发挥。选手与队伍约定的条款由每支队伍与选手自行决定。该文件对参与电子竞技赛事的选手、教练的竞技行为以及赛场外的不专业行为给出了明确的界定，并严格规定了违反规则会受到相应的处罚。

2017年12月20日，腾讯电竞发布《腾讯2018电子竞技运动标准》(以下简称《标准》)，划分了赛事等级标准，对赛制、裁判规则、选手规则、教练规则、设备标准等作了完善的标准制定。这份《标准》总共有6部分内容，但能称为规则与标准的只有前两部分。在进入第3项"电竞赛事场馆标准"后，更多表述的是标准框架，而不是详细内容。大量仅有小标题的留白是给予其他赛事探讨标准的空间。加之整个《标准》更多是站在MOBA项目的立场上制定的，随着电竞赛事进一步发展，还需要不断完善，以适应新的情况。

由此可见，主导了赛事的游戏厂商正在利用他们在产业中的话语权，履行职业赛事联盟管理的职责，从一项赛事出发制定整个赛事体系的标准，虽然不能对其他厂商的赛事以及第三方赛事产生约束力，但对整个产业亦有借鉴意义。随着电子竞技运动的发展，联盟的重要性越发凸显，从 2017 年起，各大游戏厂商也相继开始推进电子竞技赛事的联盟化改革，强化产业生态规则。

2014 年前后，直播产业开始兴起，解决了电子竞技赛事无法通过电视传播产生的产业下游的内容分发问题。直播产业从兴起到快速膨胀最终趋于平稳发展的过程中，一直和电子竞技保持着密切的联系，目前直播平台已经成为人们观看电子竞技比赛的主要渠道，而且与电子竞技产业内的其他环节相互影响，构成了电子竞技产业生态的重要一环。

2016 年 9 月，王者荣耀职业联赛(King Pro League，KPL)成立，标志着移动电子竞技时代开启，电子竞技整体门槛降低，让以前没有接触过电子竞技的人和其他游戏的玩家几乎处于同一起跑线，吸引了更多的用户。伴随电子竞技产业链的不断完善，各个环节的新兴市场逐渐步入正轨，各个领域也趋于稳定，产品、赛事、直播、衍生品等相关领域各自进行纵线延展，形成独立的产业生态系统。

### 3.1.2 中国电子竞技产业生态现状

电子竞技产业生态是为了赛事观众的各种需要而服务的，电子竞技产业生态中的核心产业正是和观众直接接触，为了满足他们的赛事观赏需求而诞生的产业形态；随着产业发展，游戏厂商和直播平台成为电子竞技产业的上下游产业，与电子竞技产业互相联系、互相依赖；与此同时，服务核心产业，满足电子竞技用户在赛场之外的衍生需求市场逐渐壮大，电子竞技衍生产业应运而生。这 3 部分产业形态及其生存发展的内外环境共同构成了完整的电子竞技产业生态，如图 3-1 所示。

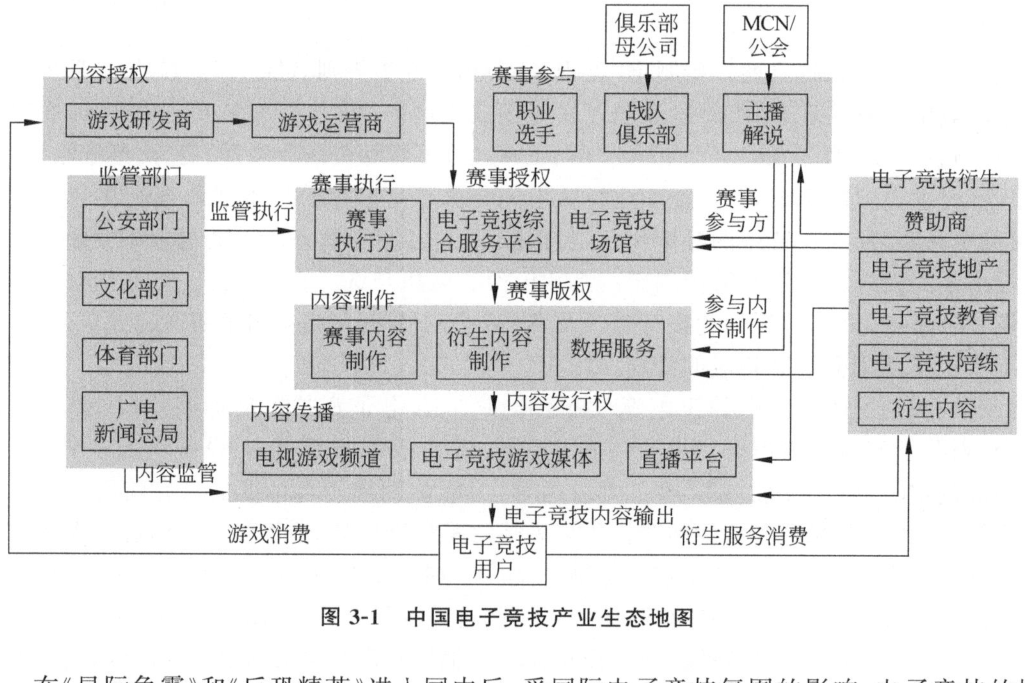


**图 3-1 中国电子竞技产业生态地图**

在《星际争霸》和《反恐精英》进入国内后，受国际电子竞技氛围的影响，电子竞技的概念才被引入中国。如今经过二十余年的发展，伴随着政策规则、市场环境、社会文化和信息技术的影响,电子竞技在中国已经逐渐发展壮大并形成了自己独有的产业生态体系。

**1. 政策规则**

影响电竞产业的规则可以分为行业规则和政府政策两类,行业规则的变化在3.1.1节中已有论述,此处不再赘述。这里主要阐述政策的变化。

电子竞技产业从诞生起就伴随着争议,在发展的过程中也一直受到政府政策变化的影响。2003年国家体育总局将其设立为中国第99个体育项目,标志着国家第一次将电子竞技纳入政府管辖的范围,电子竞技的从业者由此对产业的发展充满希望和憧憬。但到了2004年4月12日,广电总局发布了《关于禁止播出电脑网络游戏类节目的通知》。国家态度的改变导致电子竞技失去了主流社会的认可和支持,也无法在媒体上曝光,整个产业的发展陷入了低谷。直到2011年,电子竞技市场才逐渐回暖。目前,国内还没有发布明确的针对电子竞技产业的政策文件和法律法规,但近年来政府态度逐渐转向,开始不同程度地支持电子竞技产业发展。

2016年4月15日,国家发改委发布了《关于印发促进消费带动转型升级行动方案的通知》,明确指出"在做好知识产权保护和对青少年引导的前提下,以企业为主体,举办全国性或国际性电子竞技游戏游艺赛事活动。"7月13日,国家体育总局发布的《体育产业发展"十三五"规划》,指出"以冰雪、山地户外、水上、汽摩、航空、电竞等运动项目为重点,引导具有消费引领性的健身休闲项目发展。""十三五"规划,是指导未来五年体育产业发展的纲领文件。9月18日,文化部发布的《关于推动文化娱乐行业转型升级的意见》明确提出鼓励电子竞技场所建设,支持打造区域性、全国性乃至国际性游戏游艺竞技赛事,引导和扶持各种竞技比赛与游戏游艺行业融合发展;鼓励游戏游艺设备生产企业积极引入体感、多维特效、虚拟现实、增强现实等技术;全面放开游戏游艺设备的生产和销售,全面取消游艺娱乐场所总量和布局要求。

2016年9月,教育部发布了《普通高等学校高等职业教育(专科)专业目录》2016年增补专业,公布了13个新增专业,其中包括"电子竞技运动与管理",属于体育类。新增专业适用于高等职业学校,于2017年实行。但该专业设立时,并没有一套完整的课程标准,也没有得到政府的大力推广;各地教育厅在实际审批电子竞技专业时,也设有太多限制。这反映出国家部委对电子竞技产业的发展有一定认可,但对电子竞技产业内各种不规范的现象以及产业未来的发展仍然抱有担忧。

2016年10月14日,国务院总理李克强主持召开国务院常务会议,确定进一步扩大国内消费的政策措施。会议指出,要出台加快发展健身休闲产业指导意见,因地制宜发展冰雪、山地、水上、汽摩、航空等户外运动和电子竞技等,配套建设营地、码头等设施,发展民族民间健身项目,提升器材装备研发制造能力。2016年10月25日,国务院办公厅发布的《关于加快发展健康休闲产业的指导意见》明确提出推动电子竞技项目健康发展,培育相关专业培训市场。

2016年,借着政策的东风,贵阳、南京、承德、厦门、深圳等城市举办电子竞技赛事的热情高涨。

不仅是中央政府,各地地方政府也纷纷出台政策扶持电子竞技发展,各地方电子竞技发展起步。

2017 年 12 月，上海市政府发布了《关于加快本市文化创意产业创新发展的若干意见》，文中强调加快上海全球电竞之都建设。包括鼓励投资建设电竞赛事场馆，发展电竞产业集聚区，支持国际顶级电竞赛事落户，促进电竞比赛、交易、直播、培训发展，加快品牌建设和衍生品市场开发，打造完整生态圈。

2018 年 4 月 19 日，杭州市下城区推出了浙江省首个电子竞技数娱产业扶持新政《杭州市下城区人民政府关于打造电竞数娱小镇促进产业集聚发展的实施意见(试行)》。

“2017 西安电竞产业峰会”上，西安市曲江新区分别与量子文化产业城签署合作协议，与英雄互娱(西安)签署战队引进战略合作协议，还与 5 家国内知名电子竞技游戏公司签署战略合作协议。同时，曲江新区与索尼“中国之星计划”基金、曲江 369 互联网创新创业基地签署合作备忘录。这都表现了西安市市政府对电子竞技产业的重视和支持。2018 年，西安市曲江新区针对电子竞技产业发展制定的《曲江新区关于支持电竞游戏产业发展的若干政策》，在电子竞技行业内传播广泛，其丰厚的补贴和各种奖励都极具竞争力，同时，还将在曲江二期建设约 600 亩的西安曲江体育电子竞技产业园，形成辐射半径达 1.5km 的产业集群。虽然在该政策中所提及的各类补贴和奖励的门槛都相对较高，但西安大力支持电子竞技产业发展的态度和信心也可见一斑。

2019 年 6 月 20 日，海南省旅游和文化广电体育厅厅长孙颖面向行业首次推出“海南国际电竞港专项政策”——“海六条”，分别在建基金、引人才、低税率、免签证、简审批、建窗口六方面推动电子竞技产业发展。资金支持方面，海南生态软件园计划设立 10 亿覆盖产业全生命周期的电竞产业专项基金，用于支持电竞龙头企业做大做强、孵化电竞中小企业创新发展。基金还提供赛事及俱乐部落地补贴，对于国际职业赛事落地给予大力补贴。人才方面，正在研究制定海南电竞人才“千人计划”，对于国内和洲际大赛中突出表现的运动员和行业精英人士，参照国家体育总局标准和海南省人才人与计划，提供落户，购买人才房，积极推动电竞运动员免试就读高等职业院校等相关政策。税收方面，已经实现对于地方财政税收有突出贡献的企业，给予大力度的奖励，最高可达地方分享部分的 80%。另外海南还将逐步探索中国特色自由贸易港背景下的零关税、低税率的政策，优先用于旅游文化体育等现代服务业。出入境方面，海南省自 2018 年 5 月 1 日起已执行包括美、英、法、德、意、日、韩等 59 国人员入境旅游免签政策。未来还将逐步扩大免签国家范围，进一步简化出入境手续，为国际电竞参赛选手提供更大的便利。赛事举办方面，流程已极大简化，举办场地充足，为国际重大赛事的高效率举办提供重大保障。赛事传播方面，逐步探索拓展在网络之外的直播渠道，将海南打造为电竞文化交流之窗，让中国电竞通过海南展示给世界看。这是海南结合自身发展需求和海南独特的政策优势而推出的整体面向国际的电子竞技产业发展计划。

2020 年 5 月成都市人民政府办公厅发布了《关于推进“电竞＋”产业发展的实施意见》，提出要将成都建设成为电竞内容生产者的创想之地、电竞职业俱乐部和运动员的征战之地、电竞文化爱好者的交流之地，建设符合人民美好生活需要的“电竞文化之都”。

2021 年 1 月“中国·昆明盘龙国际电竞产业论坛”在昆明市盘龙区正式启幕，此次论坛上，盘龙区发布了云南省首个支持电子竞技产业发展相关措施的“盘八条”，以此促进

“电竞+”融合发展路径在昆明落地生根。

近年来，国际体育组织也逐渐认可电子竞技是一项体育运动。

2013年3月，国家体育总局决定成立一支17人的电子竞技国家队，出战在韩国仁川举办的第四届亚洲室内与武道运动会，并参与《英雄联盟》、《星际争霸Ⅱ》、*FIFA* 和《极品飞车》4个子项目的争夺。这也是中国第一支电子竞技国家队。

2017年4月17日，亚奥理事会（OCA）宣布电子竞技进入2018年雅加达亚运会、2022年杭州亚运会。9月17日，第五届亚洲室内与武道运动会在土库曼斯坦首都阿什哈巴德开幕，电子竞技作为表演项目于9月25—27日举行。同年10月28日，在瑞士洛桑举行的国际奥委会第六届峰会上，国际奥委会（IOC）正式认定电子竞技作为一项体育运动。2018年5月14日，亚奥理事会、亚组委、亚洲电子体育联合会联合发布，《英雄联盟》、*Arena of Valor*（王者荣耀国际版）、《皇室战争》、《炉石传说》、《实况足球》、《星际争霸Ⅱ》6个电子体育项目成为第18届雅加达亚运会表演项目，将在2018年8月18日的雅加达亚运会上正式登场。

值得注意的是，2018年雅加达亚运会期间，虽然电子竞技项目已经进入了亚运会，但作为亚洲最大的电子竞技市场，中国国内的观众却无法收看比赛直播，导致比赛的关注度和传播度大幅下降。究其原因，广电总局2004年发布的《关于禁止播出电脑网络游戏类节目的通知》依然有效，并且2018年8月广电总局发布的《未成年人节目管理规定（征求意见稿）》中指出未成年人节目中“禁止宣传、介绍各类电子游戏”。两份禁令的压力下，央视即使已经购买了独播版权，也无法转播电子竞技比赛，而其他媒体也只能以图文形式传递赛场信息。这场没有电子竞技比赛直播的亚运会，反映出目前电子竞技要融入传统的大型体育赛事，依然面临着许多阻碍。

2020年12月16日，亚奥理事会第39届全体代表大会上正式宣布电子竞技获准列入2022年杭州亚运会竞赛项目。虽然目前我国依然没有解除广电总局早先发布的两项禁令，但随着电子竞技产业的不断发展，产业影响力不断攀升，2022年杭州亚运会也依然是电子竞技走进大众视野的又一大步。

### 2. 市场环境

宏观经济环境对特定产业的影响，会随着产业的发展阶段而变化。新兴产业与其他产业的联系相对较弱，因而有可能出现产业发展在宏观经济下行时继续保持增长势头的逆周期现象，这一点在第三产业中表现得更为明显。但随着特定产业发展壮大，和其他产业的联系增强，仍会呈现和宏观经济一致的走势。

电子竞技产业作为新兴的文娱产业分支，也曾经出现逆周期发展的现象。如前文所述，1998年亚洲金融危机时，韩国乃至整个亚洲的宏观经济都受到了沉重的打击，但在政府的支持下，韩国电子竞技产业快速走上高度职业化的道路，发展为成熟的产业。然而，由于电子竞技产业在很长的一段时间内都处于野蛮生长的状态，没有找到自己的盈利模式，依赖赞助商的投入；在2008年的全球金融危机中，电子竞技产业也走入了寒冬，早期创立的电子竞技企业大量解散，从业者纷纷被迫转行。随着电子竞技产业生态的形成和市场规模的不断扩大，在2016—2018年全球经济增长放缓的背景下，电子竞技产业的产值反而高速增长。

在电子竞技产业发展的探索期，赞助商是电子竞技产业生态中最重要的输血者，他们看到了电子竞技对于年轻消费群体的吸引力以及电子竞技用户的高黏度，对电子竞技产业进行投入，达到品牌宣传曝光的目的。这些赞助商对电子竞技的支持，是整个产业发展的重要动力，他们的流失会在不同程度上对电子竞技产业造成打击。

电子竞技产业早期的赞助商大多为游戏外设厂商，即为玩家提供游戏外部必备设备的厂商。WCG、IEM(Intel Extreme Masters，英特尔极限大师赛)等较早的知名电竞赛事都是游戏硬件厂商赞助并主导的。作为资格最老的以赞助商为主导的赛事模式代表之一——WCG，从兴盛到没落，其命运一直紧紧地和三星公司联系在一起。但在目前的电子竞技赛事中，由于赞助商品类已经从游戏硬件拓展到汽车、饮料食品、护肤品等领域，赞助的多样化使得电子竞技赛事因为单个赞助商战略变化而停办的可能性越来越小。相反地，随着电子竞技产业的发展潜力得到各个维度的认可，进入电子竞技市场的资本在数量和体量上都有了质的变化。

在目前的电子竞技产业生态中，游戏外设商由于其主营业务与电子竞技的高关联度，他们对于电子竞技的投入依然密集。2016 年 3 月 19 日，中国英雄联盟职业联赛(LPL)宣布与雪碧、联想、AutoFull 傲风、英特尔、飞利浦、罗技正式结为官方合作伙伴。其中联想、英特尔和罗技公司都是世界知名计算机硬件厂商。此外，电子竞技赛事还吸引了一些传统行业的广告赞助商，如图 3-2 所示。除了赞助赛事之外，游戏外设厂商还可以直接赞助电子竞技俱乐部。雷蛇、Cherry、ROG 玩家国度等外设厂商都赞助了多家电子竞技俱乐部。

图 3-2　电子竞技赛事广告赞助商(部分)

2017 年，梅赛德斯-奔驰冠名赞助当年的英雄联盟全球总决赛，赛场上梅赛德斯-奔驰携旗下的新一代 GLA SUV 亮相，并将品牌口号“天生无畏”与电子竞技赛事的竞技精神结合，宣传“梅赛德斯-奔驰与中国的‘召唤师’们一同呐喊助威，打造属于这个时代的英雄舞台，并以‘无畏造英雄’的精神谱写全新传奇”。并且从 2017 年起梅赛德斯-奔驰与 LPL 赛区也始终保持着密切合作，截至 2021 年已经连续赞助 LPL 联赛五年。

企业之间价值上的关联性能为企业带来竞争优势。由于电子竞技产业生态的存在，企业与合作伙伴可以相互协调，利用合作伙伴的价值创造活动，增加自身的价值。并且，电子竞技产业生态内的各类企业所面临的最终消费者相同，在为消费者创造价值方面目标是相同的，在价值创造活动中是捆绑的，他们通过合作，可以增加所有合作伙伴的利益，扩大所有合作伙伴的竞争优势。

**案例**：IG俱乐部与《守望先锋》

2016年5月，《守望先锋》正式上线。当时国内外电子竞技从业者均对这个项目表达了重视，由王思聪创办的IG俱乐部也是如此。仅在《守望先锋》国服正式发售的一个半月之后，IG俱乐部就宣布正式成立自己的《守望先锋》分部，组建了IG.Ice、IG.Fire两支战队。2016年6月，IG.Fire战队在网易旗下CC直播举办的《守望先锋》时空杯，一路打到败者组决赛。紧接着，在黄金守望锦标赛上海站、PGL 2016传奇大师赛、先锋杯第二赛季中，IG.Fire战队收获两冠一季。俱乐部的声望通过《守望先锋》分部得到很大提高。除了IG俱乐部以外，同属于王思聪系的香蕉游戏传媒也对《守望先锋》项目进行了投入。2016年8月底，香蕉游戏宣布推出《守望先锋》泛亚太超级锦标赛APAC，这是暴雪官方首个在华授权的《守望先锋》赛事，也是当时规模最大的《守望先锋》赛事。同时，APAC全程落地在王思聪的熊猫TV直播平台，为平台聚集了不少人气。IG俱乐部《守望先锋》分部IG.Ice战队如图3-3所示。

**图3-3 IG俱乐部《守望先锋》分部IG.Ice战队**

资源互补是电子竞技企业结成电子竞技产业生态所追求的目标之一。通过电子竞技产业生态，可以进行资源的重新分配，形成有形资源的互补效应；而一些无形资源并不因为使用而耗费，如商标、管理经验、粉丝影响力等，因此具有共享性。电子竞技企业可以通过产业生态的方式来利用合作伙伴的无形资源，共享资源以增强竞争优势，提升竞争能力。

**案例**：苏宁的电商布局

近年来互联网企业资本也开始涌入电子竞技市场，与以往的品牌厂商不同，他们将资本投入电子竞技产业的诉求不仅仅是品牌曝光，而是把电子竞技纳入企业的战略规划内，将电子竞技带来的流量和已有业务进行结合，完善自己的商业生态。2015年12月26日，苏宁易购集团宣布进军创业、文娱、电子竞技、体育等领域。苏宁组建了电子竞技联盟SES(Suning Electronic Sports)，围绕联盟举办职业组、全民组、高校组等不同级别的赛事，同时借助苏宁易购的门店，在线下建立了50个电子竞技游戏体验区提供场地服务，还结合游戏和硬件厂商的资源，联动旗下 PPTV 电竞频道和龙珠直播平台进行赛事直播。SES 是由苏宁云商电脑事业部于 2015 年发起的一个联盟，后交由新组建的苏宁文创集团运营，目前举办的比赛以网易和暴雪运营的《炉石传说》《风暴英雄》和《守望先锋》等游戏为主。随后，苏宁收购《英雄联盟》次级联赛 LSPL 的 TBG 战队，并更名为 SNG（SUNING，苏宁易购电子竞技俱乐部），在 2017 年直接晋级 LPL。作为苏宁的直接竞争对手，京东集团在收购 LSPL 的 NON 战队后不久，又斥资 4500 万元收购 LPL 的 QG 战队，并将其改名为 JDG（JD Gaming，JDG 电子竞技俱乐部）。在 LPL 的赛场上，两支电商战队均有亮眼表现，2017 年 6 月 18 日电商购物节当天，SNG 和 JDG 比赛也被媒体称为“电商大战”，引发了观众广泛的关注和讨论。图 3-4 是JDG 俱乐部成员为某品牌作现场宣传。

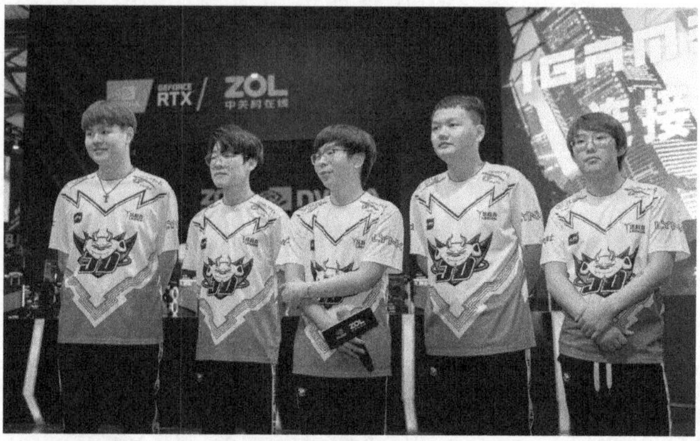


**图 3-4 JDG 俱乐部成员为某品牌作现场宣传**

**案例**：平安银行冠名 BLG 电子竞技俱乐部

2020 年 8 月，平安银行与哔哩哔哩电竞达成战略合作，通过品牌层面联合、配套产品服务、推出 B 站联名卡、打造 IP 形象等形式，实现与 Z 世代的跨圈联动，表明了平安银行卡位年轻市场赛道，深耕“Z 世代”客群，加速零售破圈转型的决心。2020 年 12 月 21 日，平安银行与 BLG 电子竞技俱乐部正式达成冠名合作，成为 LPL 中第一个冠名联赛战队的冠名商。这是继赞助 BilibiliWorld，成为电竞上海大师赛首席合作伙伴后，平安银行在“金融＋电子竞技”的又一次“出圈”代表作。图 3-5 为平安银行冠名 BLG 俱乐部的宣传海报。

**图 3-5 平安银行冠名 BLG 电子竞技俱乐部**

目前仍然有很多人对电子竞技并不认可，由于“游戏”的标签，家长包括社会大众并不容易接受，而大企业的投入却是对电子竞技的一种正面宣传。大量涌入的资本对电子竞技产业来说既是利好也是挑战，如何留住这些青睐电子竞技的资本，关键在于从业者能在多长的时间维度上提供哪些匹配风险的收益，这是值得思考的问题。只有这样，才能形成业务促进友谊，友谊强化业务的良性循环。

### 3. 社会文化

电子竞技从诞生起就伴随着争议，对于年轻人，它具有强大的吸引力；而对于年龄稍长的人，如何接受这样的新生事物，往往需要一定的过程。主流社会对于电子竞技和电子游戏的态度，经历了从一开始的激烈反对，到了解电子竞技是一项怎样的体育项目，再到理解年轻一代对电子竞技的真心投入，直到最终改变自己的态度开始接受甚至支持电子竞技的转变过程。

社会心理学的研究表明，态度是带倾向性心理的准备状态，是人们对特定的对象所持的一种稳定的评价和反应倾向，态度对个体的行为具有重要的影响。因此，“态度改变”的相关理论中提出的基本假设是：态度是影响传播活动发挥效果的重要因素。所以，主流社会对电子竞技态度的变化，一直在影响着电子竞技的传播效果。

早期，由于电子竞技的概念没有被广泛接纳，电子竞技和电子游戏的概念经常被混淆，加之主流舆论将电子游戏视为不务正业的娱乐消遣活动，甚至是影响孩子学习的洪水猛兽。社会舆论的抵触导致电子竞技活动在很长一段时间内只能局限于电子游戏深度爱好者群体中，许多电子竞技从业者刚入行时都遭到了父母的强烈反对。主流社会对电子竞技的抵触态度，让从业者得到的支持非常微弱甚至背负着巨大的压力。

中国的家长对电子竞技和电子游戏普遍的不支持，以及围绕这个话题呈现出来的显著的亲子矛盾有着深刻的社会文化背景。学者费孝通在《乡土中国》一书中谈到，古代中国社会在社会生产生活方面的长期稳定导致了年长者在中国社会长期受到尊重。这是由于年长者经验丰富，在一个稳定的社会中几乎可以凭借经验解决年轻人的所有困惑。然而，互联网的普及和新技术的密集出现，改变了中国社会长久以来的稳定架构和传统价值观念，让年长者的权威受到了挑战。互联网进入中国的三十多年时间里，中国社会的变化速度是数千年来不曾出现过的，代际矛盾在社会剧烈变革的时候更加明显。因此，自 20 世纪 90 年代至今，主流舆论对于电子竞技和电子游戏的批判从未停止。

在国内，近年来随着移动互联网的普及和电子竞技概念的传播，电子游戏以及电子竞技对于青少年的影响再次得到广泛的关注和讨论。2018 年 1 月，新华社发表了一篇名为《电子竞技调研报告：我们拿什么跟电竞抢孩子》的文章，引用了多位家长的观点，并提出“电竞不是魔鬼，但沉迷有害”。可以看到，由于电子竞技以及电子游戏对孩子精神空间的占据，主流社会已经无法忽视正在蓬勃发展的电子竞技。在新华社的文章中提到，针对电子竞技“不规范”的问题，有学者认为政府必须承担起应该承担的角色，提出：“规范不完善，那么政府就要推动完善；管理有缺失，那么政府就要强化管理。”在“封堵”这一招已经失灵的情况下，受访专家们普遍认为应当拓展更多渠道，转移孩子们对于计算机、手机的过度关注。

也有学者认识到，游戏既是人的本能和天性，也是青少年不可或缺的娱乐方式和社交方式。人类的本能和天性既不可战胜，也不可取代或扭曲。而诞生于信息时代的电子游戏是人类历史上到目前为止能够最低成本地、量产地、持续地生产逼真的快乐的一种娱乐方式。1990年以后出生的年轻一代人，生来就是互联网原住民。对他们而言，电子游戏是青少年时期重要的娱乐和社交方式，也是童年和青春的回忆。游戏，尤其是群体性的游戏，是少年儿童学习社会规范、学习人际交往、学习情感表达、学习情感控制的一个非常重要的途径，通过玩游戏能够互相联络感情。当玩家群体聚集在一起玩游戏、看比赛时，自然会产生社交行为，从这个意义上来说游戏也是形成社会共同体的重要载体。

随着电子竞技产业的不断完善，传统行业和官方媒体对电子竞技的关注和报道越来越多，更多的电子竞技从业者正在得到家庭的理解和支持。2018年10月在韩国举办的《英雄联盟》S8世界总决赛观众席上，就出现了多位职业选手的家人。由此可见，在电子竞技文化更为成熟的地区，家长对电子竞技的态度显得更加宽容。对于国内社会由电子游戏和电子竞技引发的代际矛盾，也有学者提出“这个世界在进步，你的儿子孙子在进步，然而我们躺在自己舒服的位置不作任何改变，单纯去指责这个年轻人。可是他以后要面对的生活，你可能不需要面对”。电子竞技本身是发源于网络的亚文化，作为与主流文化相对应的非主流的、局部的文化现象，在不被主流文化接纳的背景下，由于网络为其提供了跨越空间传播的可能性，电子竞技爱好者在网络空间内聚集在一起进行交流，形成电子竞技圈内独特的“梗文化”等文化现象，并通过网络继续扩散。当电子竞技走到线下后，电子竞技文化加速向主流文化扩散。

如图3-6所示，根据企鹅智酷的用户调研，在电子竞技用户中，女性和家里有尚未工作的子女的家长人群比例均达到两成以上，已成为不可忽视的一部分。未来，电子竞技将会融入主流文化还是代替现有的主流文化仍然是未知数，但父母长辈对电子竞技的支持理解无疑会使得电子竞技的社会形象更加健康，得到更多人群的认可。

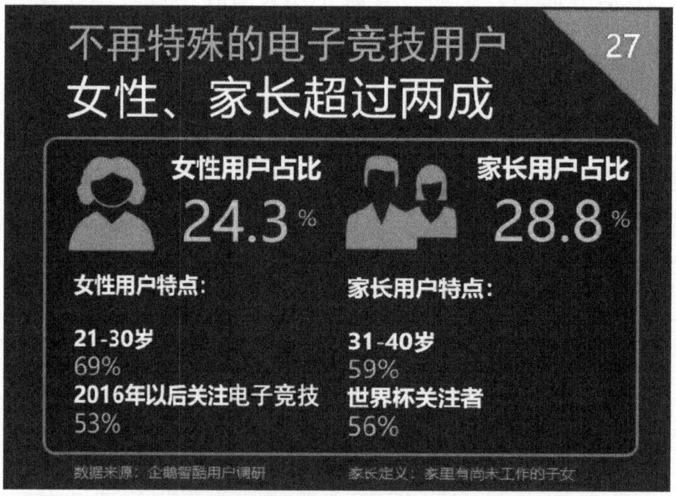


图3-6 不再特殊的电子竞技用户

### 4. 信息技术

电子竞技本身就是信息技术发展的产物之一，在自身发展过程中也一直受到信息技术进步的推动。

20 世纪 70 年代的电子游戏，如《太空大战》，一开始只能在 PDP-1 这种小型计算机上运行，普通群众很难接触到。随着计算机软硬件技术的快速发展，计算机的体积变得更小，运行速度更快，价格也大幅降低，电子游戏商业化逐渐成为可能，游戏产业和电子竞技的概念应运而生。

1974 年，互联网协议族(Internet Protocol Suite)即 TCP/IP 的发明让计算机与计算机之间实现了对话，加上线缆的物理连接，可以对话的计算机每天互相发送着各式各样庞大的信息，互联网就这样逐渐地形成了。互联网技术也开始被运用于电子游戏中，1988 年，第一款使用 MetaServer 定位打开游戏服务器的电子游戏 *Netrek* 出现了。它是第一款能够保存用户信息的网络游戏，也是第一款互联网团队游戏，这款游戏可以使玩家组成 2～4 支队伍，每队 1～8 名队员，最多支持 16 名玩家在一局游戏中竞技。网络化的实现使得多人在线对抗成为可能，为后来的战网乃至网游的出现奠定了基础。*Netrek* 也是现在最主流的电子竞技项目类型——MOBA 类游戏的鼻祖，同时它在 1993 年被美国杂志 *Wired* 评为“第一个在线体育游戏”。

1992 年，《德军总部 3D》(*Wolfenstein 3D*)上线，作为 id Software 研发的第一款商业化 FPS 类游戏，这款游戏把基于 PC 的 FPS 游戏推广到了家喻户晓的地步。这款游戏整体看似是以三维的画面呈现，实际上是以射线追踪算法所产生的 3D 效果，这已经是当时技术条件下所能达到的极限。之后市场上的 FPS 类游戏也都使用了类似的游戏架构。

1995 年 12 月，《魔兽争霸Ⅱ：黑潮》(*Warcraft Ⅱ：Tides of Darkness*)发布了，作为《魔兽争霸：人类与兽人》的续作，与前一代游戏不同的是，这款游戏拥有一个微软视窗的启动屏幕，而且能在 Windows 95 操作系统下完美运行，同时采用了 800×600dpi 的分辨率，使画面细节显著提升。除此之外，还有适用于 Mac 操作系统的版本可以使用。游戏的操作也更加方便，如今已被玩家广泛接受的左键选择、右键移动规则在《魔兽争霸Ⅱ：黑潮》中首次实现，这不仅成为后来众多 RTS(real-time strategy game，即时战略游戏)类游戏的基本操作规则之一，也影响了由 RTS 衍生出来的 MOBA 类游戏。不过玩家们还是可以选择与第一代游戏相同的操作规则。

1996 年，《雷神之锤》(*Quake*)上市，这是世界上第一个具有真 3D 实时演算的 FPS 类游戏，采用了多边形渲染技术，实现了完整的 3D 游戏效果，从它开始，游戏中玩家和怪物的形象变成了三维模型而不是以往的二维图形。技术上的积累和突破，奠定了《雷神之锤》在 FPS 类游戏发展过程中无法撼动的地位。除了 3D 化的革新以外，《雷神之锤》还首次在 FPS 类游戏中加入了纵深的视角，真正将地形高低差与 FPS 玩法结合到一起，让玩家的战斗脱离了单纯的 XY 轴，也让跳跃成为后世 FPS 类游戏中的基础动作。而从游戏性上来看，除了单人模式的趣味性和可玩性，作为第一款支持 TCP/IP 的游戏，《雷神之锤》的多人模式用户群体更大。除了局域网内的对战，玩家还可以直接通过互联网与世界上任何地方的玩家进行对战。最受玩家欢迎的一种游戏模式是“死亡竞赛”，其中包括了大乱斗里的单人模式、一对一的 solo 模式和组队模式，竞技形式更加多样化。而在初代之后，《雷神之锤Ⅲ：竞技场》(*Quake Ⅲ*：*Arena*)首次在 FPS 类游戏中引入了第三人称旁观模式，这一模式的出现也极大地促进了 FPS 类游戏往电子竞技方向的发展。由此，FPS 类游戏的竞技性慢慢展现了出来。

2004 年前后，随着互联网的日趋普及和信息传输技术的快速发展，网络上的传输内容已逐渐由单纯的文字传输转变成为包含文本、音频、视频的多媒体数据传输。这样的改变不仅使网络使用者能获得更为丰富多样的信息，同时也代表着多媒体网络时代的来临。面对有限的带宽和拥挤的拨号网络，要实现窄带网络视频、音频的实时传输，最好的解决方案就是采用流式媒体(streaming media)的传输方式。由于流媒体服务具有高带宽、持续时间长等特点，随着客户数目的快速增加，服务器的资源如带宽很快就被消耗完，成为系统的瓶颈。而 P2P(peer-to-peer)技术的兴起在充分利用客户资源、提高系统伸缩性等方面具有巨大的潜力，基于 P2P 方式的流媒体技术也成为电子竞技赛事网络直播的技术基础。目前的视频直播，可以分为采集、前处理、编码、传输、解码、渲染几个环节，还包括完整的礼物系统、支付系统、运营系统、任务系统等。

2007 年 1 月 11 日，苹果公司发布第一代 iPhone，拉开了智能手机时代的序幕。2008 年 9 月，第一款 Android 手机面世，同年，中国的互联网人口第一次超过了美国。2012 年，随着智能手机的全面渗透，中国的手机网民第一次超过了 PC 网民。2013 年 12 月 4 日，工业和信息化部正式向中国移动、中国电信、中国联通颁发 4G 牌照，均为 TD-LTE 制式。工信部有关负责人表示，这 3 张 TD-LTE 牌照是根据电信运营企业的申请发放的。考虑了 LTE 技术发展和产业成熟度等多种因素，下一步将在条件成熟后，发放 FDD-LTE 牌照。4G 网络具有约 20 倍于 3G 网络的下行速度与承载能力，将为移动互联网产业的市场发展提供广阔的空间。电子竞技也因此从 PC 端向手机端迁移，多家游戏发行商推出了自己的手游产品，移动电子竞技应运而生。高速成长的移动电子竞技由于受众更加年轻化，在应用新技术方面具有天然的优势，KPL 就率先使用了 VR(virtual reality，虚拟现实)直播、蓝光直播等新鲜的直播方式。

2016 年的 TI6，Valve 就曾使用(augmented reality，增强现实)技术让 *DOTA2* 中的英雄走上了现实的舞台，每个英雄的动作招式十分流畅，效果十分震撼。而在 2017 年的 TI7 上，V 社更是将 TI6 的总冠军 Wings 使用过的游戏角色们通过 AR 技术展现给大家，整个场景还原得同样十分逼真。2017 年 11 月，《英雄联盟》S7 总决赛如期在北京鸟巢举办。就在开幕式进行到 9 分半的时候，一只巨龙从天而降，呼啸而过，吼叫声响彻整个国家体育场。其宏大的气势和矫健的动作让许多正在观看直播的玩家惊叹不已。它是一条运用 AR 技术显示的虚拟巨龙，使用了实时计算摄影机影像和定位技术，最终得到的效果是用户可以在现实生活中通过虚拟影像看到视觉上的特效。2019 年在巴黎举行的英雄联盟全球总决赛开幕式上，拳头游戏利用全息投影技术打破现实与虚拟的界限，将《觉醒》《真实伤害》《涅槃》3 段经典 CG(computer animation，计算机动画)活灵活现地呈现出来，在封闭的室内场馆中将观众们的热情点燃。

与此同时，随着电子竞技的职业化进程加速，选手的操作水平越来越接近，决定比赛胜负的因素则更多地转向赛场之外，战术设计、硬件设备、后勤保证、数据分析等越来越多接近传统体育项目的术语和概念开始被电子竞技接纳。而这一切，也预示着电子竞技大数据时代的开启。如捞月狗这样的数据分析机构，开始得到了更多的重视，他们的主要职责就是针对选手在赛事中的各种比赛数据进行汇总，并把每个选手比赛习惯的相关信息进行量化，将数据通过相关模型进行效果分析，运用这些数据发现每位选手的优缺点，以此来指导战队的角色选择和战术设计，同时提供比赛对手的各种情报。

电子竞技与科技的下一步结合会走向何处还是未知数。不过，电子竞技的优势在于，其载体是计算机和网络，而计算机和网络是游戏的载体也是数据的载体，这就为电子竞技项目的数据分析的发展提供了天然的土壤。同时，由于电子竞技对于设备的高要求，也为下一步与智能硬件设备之间的结合提供了可能。

## 3.2 电子竞技核心产业

电子竞技产业生态的构成主要包括 3 类：电子竞技上下游产业、电子竞技核心产业以及电子竞技衍生产业。其中，电子竞技上下游产业主要包括游戏公司和直播平台；电子竞技核心产业主要包括电子竞技俱乐部和赛事执行公司；电子竞技衍生产业主要包括电子竞技地产、电子竞技教育、电子竞技旅游等。

### 3.2.1 电子竞技俱乐部

电子竞技俱乐部属于营利性职业体育俱乐部，是指具有企业法人资格的，拥有由职业运动员组成的职业运动队的体育俱乐部。它们按照市场经济机制经营，以竞赛为手段，以营利为目的。俱乐部在发展过程中，往往会结成俱乐部联盟。目前已经出现的俱乐部联盟大致可以分为 3 种形式，即游戏厂商建立的联盟（如 LPL）、政府扶持建立的联盟（如 KeSPA）、俱乐部自发组成的联盟（如 ACE）。俱乐部联盟的存在，推动了俱乐部管理走向规范化。

#### 1. 运营模式

现代的电子竞技俱乐部均为营利性职业体育俱乐部，将以电子竞技赛事为载体的文化娱乐服务作为商品进行生产经营，把盈利作为发展的重要目标。对电子竞技俱乐部来说，运动员在比赛中的表现即为俱乐部产品的质量，以运动竞赛为载体。因此，俱乐部的竞赛水平就成为俱乐部生存发展的基础，俱乐部的商业化运营则是竞赛水平的价值出口。

在电子竞技产业发展初期，赛事体系还未健全，主要的受众是游戏核心玩家群体。随着玩家群体对于一些明星选手以及俱乐部的了解和认同不断加深，甚至有一部分成为俱乐部的忠实粉丝，电子竞技俱乐部在产业中的地位逐渐提升。现如今，电子竞技俱乐部与职业赛事体系相辅相成，高规格的赛事为电子竞技俱乐部提供奖金与曝光度；而电子竞技俱乐部为赛事提供职业体育中最主要的生产要素——职业运动员，高水平电子竞技俱乐部的参赛也保证了赛事的观赏性和受关注度。

## 2. 盈利方式

1）赞助商

赞助商和电子竞技俱乐部可以通过广告植入、生产联名产品等方式进行合作。

广告植入即赞助商可以通过电子竞技俱乐部职业选手在赛事中的曝光向观众发布自己的企业或品牌广告，其中最常见的就是印在队服上的广告。随着电子竞技赛事受到越来越广泛的关注，电子竞技赛事的赞助商品类也在不断扩展，从计算机外设厂商和直播平台延伸到汽车、护肤品、食品饮料等传统产业。这些传统产业的经营者逐渐认识到，电子竞技赛事已经覆盖了 90 后到 95 后这一批未来的社会核心消费力族群。对于传统品牌来说，通过赞助电子竞技产业，触达这一年轻族群，传递自己的品牌认知和价值，建立他们对旗下品牌的忠诚度，是一个符合实际需求的选择。目前，电子竞技俱乐部的广告特许权经营从以往被动地依赖 4A 公司代理，逐渐转向由市场营销团队主动参与开发。

生产联名产品即向经济部门出售电子竞技俱乐部的名称，LOGO，职业联赛或其他重大比赛的名称、标志、吉祥物的使用权；"指定产品"的冠名权，以及带有这些标志的纪念币和各种纪念品的生产经营权，以此为商品做广告，提高商品的知名度和销售量。这类赞助由于不受数量的限制，涉及面广，虽然费用可能不如广告植入等形式高，但仍然是一项重要的收入。

2）直播平台

2014 年国内直播产业兴起，涌现出一批手握资本的直播平台，它们也纷纷与电子竞技俱乐部合作，其中最重要的一种形式就是签订直播合约。这一阶段直播平台的签约奖金是电子竞技俱乐部的主要收入来源之一。从 2017 年开始，随着直播产业逐渐稳定下来，产业内的经济泡沫开始被挤破，直播平台也不再频繁开出天价签约奖金。

在电子竞技俱乐部的发展过程中，从业者也认识到，直播产业在短短几年间，行业的竞争模式发生了很大的变化，导致了整个行业的波动极大，主播的签约奖金起起伏伏，这种现象导致了俱乐部的收入不稳定。对于一个俱乐部来说，每年的投入和支出是相对固定的，而且保持着逐年增长的趋势。因此，要保证俱乐部的收入稳定，除了继续运营好原有的直播平台资源，还需要在收入多元化上做出更多努力。

3）内容产出变现

根据企鹅智库用户调研，目前国内电子竞技赛事具有约 4.5 亿的用户基础，每家有知名度的电子竞技俱乐部都积累了大量粉丝，这些粉丝正在成为电子竞技俱乐部重要的资产。如今，电子竞技俱乐部的流量变现主要分为以下两部分。

第一，俱乐部自行出品的视频内容的售卖，这部分是一个直观的流量变现过程。例如，EDG 电子竞技俱乐部出品的《E 言堂》、*ELOG*、《火力全开》等视频品牌栏目，除了传播俱乐部的品牌内涵外，也吸引了西瓜视频、雷蛇等企业进行赞助。

第二，利用队员在直播过程中产生的素材，结合流行热点生成可售卖流量。例如，很多电子竞技俱乐部的官方微信公众号文章中都会输出队员直播中的趣事，吸引粉丝阅读。

传统体育行业中，往往有大量的传统品牌赞助商在体育赛事里进行品牌的曝光，当电子竞技赛事有了足够多的曝光和流量了以后，就会吸引大量对流量存在核心诉求的品牌客户。除了电子竞技赛事本身的曝光量优势，成熟的俱乐部还会通过生产大量媒体内容对队员和俱乐部形象进行包装，这些内容还会成为具有竞争力的商业资源。

4）衍生品

俱乐部衍生品的售卖是传统的粉丝经济的直观收入。RNG、EDG 等知名电子竞技俱乐部都已经建立了自己的官方网店，RNG 电子竞技俱乐部官方淘宝商城首页如图 3-7 所示。这些电商平台上的产品分为两类，一类是铁杆死忠粉丝会偏好购买的纪念品，如队服、纪念奖章等；另一类是偏向大众消费需求的衍生产品，如服装服饰、计算机外设等。EDG 电子竞技俱乐部电商平台的“炫彩款”T 恤曾经创下了单款 5600 件的销量纪录，“双十一”购物狂欢节单日销售额破百万元。

图 3-7　RNG 电子竞技俱乐部淘宝商城首页

衍生品的开发主要取决于俱乐部的粉丝基数有多大，以及俱乐部怎样通过包装运营触达自己的粉丝群体，并且让粉丝愿意为衍生品买单。在这个过程中，俱乐部既需要做运营内容，又要设计自己的品牌形象。国内不少俱乐部从 2016 年开始与时装品牌进行合作。例如，OMG 战队前打野选手柚子创办了独立设计男装品牌，并为 OMG 战队设计了队服；IG 俱乐部从 2016 年开始与时装品牌 LiLbetter 合作队服；LGD 俱乐部与 INXX（英涉时装）也进行过一次冬季队服的合作。

5）主场赛事活动门票收入

2018 年的 LPL 联赛已经开始了主客场制，截至 2020 年已经有 5 支队伍拥有自己的主场。紧随其后推出主客场制度的 KPL 联赛，目前已有 9 支队伍拥有自己的主场。主客场制，让电子竞技俱乐部的商业化运作提升到更高的台阶，是中国电子竞技发展历程中重要的里程碑。俱乐部不但可以通过固定的联赛门票收入获得收益，也可以自主在主场策划活动获得收益。

### 3. 组织架构

1）赛训部门

俱乐部会根据各个电子竞技项目成立相对应的部门，如 *DOTA2* 分部、《英雄联盟》分部、《王者荣耀》分部、《守望先锋》分部，以及《绝地求生：大逃杀》分部等。除了职业运动员外，这些部门还有一系列员工服务于提高运动员竞技水平的活动，如运动员管理规章制度、运动员工资奖励等福利、开发后备人才培养等，目的都在于保持或提高俱乐部竞赛水平。这些岗位包括领队、教练、数据分析师、战队经理等，具体的岗位设置根据俱乐部实际需求而定。

为了培养俱乐部的后备力量，一些俱乐部会组建自己的训练生培训部门，负责招募有潜力的预备选手，参照竞技项目部门的标准对他们进行教务管理（有的俱乐部还会为他们配备专门的教练和分析师），从中选拔优秀的职业运动员。

2）运营部门

电子竞技俱乐部的运营体系是伴随着整个产业的发展出现的，其目的是帮助实现整个俱乐部的商业化，保证俱乐部收支平衡和良性发展。这一岗位群包括媒介团队和商务团队。

媒介团队主要负责制作、运营媒体内容，对运动员和俱乐部形象进行包装，培养和维护俱乐部粉丝，内容包括俱乐部各个分部赛事、选手动态及品牌 IP 等，结合自研 App、网络自媒体以及合作媒体（百度贴吧、腾讯社区、WeGame、今日头条等）进行推广，通过周数据判断工作效果来及时调整工作方向，让俱乐部品牌能够得到有效且最大化的推广。这些内容也是俱乐部商业化的基础。

商务团队的职责则是将俱乐部积累起来的粉丝经济变现，大体分为招商、对接两大方面。招商人员主要负责帮助俱乐部寻求更多的赞助商，挖掘合作伙伴的需求；对接人员主要是在俱乐部接到有偿的商业活动时，与外部企业进行沟通交流，确认活动流程细节，以及和其他俱乐部或业内外企业维持良好关系。

3）行政中心

为了维持企业的正常运转，俱乐部还需要由财务、行政、法务等部门组成的后勤体系。电子竞技俱乐部的财务部门、法务部门和行政部门职责和一般企业没有明显区别。

## 3.2.2 电子竞技赛事执行公司

电子竞技赛事执行公司主要从事电子竞技赛事运营及相关视频内容制作与销售业务，为电子竞技用户提供专业的赛事，精彩的内容以及优质的服务。电子竞技赛事执行公司除了对接游戏厂商获得授权，与参赛俱乐部、选手沟通赛程，还需要策划赛前宣传物料、中场表演节目等；通过经纪公司邀请明星解说嘉宾或中场表演需要的艺人、coser、主播等；并和场馆运营方合作，布置赛场网络、转播设备、灯光舞美等。目前，国内较为知名的电子竞技赛事执行公司主要有 VSPN、香蕉游戏传媒、Imba TV 等。

### 1. 运营模式

按赛事主办方的不同，电子竞技赛事分为第一方赛事与第三方赛事。第一方赛事通常指游戏运营商的官方赛事,游戏运营商通过委托的形式将赛事前期宣传、赛事组织、现场管理等工作交给赛事执行公司,该类赛事的广告招商及赛事收益分成由赛事执行公司与游戏运营商协商决定,典型的如腾讯运营的 LPL 联赛,网易运营的炉石黄金公开赛和黄金风暴联赛,Valve 运营的 TI 赛事。第三方赛事通常指其他赛事运营组织主办的赛事,赛事执行公司使用自有品牌运营的赛事以及其他赛事运营组织通过委托方式交由赛事执行公司运营的赛事都属于第三方赛事,该类赛事的广告招商及赛事收益分成一般由赛事执行公司自主决定。

按是否拥有赛事品牌与赛事招商的自主权,赛事运营业务又可分为自营业务和代理业务。根据 NeoTV 的公开招股书,自营业务指赛事执行公司通过使用自有电子竞技赛事品牌举办赛事,在赛事举办初期与游戏运营商、快消品厂商等签订广告服务合同、推广服务合同,通过公司自有及合作方的宣传网络、线上及线下竞技比赛观摩等多维度的宣传方式,为客户提供产品推广、产品宣传、产品体验、直播等全方位的服务。自营业务主要收入为赛事直播收入、游戏推广收入以及广告收入,其运营流程如图 3-8 所示。

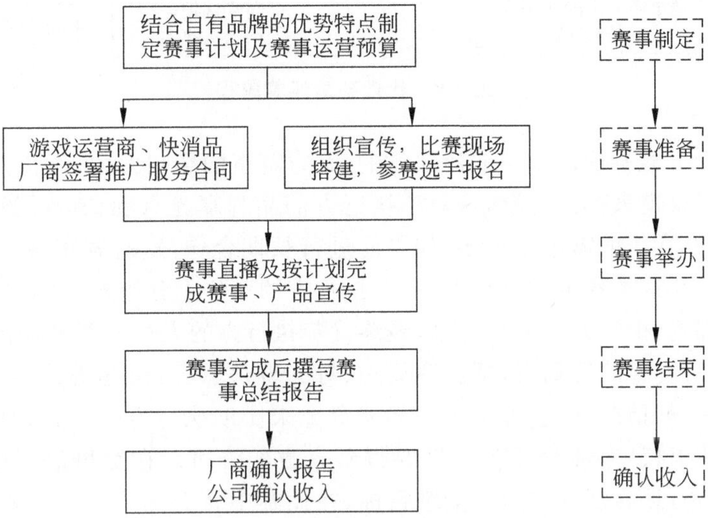


**图 3-8 自营赛事运营流程**

代理业务指赛事执行公司通过参与招标等形式接受赛事主办方委托举办电子竞技比赛。此类比赛中,赛事执行公司使用赛事主办方指定的赛事品牌,一般不使用赛事执行公司自有赛事品牌。代理业务主要收入为赛事承办收入,赛事直播、游戏推广收入以及快消品广告收入。在代理业务中,广告招商及收入分成一般由赛事执行公司及赛事主办方协商决定,其运营流程如图 3-9 所示。

赛事运营业务具体执行过程中,根据不同的比赛,匹配的赛事策划、资源等也不尽相同。

对于官方大型线下赛事来说,基本代表了该游戏赛事的最顶尖水平,包括官方举办的联赛和杯赛等,也代表了联赛官方在观众中的形象,因此,对于这类赛事,官方的要求十分严格。例如,腾讯、网易这样的大型游戏厂商,是所有赛事执行方都希望能够争取到的对

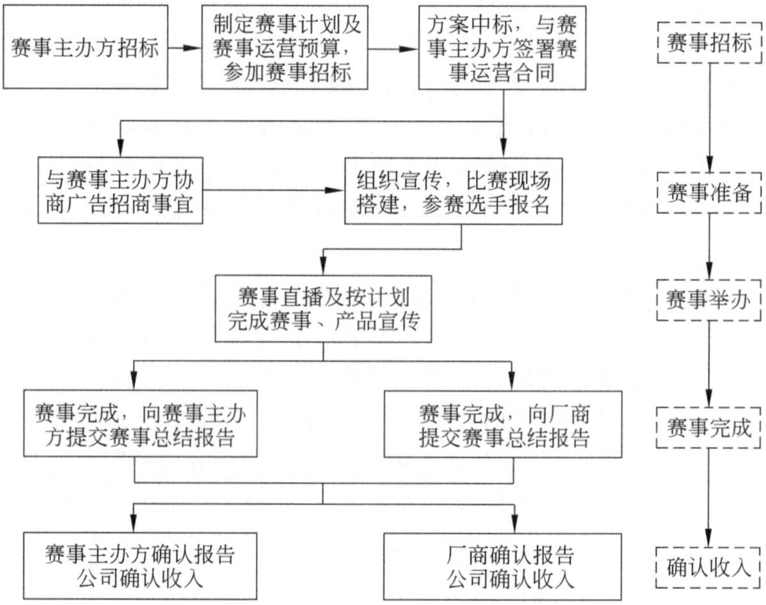


**图 3-9　代理赛事运营流程**

象。这些公司旗下的游戏都是当前最爆款的，官方赛事的影响力大，而官方自己也会利用自身强大的推广渠道来推广赛事，这对于执行方的品牌曝光有利；其次，这些游戏厂商旗下游戏众多，举办赛事的需求也很多，如果能进行长期合作，这对赛事执行方的现金流是有一定保障的。在这类赛事的选择上，各家执行方的竞争十分激烈，官方会在这类赛事上采用“竞标”的方式，由官方来进行筛选，最终确定执行方的人选。赛事执行方在获得举办资格后，开始进行赛事的筹划，包括比赛场馆、灯光舞美、人员统筹等这些前期准备工作。而在费用方面，一般情况下，官方会出一部分资金来协助执行方。并且，官方在赛事的执行上有绝对的话语权，大部分环节都需要得到官方的许可。在赛事进行中，呈现出更清晰、更顺畅的比赛，提高观众体验是最终目标，在比赛中就会加入一些让观众更直观地了解比赛的数据。例如，在比赛中会有选手的各项数据内容，赛后会评选 MVP（most valuable player，最有价值选手）、本场比赛的最佳镜头等，而这部分内容，官方与赛事执行方会有所分工。

对于线上赛事来说，比赛流程没有灯光舞美等流程的准备，只需要确定好参赛战队和人数，保证推流的顺畅和观众的观赛体验，同时，还需要进行一些主办方的线上活动。一般来讲，线上赛事基本都是小型赛事，其中既有第一方赛事，也有第三方赛事。对于执行方来讲，这类赛事没有竞标的成分，其中可能会有甲方需求的，也有公司自己独立制作的赛事。官方的线上赛事，大部分目的是活跃玩家气氛，以及为线下赛事进行选拔。由于线上没有地域限制，因此参与人数特别多，但受重视程度以及推广力度都远不如线下赛事。

而一些赛事执行公司自主举办的赛事，主要以拓宽自己的赞助商业务、彰显自己制作能力为主要目的，这些公司一般直接是赛事执行方，或者是一些内容产出单位，类似的赛事如七煌旗下的“贱驴杯”等。对于这些公司来说，在早期，最主要的目的并不是说服赞助商投资赞助，而是争取博得官方的注意，从而获得官方的认可以及赛事的举办权；同时，利用自主赛事获得影响力后，也更有利于自身品牌内容的传播。

对于第三方线下赛来说，赛事流程和官方赛事相差不多，最大的不同便是要求没有那么严格，同时，举办比赛还需要获得第一方厂商的授权，而如果第三方的主办方没有获得授权，赛事执行方也会去向官方申请版权。

此外，商业赛事的目的大部分是品牌推广，赛事要求和质量都会偏低，基本就是维持一个正常的赛事运行。通常来说，电子竞技赛事的高额举办费用，是体现在附加内容上的，如场馆、灯光舞美、解说艺人等，而如果目标没有特别大，那么一般的赛事准备工作就能够满足这部分的需求。商业活动由于影响力弱，专业性差，推广力度不强，一般很难请到一线战队或者选手前来参加，这也导致比赛质量的降低，因此赛事执行方在举办这类赛事时，吸引观众的噱头就会进行一些改变，包括邀请知名的解说或者艺人等。此外，这类比赛的赛制也比较宽松，相比于官方赛事，商业比赛更加多变，利用粉丝和观众喜闻乐见的方式，为整个赛事增加更多的戏剧性与随机性也是常用的手段。

### 2. 盈利方式

赛事执行方在准备承接一场赛事时，首先会评判这个赛事是否值得去办。而评判的标准，首先是有足够的利润空间；其次是赛事的影响力大小，这涉及赛事执行方的品牌影响力，而这部分的评判标准比较多，比如游戏的热度，赛事的规模，以及本公司在这款游戏类型方面具不具有市场，能否扩大自身的品牌影响力等。目前国内的电子竞技公司尤其是赛事相关公司，业务量很大程度取决于厂商的需求和变化。承办赛事的制作费和广告销售上的服务分成是目前赛事执行公司的主要收入来源，能够帮助公司实现盈利。

根据赛事执行公司上海网映文化的财报显示，从2013年起，来自前五名客户的营业收入都占到了公司收入的90%以上(仅2015年低于90%，为85.72%)，虽然在2016(前五名客户收入占90.69%)和2017年(前五名客户收入占94.75%)的财报中不再对外公布前五名客户的具体名称，但是可以猜想，腾讯和网易两大游戏厂商绝对是其中的大头。

但如果只依靠赛事制作费用和广告分成，不仅利润空间比较有限，而且财务风险较高，在赛事执行这一块，往往会出现规模越大的赛事，利润空间越小的情况，反之，利润空间越大。因此很多的赛事执行方其实是多线发展的，利用赛事扩大自己的品牌知名度，进而再利用名气开发自己的其他业务。电子竞技赛事执行公司除了赛事运营外，往往还会从事视频内容制作业务，除了制作电子竞技周边视频节目(宣传片、选手采访、赛事解说等)，还会制作电子竞技娱乐网剧以及微视频等。电子竞技和网剧相结合，打造泛娱乐产业链，增强品牌知名度与用户认可度；并涉足解说经纪，签约赛事解说，同时重点培养具有竞争潜力的自有赛事解说。

近年来，电子竞技赛事的举办开始引入了一个新的模式——众筹模式。

**案例：** TI系列赛事

TI系列赛事的奖金高达数千万美元，除了主办方Valve的投入，其余资金主要来自玩家众筹。Valve 通过向玩家出售比赛的线上观赛门票,并随票赠送绝版游戏道具,吸引玩家购买门票,从而积累举办比赛所需的资金,包括前期的筹备成本和比赛奖金等。由于*DOTA2* 的玩家基数很大,这部分收入可以达到相当大的规模。这就是现在的众筹模式。在这个过程中,玩家可能只花费了十块钱、二十块钱、三十块钱……投入到这个项目里面,但是玩家会认为自己赞助了这个比赛,就会慢慢地提高对比赛的关注度。他们会关注在比赛每一步的进行中,“投资”是否得到合理运用,最终呈现的效果怎么样。

### 3. 组织架构

赛事执行公司的业务流程可以概括如下。

(1) 赛事开始前与主办方进行初步洽谈,制作具体赛事方案。

(2) 竞标成功后建立项目组,制作具体实施方案细则,对灯光、舞台、人员组织等进行安排。

(3) 赛事进行中,对赛事各个环节进行实时把控,确保整个赛事有序进行。

(4) 赛后对整场赛事进行总结,进行赛事举办情况的市场宣传工作;对赛事视频进行后期制作,并上传至视频网站等播放渠道。

在确定是否承接一场电子竞技赛事前,市场中心与赛事主办方进行洽谈,了解赛事需求和赛事版权等问题,之后公司内部进行讨论,市场中心和制作中心配合制作具体的赛事方案,参与赛事竞标,同时进行赛事策划和内部资源分配。

招商成功后,市场中心建立项目组,制作详细的赛事细则和具体的实施方案;制作中心对灯光、舞台、人员组织等进行安排;行政部门与场地、网络、酒店、餐饮以及其他相关赛事供应商进行合同的审核沟通;财务部门配合行政部门进行相应的定金支付,并审核项目组的预支款。

在赛事进行时,市场中心是全程参与到赛事中的,对赛事的各个环节进行实时把控,遇到突发情况及时进行处理,确保整个赛事有序地进行。制作中心负责确保赛事中舞台流程正常有序地运作。行政部门配合赛事组委会负责后勤保障工作,包括准备选手和工作人员的餐饮、住宿等服务。值得一提的是,在此期间,提出需求的甲方厂商也是进行全程监管的,并且赛事执行的过程是要严格按照官方提供的执行方案进行的。

而赛事结束后,市场部门需要对整场赛事进行总结,并负责赛事举办情况的市场宣传工作;制作中心对赛事视频进行后期制作,并上传至视频网站等播放渠道;行政部和财务部履行与赛事相关销售、采购等合同,并根据合同条款收款或付款。

## 3.3 电子竞技上下游产业

电子竞技产业生态中的上游产业即游戏产业,负责研发和运营电子竞技项目,电子竞技赛事是基于电子竞技项目而诞生;下游产业即直播产业,电子竞技赛事的广泛传播则依赖于直播产业的崛起。电子竞技并不是游戏和直播产业的全部内容,但游戏产业和直播产业与电子竞技产业息息相关,是电子竞技产业生态中的重要组成部分。

### 3.3.1 游戏公司

#### 1. 运营模式

与传统体育相比，电子竞技围绕赛事构建的产业生态需要建立在游戏厂商的授权之上，随着第三方赛事影响力日渐衰弱，游戏厂商主导的第一方赛事成为电子竞技赛事的主流，位于产业生态上游的游戏厂商在产业中掌握了绝对的权力。

游戏厂商的产品运营通常有3种模式，即授权运营模式、联合运营模式以及自主运营模式。

授权运营是指游戏开发商授权其他游戏运营企业在一定区域范围内运营本公司游戏的一种模式。通常情况在授权运营模式下，游戏开发商主要负责产品研发和版本更新，其他事宜由授权运营商负责，游戏开发商与授权运营商对账后，授权运营商按照协议将分成款支付给开发商。

联合运营是指游戏开发商与其他游戏运营企业共同运营本公司游戏的一种模式。联合运营商通常为App应用商店的运营方，拥有一定的客户资源，如苹果公司和腾讯公司。通常情况在联合运营模式下，游戏开发商与联合运营商共同运营游戏，开发商负责游戏产品的研发和版本更新，同时为玩家游戏提供云服务器和运营服务，联合运营商负责发布游戏产品和收取玩家的充值款，开发商与联合运营商对账后联合运营商按照协议将分成款支付给开发商。

自主运营是指游戏发行商不依赖于其他游戏运营企业，独立运营自主研发产品的一种经营模式。在自主运营模式下，游戏开发商负责产品的研发、发布和版本更新，同时为游戏玩家提供云服务器和运营服务，玩家的充值通过支付宝等支付渠道直接流向公司。

#### 2. 盈利方式

游戏运营的方式不同，游戏厂商的盈利方式也是不同的。在实际的生产运营中，特定的某一游戏企业可能选择多种运营模式并行，并以某一种运营模式为主，或者只选择其中一种运营模式。根据主要运营模式的不同，游戏厂商大致可以分为游戏开发商、游戏授权运营商、游戏发行商。

游戏开发商主要依靠游戏收入分成盈利，如《蓝月传奇》(俗称《贪玩蓝月》)的研发公司恺英网络子公司浙江盛和，2017年《蓝月传奇》总流水达15亿元，享受游戏收入分成的开发公司年终奖瞩目。游戏发行商、游戏授权运营商则依靠游戏利润盈利，例如，《蓝月传奇》的运营公司贪玩游戏，由于运营《蓝月传奇》的广告成本很高，最终获得的收入并不能覆盖广告成本，导致公司并没有通过《蓝月传奇》盈利。为了收益最大化，游戏厂商一直在根据技术条件和用户消费习惯的变化调整游戏收费模式，扩大游戏收入。

单机游戏时代，游戏厂商通过销售游戏拷贝光盘获得收入，付费购买游戏成为游戏厂商主要的盈利模式，即买断消费，《星际争霸》《魔兽争霸Ⅲ》《反恐精英》等热门游戏都是如此。这一批单机游戏虽然并不是为电子竞技而设计，但大多具有很强的竞技性，其中一部分也成为最早的电子竞技项目。这些游戏都采用了买断制的收费方式。

20 世纪末，随着网络技术发展，游戏走向互联网时代，《暗黑破坏神》等大型多人在线角色扮演类游戏(massively multiplayer online role-playing game，MMORPG)相继问世，游戏厂商开始更多地采用游戏时长收费模式，即用户购买游戏点数，游戏运营商根据用户在线时间扣除一定的游戏点数。典型利用在线时间来收费的游戏还有盛大代理的游戏《传奇》、网易代理的游戏《魔兽世界》等。MMORPG 本身竞技性比较弱，难以电竞化，目前为止并没有形成新的电子竞技项目。

2011 年以后，游戏厂商开发出了网络游戏增值服务盈利模式，是指免费参与游戏并可享受基本的游戏服务，但是对游戏中的部分装备、道具、经验值等进行收费的网络游戏运营模式。游戏本身可以免费下载，但游戏内的道具需要充值购买。如《英雄联盟》和 *DOTA2*，玩家可以通过各个分发渠道免费下载游戏，但游戏内的皮肤、符文等需要充值购买。《英雄联盟》的火热使得这种收费模式被越来越多的游戏厂商采用，成为目前最主流的游戏收费模式。在这种收费模式下，游戏厂商为了获取长期收益需要不断更新游戏版本，并在游戏之外不断开发新内容丰富用户体验。因此，举办电子竞技赛事成为游戏厂商推广新产品越来越常用的手段，不断变化的游戏版本也使得电子竞技比赛战术打法更加多变。2015 年以后，国内游戏玩家付费习惯逐渐养成，《绝地求生》《守望先锋》等开始采用买断＋游戏内购买的收费模式，即游戏厂商向游戏平台分发(如 Steam、WeGame)授权，玩家通过平台付费下载的模式，向玩家收取购买游戏的费用，玩家如果需要获得游戏内的增值服务，还需要另外付费。

除了玩家在游戏内的付费，游戏内的角色、剧情本身具备再度开发的潜力，因此衍生出游戏手办(如图 3-10 所示)、游戏改编动画等周边商品。例如，20 世纪 90 年代热播的动画《神奇宝贝》就是改编自游戏。随着 IP 运营被应用于更加广泛的领域，游戏 IP 价值的开发正在得到更多重视。虽然国内知识产权意识依然薄弱，但正在逐渐改善，有的游戏厂商已经成立了 IP 创意委员会负责公司 IP 的策划、评估。具体内容包括结合公司的业务定位，塑造公司 IP 内容、形象以及构建 IP 核心世界。参与公司产品前期策划工作，为创作部门、研发部门等提供世界观统一的剧情设定。对于持续研发阶段的产品，提出风格统一的内容策划，实现产品 IP 的延续性；研究公司产品的内容及人物设定，并根据公司业务发展需要，在已有 IP 概念框架的基础上进行延伸，进一步丰满公司 IP 形象。对公司拟上线产品及持续研发阶段的产品进行验收，确认产品设计符合 IP 设定，产品表现与公司 IP 整体构思协同。

**图 3-10 《英雄联盟》首款手办**

以上收费模式均为游戏厂商直接向玩家收费，随着游戏的受众越来越广，逐渐成为一种文化传播方式和社交手段，游戏厂商还通过和快消品等其他品牌厂商合作进行宣传推广，向商家收费。

**案例**：《荒野行动》与肯德基的联合活动

2018 年年初，网易推出手游《荒野行动》，该游戏内最常见的代步工具之一是一种贴有“补胎”广告的白色面包车。在一次版本更新之后，玩家发现面包车上的补胎广告被肯德基广告代替，鸣笛声也变为了肯德基的新年广告，该广告在游戏内的效果如图 3-11 所示。

**图 3-11 《荒野行动》游戏内植入的广告**

肯德基和《荒野行动》的合作除了游戏内的植入，两者还推出了“大吉大利，今晚炸鸡”等多项活动。在活动期间，游戏获胜者有机会在游戏内获得限量的肯德基食品的优惠券或经验卡，部分活动奖励需要前往肯德基餐厅，在餐厅登录游戏并获得胜利才能获得。在肯德基餐厅购买指定套餐则可获得《荒野行动》游戏内时装皮肤的 CD-key。有玩家表示，因为合作活动，自己会特意找到有肯德基广告的车来开，“甚至还会故意多按几次喇叭听听广告，感觉这样获得食品优惠券的概率可能大点”。

**案例**：《英雄联盟》与 LOUIS VUITTON 的联名合作

2019 年 LOUIS VUITTON(LV)宣布将与拳头游戏在当年的英雄联盟全球总决赛上建立合作。LV 与拳头游戏特别定制了一款独一无二的奖杯旅行硬箱，并以英雄奇亚娜为原型在游戏中推出了一款联名至臻皮肤——真实伤害琪亚娜至臻（如图 3-12 所示）。并且 LV 女装艺术总监 Nicolas Ghesquière 亲自设计了《英雄联盟》联名系列，包括耳环、腰包、女装上衣、裤子、手套、手镯、鞋子等。

**图 3-12 《英雄联盟》真实伤害奇亚娜至臻皮肤**

### 3. 组织架构

无论是哪一种运营模式，都必须包含游戏研发和游戏运营两个环节。游戏研发通常分为立项阶段、研发阶段、测试阶段、持续开发阶段。项目立项前，公司通过市场调研了解目标客户的需求及市场热点，针对性提出游戏概念，包括核心玩法、IP架构和商业模式等。由公司主要的核心研发人员讨论分析该游戏概念的可行性，并在讨论分析的过程中对游戏概念进行修改及完善，最后由公司管理层决定是否立项，若决定不立项，将从市场调研重新开始流程。通常游戏制作完成或完成大部分时，游戏运营就需要提上日程，在测试阶段对游戏内数值设定和玩法设定进行体验，根据自身体验和数据反馈向游戏研发团队提出修改要求，直到游戏收入可以覆盖推广成本。测试完成后，游戏运营团队根据玩家进入游戏的数量和运营策略确定开服排表并发送研发团队，研发团队安排好新服务器的搭建，在开服日之前完成测试充值，开服后需要及时查看充值数据是否存在异常。

游戏上线后，游戏运营商需要通过数据分析和渠道分析制定、执行和监控运营计划以及产品规划，监控、统计、分析游戏数据及活动期间数据，保证游戏正常运营，为后期运营提供数据支持；并负责游戏日常的版本发布和更新发布，玩家线上、线下活动组织，分析玩家对新活动的参与度和新活动运行后的游戏收入表现，挖掘用户需求，提高产品用户的留存率。游戏的寿命是有限的，在游戏运营一段时间后，往往会出现用户留存降低，玩家失去充值意愿，活跃用户减少等现象，此时为了延长游戏寿命，游戏运营需要根据游戏数据和玩家意见考虑是否合服。合服之后，需要继续观察玩家留存率是否降低，充值数据是否有所提升，游戏内副本等内容参与程度是否有所提升。此外，运营商还需要进行网络环境规划及维护，开发环境部署及维护；对游戏产品进行维护，通过提供技术解决方案提升产品运营，维护游戏内部计算机软硬件系统和相关通信设备的正常运行；数据库的开发设计、运行维护、备份管理、监控恢复等工作；统计、分析相关数据。

## 3.3.2 直播平台

电子竞技产业生态的下游是负责内容分发传播的游戏直播平台和电子竞技媒体。电子竞技媒体从电子竞技萌芽时期就已经存在，从文字战报逐渐演变出纸媒、电视媒体、网络媒体等多种形式。电子竞技进入主流舆论视线范围后，一些非电子竞技垂直类的媒体如《人民日报》、凤凰卫视、新浪微博等也开始制作发布电子竞技相关内容。电子竞技媒体与一般媒体没有明显区别，本书不再展开，重点讲解直播平台。

### 1. 运营模式

直播平台是向用户提供互联网上公开播出即时视频的娱乐服务的在线影音平台。直播与传统上传自己录影视频的最大差异在于观众可以通过弹幕留言和主播即时交互，主播可根据观众反馈及时调整节目内容或取悦观众。目前直播平台吸引流量的方式仍然以主播自带流量为主。电子竞技和直播的渊源可以追溯到早期的游戏语音指挥。2005年6月，暴雪公司出品的《魔兽世界》正式登陆中国，并很快成为当时最火热的游戏之一。《魔兽世界》推出的全新副本机制，需要玩家以20～40人为单位组队配合完成，因此玩家在线社交需求升级，大量使用 YY 语音用于游戏内语音指挥，YY 语音逐渐积累了大量的用户，这种模式成为后来多人在线语音平台的雏形。YY 平台于 2009 年推出直播业务，2012 年 3 月，虎牙直播的前身——YY 游戏直播正式上线。公开数据显示，直到 2013 年底，YY 游戏直播的 MAU 接近 3000 万，月营收也突破千万元。

YY 是当时游戏直播的开荒者。在 YY 直播踏出游戏直播的第一步后，由 AcFun 旗下的直播分享网站“生放送”改名而成立的斗鱼 TV，由国字号的浙报传媒进行控股的战旗 TV 等游戏直播平台相继成立瓜分市场。与此同时，大量资本也迅速涌入，“直播”成了互联网资本圈追逐的宠儿，直播平台也由最初的几家迅速的发展到了 100 多家，成了一个群雄逐鹿的竞技场。图 3-13 为 2015—2016 年国内部分直播平台的融资概况。

| 时间 | 融资平台 | 融资金额 | 投资方 |
|---|---|---|---|
| 2015年3月 | 六间房 | 26亿元被收购 | 宋城演艺 |
| 2015年5月 | 果酱直播 | 数百万元天使轮 | 不详 |
| 2015年10月 | ImbaTV | B轮约1亿元人民币 | 紫金文化基金、普思资本、创新工场、王思聪等 |
| 2015年11月 | 微吼 | B轮近亿元人民币 | 不详 |
| 2015年11月 | 映客 | A轮千万级别 | 赛富基金、金沙江创投和紫辉创投等 |
| 2015年11月 | 龙珠直播 | B轮近1亿美元 | 游久游戏、腾讯等 |
| 2015年11月 | 欢拓科技 | A轮1000万元人民币 | 赛富基金等 |
| 2015年12月 | 火猫TV | A轮千万美元 | 合一集团 |
| 2016年1月 | 映客 | A+ 轮8000万元 | 昆仑万维领投 |
| 2016年3月 | 易直播 | A轮约6000万元人民币 | 不详 |
| 2016年3月 | 三好网 | Pre-A轮7500万元人民币 | 亦庄互联基金领投，沃衍资本、金百朋等 |
| 2016年3月 | 斗鱼TV | B轮1亿美元 | 腾讯、红杉资本、南山资本等 |

图 3-13　2015—2016 年国内部分直播平台融资概况

随着直播用户的快速增长，我国政府对行业的内容监管力度也在逐步加强。在直播平台的发展初期由于行业发展不规范，导致负面消息频出。2017 年国内网络直播用户数达到 4.22 亿，年增长率达到 22.6%。国家文化部部署全国 29 个省份的文化市场综合执法机构开展查处工作，对 50 家主要的网络表演经营单位进行集中执法检查。YY 直播、龙珠直播、火猫直播、秒拍等 30 家涉嫌内容违规的网络表演平台被查处，12 家网络表演平台被关停。2018 年 2 月，国家网信办针对当前网络直播存在的低俗媚俗、斗富炫富、调侃恶搞、价值导向偏差等突出问题，对网络直播平台和网络主播进行专项清理整治，查处一批严重违规、影响恶劣的平台和主播。各主要直播平台合计封禁违规主播 1401 个，关闭直播间 5400 余个，删除短视频 37 万条。2018 年年初，新华社在《新闻阅评动态》第 315 期发布禁用的不文明用语为直播行业划了一道底线，著名主播卢本伟、MC 天佑被央视《焦点访谈》点名批评，随后遭到跨平台封禁，标志着国家对直播行业开始了更加严格地把控。过去的烧钱挖人模式已经不能持续，直播平台需要更好地应对内容监管，才能获得更长远的发展。

游戏直播平台的竞争进入了下半场，市场已经趋于相对冷静。优质的主播和内容仍然是平台的核心竞争力，但直播平台从过去高价挖角明星主播逐渐转为通过平台推荐、自有IP节目等方式培养新主播，提高造血能力。各平台对于优秀的主播的竞争会更为激烈，除了丰厚的佣金外，为主播提供完善的支持也是吸引草根主播的途径。主播轻易获得丰厚薪资的时代已经过去。随着直播平台愈发注重营收，只有表现突出的新主播才能获得签约。同时，平台也在提高已签约主播的创收标准，无法达到要求的签约主播也将被平台清理。面对这种情况，主播们不断挖掘新兴直播内容，如尝试更具有观赏性的新游戏、举办自主赛事等。目前大部分主播都加入了经纪公司，由团队进行包装并策划各类事件以提升自己的人气。中国游戏直播产业链如图3-14所示。

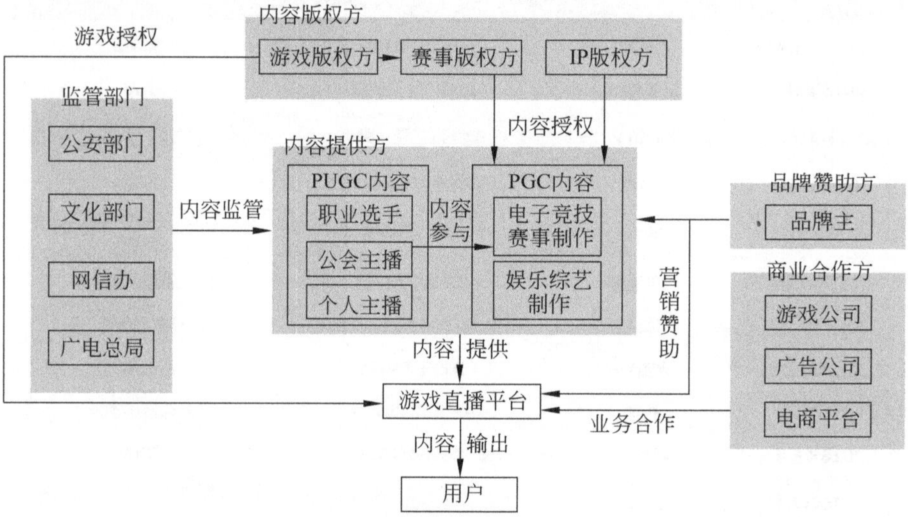


**图3-14 2020年中国游戏直播产业链**

但与此同时，直播平台话语权增强后，也出现了平台为了追求短期内的效益，开始直接干涉主播的直播内容的现象。2018年3月1日，前*DOTA2*职业选手卜严骏（游戏ID：PIS）在个人微博账号发布长文，由于即将签约的YY直播高层干涉PIS的直播内容，禁止PIS直播*DOTA2*，只能直播《绝地求生》。PIS表示拒绝YY直播的要求，宣布停播。3月2日，DOTA圈人气主播冷冷也在微博表示，由于达不到斗鱼直播合同要求的热度，以及跨区直播《绝地求生》和*DOTA2*的舆论压力，决定以后不再直播*DOTA2*。

另外，随着直播平台进入内容时代，移动电子竞技成为新的内容焦点。2017年，移动电子竞技市场爆发式提升相关战队在游戏直播市场上的热度。KPL参赛战队均被各直播平台签下，其中触手与狮吼是以移动游戏直播为主的新兴直播平台，各自签约了3个战队。而熊猫直播则一举签约了第二届KPL冠军QG Happy战队。随着以触手、狮吼为代表的新兴移动游戏直播平台加入市场，游戏直播行业进入了移动化时代。这些平台充分发挥自身优势，切入移动游戏直播的垂直市场，在游戏直播市场上实现了后来居上。与此同时，各个游戏直播平台迅速完善移动端的用户体验，开始抢夺移动游戏直播内容。

### 2. 盈利方式

直播平台的盈利方式可以分为用户付费和商家付费两种。

1）用户付费

用户付费主要有以下几种形式。

（1）会员付费。

直播平台推出向多层次、不同等级的用户提供不同服务的会员功能。用户付费"守护"主播，并根据费用高低获得相应的守护等级和对应的频道服务，包括会员专用的虚拟物品、专属的客户服务以及特殊颜色的聊天弹幕等。

（2）送给主播的付费礼物道具。

直播平台提供种类丰富的付费道具，用户向主播赠出道具达一定量后会有特殊展示效果，从而吸引用户炫耀性消费。其流程为：用户购买道具→赠送主播→送出道具达到一定量→对应频道服务。

（3）比赛竞猜。

主播可以开启比赛竞赛，竞猜内容包括输赢、比分等，用户参与竞猜需消费道具。

（4）线上游戏。

通过向游戏用户提供由直播平台或第三方开发的在线游戏中的虚拟物品来产生收入。2017年年初，Twitch开始在自己的网站上销售游戏本体和DLC（downloadable content，追加下载内容，俗称下载包），这是一种通过互联网实现的数字媒体发行形式。它的主要功能是对已经独立发行的电子游戏添加额外的扩充内容，从而使该游戏的可玩内容增加。更重要的是，消费者如果在主播的页面上购买相关游戏，主播也将获得一定的抽成。具体分成比例为：发行商或开发商占70%，主播占5%，剩下25%归Twitch。如果游戏厂商直接通过Twitch主题页面销售游戏，他们将得到总收入的75%。

此外，在确保大部分用户体验的前提下，把握收费模式和用户体验间的平衡，增加广告收入也是直播平台拓宽收入来源的重要思路之一。

2）商家付费

商家付费有以下几种形式。

（1）网站广告。

网站广告的形式包括视频前贴片广告、网幅广告、直播视频中贴片广告。早期直播平台尚未有完整的品牌营销方案，多数是由主播在平台上自发宣传电商实现粉丝变现。随着游戏直播平台的日益发展以及相关内容的社会认同度逐渐提高，直播平台的广告逐渐从主播电商走向品牌宣传，品牌商开始针对直播平台打造完整的营销方案，联动平台、赛事内容、主播以及电商，实现完整的数字营销策划。

（2）直播营销。

直播营销是指采用在PC端以及移动端上的视频直播形式，为企业商家达到品牌推广或产品销售的目的所进行的营销。必备的特征包括以营销为目的、以直播为方式、以线上为平台(不包括传统的电视直播)。

随着直播平台越来越正规化且制作内容越来越精良,在扩大流量的同时,各平台也致力于摆脱过去大众附加在直播行业上类似“低俗”的负面标签。以更多创新的、长期的营销模式去吸引大型广告主的合作,不仅能够提高平台本身的商业变现能力,更能够将品牌主与直播平台的形象一同进行提升,拓宽企业资源,从而实现产业链升级。与直播相结合的营销方式正是在这一背景下受到了越来越多直播平台的重视。

综合来看,首先,直播为营销所带来最显著的优势在于可实时互动的环境,能够即时地收集用户反馈,以便达到最有效率的营销水平。其次,在网络环境下,视频媒介的传播变得更加广泛和高效,录制好的直播视频还可以再次进行观看,因而形成二次营销。伴随着网络直播的迅速发展,从 2016 年开始,直播内容逐渐被细分,形成如游戏、美妆、健身、旅行类等多种垂直领域,直播内容和观看的用户群体均带有显著特点,便于广告主进行精准定位。最后,直播营销的发展紧贴着网络广告市场移动化、视频化的趋势,能够迎合越来越多用户和广告主的需求。

3) 组织架构

如图 3-15 所示,映客直播平台的公开招股书显示,直播平台的组织架构大致由技术研发、业务经营、行政、内容监控、销售推广、客服等部门组成,其中技术研发人员所占比例最高,可见直播平台投入大量资源用于研发以及基础设施。随着我国政府对直播平台内容审查力度加强,直播平台也设有专门的业务部门用于监控用户制作的内容,以维持健康的生态系统以及确保遵守法律法规。

| 职能 | 全职雇员人数 | 百分比 |
|---|---|---|
| 技术及研发 | 368 | 51.3 |
| 业务经营 | 103 | 14.4 |
| 一般及行政 | 91 | 12.7 |
| 内容监控 | 78 | 10.9 |
| 销售及推广 | 46 | 6.4 |
| 客服 | 31 | 4.3 |
| 总计 | **717** | **100.0** |

**图 3-15 映客平台组织架构**

## 3.4 多元化的电子竞技产业

电子竞技产业市场规模的增长使得核心产业不断细分,用户在赛事之外的衍生需求市场逐渐壮大,尤其是 2016 年以来电子竞技产业相关利好政策相继出台,因此出现了一系列“电竞+”衍生产业。它们的存在使得电子竞技产业的细分需求进一步得到满足,让电子竞技产业趋向多元化。

### 1. 电竞+地产

随着生活水平的提高、消费思维的转变以及娱乐需求的改变，电子竞技用户开始追求更加优质的观赛体验方式，为了适应用户的需求，电子竞技产业从业者和投资者也在不断尝试将线上的比赛和线下的消费结合，将巨大的观赛流量转化为商业价值。同时，自2017年起，全国各地政府相继出台大量地产调控政策，房地产逐渐转入了优质资产持有时代，商业地产开发规划需要考虑用户以及未来空间持续运营、持续增值，找到新鲜有趣、能够在客户中形成极高黏性的特色产业，电子竞技就是其中之一。两相结合之后，"电竞＋地产"应运而生。

2017年6月1日，中国电竞产业大会在北京国家会议中心举行，大会发布了国内首个《电子竞技场馆建设标准》，并公布于国家标准化管理委员会官网，由中国标准出版社正式出版，在全国范围内发行。《电子竞技场馆建设标准》主要包括场馆分级、功能分区、用房配置、附属设施设备配套、软件系统、智能化系统等10部分，适用于向社会开放的新建、改建以及扩建的永久性电子竞技场馆，并对电子竞技、电子竞技场馆、主机电子竞技、移动电子竞技、VR电子竞技等进行了规范定义。以标准为指导，华体集团发布了"华体电竞馆1110合作计划"，用五年时间，在全国投资合作建设10个专业电竞馆、100个标准电竞馆和1000个基础电竞馆，并筹划"电竞＋"为主题的运动休闲特色小镇，打造中国最系统、最规范化的电子竞技场馆体系。

此外，在此次大会上签署了总投资规模67亿元的电子竞技项目，包括华体集团与漳州招商局经济技术开发区合作建设运营国家级专业电竞馆，作为ESCC海峡两岸电竞大赛的永久决赛场馆，打造中国华东南地区最具代表性的新型城市体育综合体。华体电竞公司与河南孟州市人民政府合作建设运营全国首家以"电竞＋保税"为主题的特色小镇，建设集游艺游戏设备保税仓储、加工，国际物流配送、检测认证、展示体验等功能于一体的国际性电子竞技设备交易中心。

### 2. 电竞+教育

教育对于各行各业来说都是可持续发展的保障，是储存后备力量不可或缺的一环，"电竞＋教育"的组合也对于电子竞技领域整体布局起到了优化作用。以韩国为例，著名的综合类学府韩国中央大学在2014年开始从职业选手中选拔电子竞技特长生。对于退役后渴望重返校园的选手，KeSPA规定：自2014年起，每年将由KeSPA提供若干名额专门给他们保送进入大学学习，但数量一般每年不超过10个，KeSPA会根据报名情况进行面试选拔。与传统竞技类体育项目一样，电子竞技职业选手的黄金年龄通常都与其最适合接受教育的时间重叠。为退役的电子竞技职业选手提供一个重返校园学习深造的机会，不仅是教育工作者的社会责任，也是优化电子竞技产业整体布局的重要一环。但"电竞＋教育"的范畴并非只服务于退役的职业选手。

将教育归为电子竞技产业衍生行业之一，也源于当今社会的教育产业化趋势。从社会层面上来讲，教育产业化是为了弥补经费短缺，围绕学校创收、经营、专制、收费、产权等问题，增长以效率为主要追求的教育改革。电子竞技教育发展壮大，需要资金支持，也就有了产业化的需求。电子竞技行业的受众群体庞大，能够为电子竞技教育提供庞大的用户基础，这也是电子竞技教育资金支持的保证。从电子竞技行业层面上来讲，教育活动是有目的、有计划、有组织地传授知识和技术，它能够为电子竞技产业提供高水平的人才，为产业规划与发展培养劳动力。两者本质上有着相同的价值导向，彼此互相需求。

在中国，自2016年9月2日，教育部职业教育与成人教育司发布《关于做好2017年高等职业学校拟招生专业申报工作的通知》，将“电子竞技运动与管理”纳入高等职业学校增补专业以来，有许多高校纷纷开始涉足电子竞技领域，开设了相关的专业方向或课程。其中并不乏北京大学、中国传媒大学这样的名校。北京大学开设的电子竞技课程曾引发不小的讨论，其中赞誉之声居多。

涉足电子竞技教育的学校机构大致上可以分为3类，第一类是开设电子竞技专业的本科高校，第二类是开设电子竞技专业的中专、中职类院校，第三类是开设电子竞技训练基地的社会机构。根据学校性质的不同，每家机构的授课内容、师资力量与规范程度也有很大区别。

目前开设电子竞技专业的本科院校，一般情况下，所设的电子竞技专业/方向或课程都依托于原有的学科体系，与原有学科课程结合紧密。除去这些已经在电子竞技教育领域跨出一大步的院校以外，开设专业选修课或公共选修课也成了部分高校尝鲜电子竞技教育的首选。和设置电子竞技专业去培养电子竞技从业者的本科高校不一样，中专、中职类院校中虽然也有部分院校拥有培养电子竞技解说和运营的方向，但多以培养电子竞技选手为己任。而目前在整个电子竞技产业生态中，电子竞技选手的培养，更多是依靠天赋，他们主要是在预备队、俱乐部中培养出来的，电子竞技教育的任务则更多的是培养产业人才。

相比前两种学校，电子竞技培训机构的教学内容目前并没有统一标准，大致可以分为以下3类。

对于年龄较低的学生来说，电子竞技教育侧重于培养学生正确认识电子竞技；树立正确电竞观与价值观，避免学生以电子竞技之名沉迷游戏，或者为了成为职业选手而和家庭产生矛盾。

对于中职年龄段的学生来说，在文化教育的基础上，电子竞技教育会分为两个方向：第一，培养学生具备电子竞技产业基层岗位的职业能力，如导播、解说、领队、助教等；第二，选拔希望从事职业运动，且具备电子竞技运动天赋的预备队员。

对于大学与高职年龄段的学生来说，电子竞技教育是传统专业的一个应用方向。比如一个管理学专业的学生，他会在管理学课程的基础上，学习一些电子竞技产业运营管理的知识与技能，未来从事俱乐部运营管理、赛事运营管理等工作；比如一个传媒类专业的学生，他会在传媒专业课程的基础上学习电子竞技赛事编导的知识与技能，未来会从事赛事导演、节目制作等工作。

短短几年间，电子竞技行业取得了高速发展，但人才缺口却成为了制约产业进一步发展的瓶颈。人才的输入跟不上电子竞技的高速发展，导致了大量电子竞技岗位缺乏足够明确清晰的职责划分与岗位能力要求。而整个电子竞技教育也缺乏针对这些岗位的优质教育内容和标准化的课程体系。产业的发展离不开专业人才的引进和培养。在电子竞技产业一片欣欣向荣的趋势下，电子竞技教育也成为众多资本青睐的对象。2017年，腾讯电竞与麻省理工学院、中国传媒大学、武汉大学、深圳大学等7所高校建立了深度合作关系并共建了多门课程，与麻省理工学院共同举办了中美电竞产业交流论坛，与超竞教育合作开展的首期电竞讲师培训班培育出45名电子竞技行业的潜在人才，还在全国15所高校落地了电子竞技公开课。

### 3. 电竞+制造

电子竞技与制造业的联结主要表现为3方面：一是制造业企业对电子竞技俱乐部的赞助合作；二是电子竞技俱乐部通过积累粉丝流量，在电商平台上售卖电子竞技衍生产品；三是电子竞技带动了电子竞技相关产品的制造行业发展。

制造业赞助商可以通过电子竞技俱乐部职业选手在赛事中的曝光向观众发布自己的企业或品牌广告，其中最常见的就是印在队服上的广告。此外，俱乐部还可以向制造业企业出售电子竞技俱乐部的名称、LOGO以及职业联赛或其他重大比赛的名称、标志、吉祥物的使用权和"指定产品"的冠名权，以及带有这些标志的纪念币和各种纪念品的生产经营权，以此为商品做广告，提高商品的知名度和销售量。这类赞助由于不受数量的限制，涉及面广，成为俱乐部一项重要的收入。

此外，俱乐部衍生品的售卖是传统的粉丝经济的直观收入。RNG、EDG等知名电子竞技俱乐部都已经建立了自己的官方网店，电商平台上出售的产品包括纪念品、服装服饰、计算机外设等。EDG电子竞技俱乐部电商平台的"炫彩款"T恤创下了单款5600件的销量纪录，"双十一"购物狂欢节单日销售额破百万。衍生品的开发主要取决于俱乐部的粉丝基数有多大，以及俱乐部怎样通过包装运营触达自己的粉丝群体，并且让粉丝愿意为衍生品买单。在这个过程中，俱乐部既需要做运营内容，又要设计自己的品牌形象。国内不少俱乐部从2016年开始与时装品牌进行合作。例如OMG战队前打野选手柚子创办了独立设计男装品牌，并为OMG战队设计了队服；IG俱乐部从2016年开始与时装品牌LiLbetter合作队服；LGD俱乐部与INXX(英涉时装)也进行过一次冬季队服的合作。

电子竞技在一定程度上也能带动电子竞技相关产品的制造行业发展。迪瑞克斯(DXRacer)电竞椅在2007年第一次赞助电子竞技行业，以产品的形式赞助了当时的《星球大战》游戏，在电子竞技行业引起了不小的轰动。随着电子竞技概念的迅速普及，迪瑞克斯电竞椅跟随着WCG走向了全球。如今，凭借着优秀的产品，迪瑞克斯已经被誉为电竞圈中最具器匠精神的品牌。

电子竞技与制造业的合作创造了更多如电竞产品设计师、电竞商务等就业机会。随着电子竞技用户的增加以及电子竞技职业化和专业化的提高，电子竞技相关的产品有机会开拓更大的市场。

### 4. 电竞+旅游

"电竞＋旅游"是电子竞技爱好者离开所在地，以前往某一目的地参与或观看电子竞技活动为主要内容的主题旅游形式。因电竞旅游是以电子竞技行业为依托来发展旅游，且由于电子竞技产业与旅游产业多方面、多层次的渗透，故电竞旅游可以说其本质就是电子竞技产业与旅游产业进行产业融合背景下的新型出游方式。

电子竞技由于其本身具有的对抗性、观赏性，能吸引力大量的电子竞技爱好者参与。随着我国电子竞技体育的完善发展，所产生的粉丝经济也为电竞旅游的发展累积了大量群众基础。粉丝的赛事参与，电子竞技选手的线下互动以及赛事举办地相关宣传活动等的附带旅游体验，为电竞旅游发展的现实性提供了可能。电子竞技比赛与旅游的结合变成一项宣传的内容，很有可能吸引一部分电子竞技用户，旅游城市因为电子竞技赛事的加入获得了新的热度。同样，作为举办赛事的厂商，与当地政府达成共识之后，也会收获很大的便利。旅游城市为比赛带来了观赛人数的基础保障，除了赛事的审批流程会更为简便之外，场馆租用的费用相对也会得到一部分的优惠。

目前我国电竞旅游的发展模式主要以电子竞技赛事观战游与电子竞技赛事参与游为主。电子竞技赛事观战游主要以电子竞技爱好者为主，以观看电子竞技赛事为目的，在电子竞技赛事举办地进行旅游活动，是目前电竞旅游中最主要的发展模式。电子竞技赛事参与游以电子竞技活动从业人员为主，以参加某项电子竞技赛事或服务电子竞技赛事为目的，在电子竞技活动举办地进行旅游活动。

除了以电子竞技赛事观看为目的电竞旅游，近年来还出现了由公司或组织开发的专项旅游线路，针对电子竞技爱好者，在观看电子竞技赛事的同时，进行旅游游玩项目，为旅游者提供一段优质体验。例如，在DAC亚洲邀请赛开展期间，上海钛度科技携手南京恒一文化共同开发的两天三夜新兴电竞旅游项目。旅游路线主要包括参观上海最大的钛度主题电竞馆"竞界电子竞技体验中心"和"JY狼人杀club"，以及观看DAC亚洲邀请赛的决赛。JYclub是由知名主播JY领头创建的桌游吧，常年有知名主播出没，是电子竞技领域一个新兴的地标。活动期间，主办方为游客举办了一场BO3的*DOTA2*比赛，使用比赛专用的CM(队长模式)，比赛在场地大屏幕和熊猫TV同步直播，并邀请了几位游客一起参与比赛解说。

在电子竞技产业从业者向外扩展产业版图时，传统行业亦开始跨界涉足电子竞技，借助电子竞技的热度提升营收。2018年年初，"发烧"游戏PC品牌Alienware(外星人)携手国际知名酒店Hilton(希尔顿)，在Hilton Panama酒店打造了一套以外星人电子竞技设备为主题的酒店客房。目前，这间外星人主题客房已经正式开放，报价为349美元(约2196元人民币)一晚。虽然这样的价格对于大部分电竞玩家来说有些偏高，但国内也有不少酒店看到了商机，增设了电竞主题房或是直接开办电竞酒店。2018年4月，华硕联合西安雅夫酒店打造了若干间电竞专属客房，每间房均配备了ROG玩家国度电子竞技套装，包括基于华硕ROG电竞板卡的电竞主机、ROG电竞显示器以及ROG电竞键鼠。而在上海、郑州等多个城市，电竞酒店也都如同雨后春笋一般涌现了出来。电竞酒店的入住时间要比普通酒店长，有的电竞酒店会员可以享受凌晨4点入住，次日下午6点退房的待遇。也就是说，电竞酒店入住的时间最长可达到38个小时。此外，电竞酒店的特色之一就是房型设置。因为许多电子竞技游戏都是组队参与的，玩家们喜欢叫上三五好友组队"开黑"，所以电竞酒店的房型设置有双人间、三人间、四人间、五人间、六人间。

近几年电子竞技行业的火热，使得电竞旅游极具发展潜力，但是作为萌芽中的衍生产业，现有发展模式仍然比较单一，变现能力不足，这不利于电竞旅游新市场的开拓，也是制约电竞旅游长期可持续发展的主要问题。

### 5. 电竞+经纪

提到“经纪”，人们最容易想到的可能是影视明星的经纪人，但其实各行各业中都存在着这种介绍买卖双方交易，以获取佣金的中间人。在国家工商行政管理局颁布的《经纪人管理办法》中，经纪人被定义为“在经济活动中，以收取佣金为目的，为促成他人交易而从事居间、行纪或者代理等经纪业务的自然人、法人和其他经纪组织。”电子竞技自身的娱乐性特征，以及在发展过程中不断借鉴并向传统体育靠拢的趋势，使得电子竞技经纪被人们所关注。在各类电子竞技活动中，从事赛事、俱乐部、选手等群体的品牌包装、经营策划、无形资产开发、选手的转会及参赛等中介活动，并从中收取佣金的自然人、法人或其他经纪组织称为电子竞技经纪。虽然经纪人这个职业在电子竞技产业里尚处于萌芽阶段，但在传统体育行业里由来已久。

电子竞技产业相较于其他传统体育产业来说起步较晚，但其发展的速度却十分惊人，尤其是国内外越来越多企业和资金的流入，为电子竞技产业提供了前所未有的发展机遇和条件。电子竞技产业的发展逐步职业化、商业化，因此，经纪活动也随之出现。但早期电子竞技产业内的经纪活动还十分不规范，广告、转会、市场开发、公关等形式的工作掺杂在选手本人、俱乐部管理人员及各种各样的公办、民办机构之间，这种多元的局面对经纪活动在整个电子竞技产业中的运作引来了很多不必要的纠纷。

在电子竞技产业商业化越来越成功的今天，电子竞技经济公司的必要性逐渐得到彰显，越来越多拥有类似经纪公司职能的组织或团体出现，甚至一些职业电子竞技俱乐部内部有专门的团队来解决这些问题。一方面，经纪人对于行业内的规则比较清晰，会尽力帮助选手、主播、解说等争取更高的薪酬。除此之外，经纪公司也会对服务对象的言论与行为进行把控，维护其公众形象。2016 年前后，电竞圈乱象频发，例如轰动一时的主播飙车案、职业选手比赛不利摔键盘事件等，作为公众人物的当事人需要给外界一个解释，以减小舆论的负面影响，这些均需要专业的公关团队去执行。除去这些业务，电子竞技经纪公司还会为电子竞技明星们冠名的淘宝店进行代理经营。电子竞技经纪公司的优势在于他们并不是与某个直播平台或战队单一合作，而是面向电竞圈内所有符合条件的服务对象。

### 6. 电竞+影视综艺

随着电子竞技行业的迅速发展，除各类赛事之外，影视综艺等文娱产品也成为另一种面向大众的内容输出途径。

《英雄联盟》作为在中国电竞化较早的游戏之一，很长一段时间内都是游戏玩家关注的热点。很多玩家会通过各种渠道搜索自己的游戏数据和攻略，提升游戏技巧。很多教学类视频在这种刚性的需求下渐渐诞生，如小漠的“国服第一”系列、Miss 的“排位日记”等。此外，还有很多收录游戏中高光操作、搞笑操作的自制视频集锦在玩家中也反响较好。这种以游戏为主体的视频是电子竞技综艺化早期的雏形。目前不论是赛事执行公司还是电子竞技俱乐部，都针对电竞综艺进行创意加工、制作与输出，提高了游戏文化的传播热度和电子竞技赛事的观赏性。例如，《英雄联盟》LPL 比赛场间会播放由各战队选手录制的《王牌解说员》，用诙谐幽默的语气解说自己的比赛，赢得了很多玩家的好评。

在荧屏和银幕上也不乏电子竞技题材的作品出现，无论是早期的《微微一笑很倾城》还是近年来现象级的《亲爱的，热爱的》《全职高手》《穿越火线》等电视剧，以及《加油，DOTA》《超越吧，英雄》《集结吧，王者》等电子竞技题材的综艺节目，都在不同程度上掀起了一定的收视热潮，这种跨界题材的影视作品也让更多人了解到了电子竞技的魅力。

# 第 4 章

# 电子竞技职业简析

在针对电子竞技行业进行职业生涯规划前，个人应当充分认识和了解电子竞技行业。这一过程需要个人对于电子竞技行业的职业结构、职业属性以及素质要求具有综合而全面的认识。

## 4.1 电子竞技职业的基本认识

2019 年 4 月 3 日，人力资源和社会保障部、国家市场监管总局、国家统计局正式向社会发布了一批全新职业信息，“电子竞技员”“电子竞技运营师”被认定为一门正式的职业。

### 4.1.1 电子竞技员

随着电子竞技市场被不断开拓，国际电子竞技赛事的竞争也呈现白热化趋势，据不完全统计，2018 年国内热门电子竞技赛事超过了 500 项，我国已经成为世界上最具影响力和最有潜力的电子竞技市场。随着电子竞技产业规模的扩大，电子竞技用户数量和电子竞技观众规模不断提高，预计未来电子竞技赛事也会呈爆发式增长。随着电子竞技赛事全球范围内的发展，其对于高层次、高水平、高素质的电子竞技选手、电子竞技战队教练、电子竞技数据分析、电子竞技项目陪练等相关岗位的需求也变得越来越迫切。培养高水平、高素质的电子竞技员，能够整体提升电子竞技选手的职业素养，同时大大提升电子竞技赛事的竞赛水平和整体质量，从而提升电子竞技赛事活动的观赛体验和影响力。“电子竞技员”这一新职业的设立，对于建立健全电子竞技选手的规范化管理和职业标准、进一步保证和提升电子竞技赛事的竞技水平和质量、满足广大电子竞技爱好者的需求、提高企业经济效益、推动电子竞技行业更好更快地发展都具有重要的意义。

从“电子竞技是洪水猛兽”到“健康的电子竞技活动”，近年来，有关电子竞技运动的正面舆论逐渐占据上风，从主流媒体到细分媒体，从官方口径到民间舆论，电子竞技已经摆脱了之前“误人子弟”的不良形象，与它有关的关键词已经转变为“健康”“益智”“产业发展”与“国际化”等积极正面的词汇。这种转变与国家层面对于电子竞技运动与产业的扶持息息相关。随着国家政策对于电子竞技产业的扶持，相关媒体也从多个方面进行舆论引导，在文化层面上营造出良好的市场环境与氛围。

随着电子竞技项目由繁到简，电子竞技项目的受众不断增加。2021 年，全球电子竞技观众数将增至4.74亿人，年同比增长8.7%。其中核心电子竞技爱好者占据了半壁江山，达到2.34亿人，年同比增长为8.7%。到2021年年底，全球电子竞技市场收入将增至10.84亿美元，较2020年的9.471亿美元年同比增长14.5%。

### 1. 职业定义

电子竞技员职业定义：从事不同类型电子竞技项目比赛、陪练、体验及活动表演的人员。

电子竞技员的主要工作任务如下：

（1）参加电子竞技项目比赛；

（2）进行专业化的电子竞技项目训练活动；

（3）收集和研究电子竞技战队动态、电子竞技游戏内容，提供专业的电子竞技数据分析；

（4）参与电子竞技游戏的设计和策划，体验电子竞技游戏并提出建议；

（5）参与电子竞技活动的表演。

具体工作内容如表4-1所示。

**表4-1　电子竞技员具体工作内容**

| 工作任务 | 具体工作内容 |
| --- | --- |
| 参加电子竞技项目比赛 | 1. 参加职业性公开比赛和运动会 |
| | 2. 配合赛事主办方参与赛事前期宣传推广活动 |
| | 3. 配合赛事主办方参与赛前选手培训 |
| | 4. 根据赛事要求和相关规定，进行电子竞技线上线下比赛 |
| | 5. 电子竞技赛事结束后进行战术分析与总结，提升竞技水平 |
| 进行专业化的电子竞技项目训练活动 | 1. 根据训练计划完成日常个人技术训练 |
| | 2. 深入研究电子竞技项目内容，开发新战术与打法 |
| | 3. 配合团队进行战术研究和开发，并配合新战术进行针对性训练 |
| | 4. 通过模拟训练、放松训练、意象训练和注意力训练等进行赛前心理训练 |
| | 5. 进行长期的体能训练和锻炼 |
| 收集和研究电子竞技战队动态、电子竞技游戏内容，提供专业的电子竞技数据分析 | 1. 基于信息化的手段为战队赛训搭建训练管理平台 |
| | 2. 长期收集关注国内外战队与选手的新动态，了解新战术与打法 |
| | 3. 关注电子竞技项目内容的变化，为教练、选手提供意见和建议 |
| | 4. 全面统计本战队主力及替补队员的训练及比赛成绩，实时通报战队管理人员、教练、选手 |
| 参与电子竞技游戏的设计和策划，体验电子竞技游戏并提出建议 | 1. 学习掌握不同类别电子竞技项目的特征，并对其有深入理解 |
| | 2. 参与电子竞技项目的策划，重点针对电竞化进行设计 |
| | 3. 体验电子竞技项目，给出修改建议 |

续表

| 工作任务 | 具体工作内容 |
| --- | --- |
| 参与电子竞技活动的表演 | 1. 根据战队或俱乐部要求参与各种商业推广活动 |
| | 2. 根据战队或俱乐部要求进行个人品牌形象维护 |
| | 3. 根据战队或俱乐部要求配合进行相关内容运营 |

### 2. 当前就业人群分析

目前我国正在运营的电子竞技战队(含俱乐部)多达5000余家,电子竞技职业选手约10万人,还有大批量半职业、业余电子竞技选手活跃在各种中小规模电子竞技赛事的赛场上。同时,大量电子竞技员在各个电子竞技俱乐部和电子竞技陪练平台从事电子竞技教练、电子竞技数据分析以及电子竞技项目陪练等相关工作。当前电子竞技员的整体从业规模超过50万人,遍布在全国众多城市,北京、上海、南京、西安、广州、成都、重庆等地为从业人员高密度聚集区。另外,山东、浙江、安徽、湖南、辽宁等地的电竞小镇建设也带动了周边省市的电子竞技就业发展。

2019年4月15—21日,大唐文娱针对电子竞技员群体,通过问卷调查法进行抽样调查以及文献法进行调研,这部分从业人群呈现以下特征。

1) 年龄分布

对调研数据进行整理,被调查的电子竞技员年龄分布中有54%的电子竞技员年龄分布在16~22岁,有26%的电子竞技员年龄分布在23~30岁,只有16%的电子竞技员年龄分布在31~40岁,仅有4%的电子竞技员年龄在40岁以上。根据调研结果显示,电子竞技员就业人群年龄普遍偏低,在被调查者中有80%的从业人员年龄在30岁以下,具体如图4-1所示。

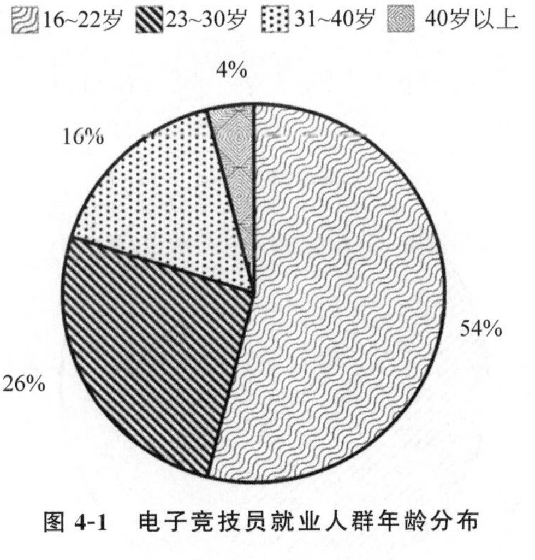


图4-1 电子竞技员就业人群年龄分布

2) 从业年限

对电子竞技员就业人群从业年限情况进行调研,通过数据整理可以看出,在被调查的电竞从业人员中，有58%的人工作年限在1～3年，30%的人工作年限是3～5年，这两项占据了被调查者总数量的88%，另外有6%的从业人员工作了7年以上，4%的从业人员工作了5～7年，2%的从业人员工作了不到1年，具体如图4-2所示。根据调研结果可见，电子竞技行业从业者的工作年限都相对较短，这与整个电子竞技行业发展周期较短有必然联系。

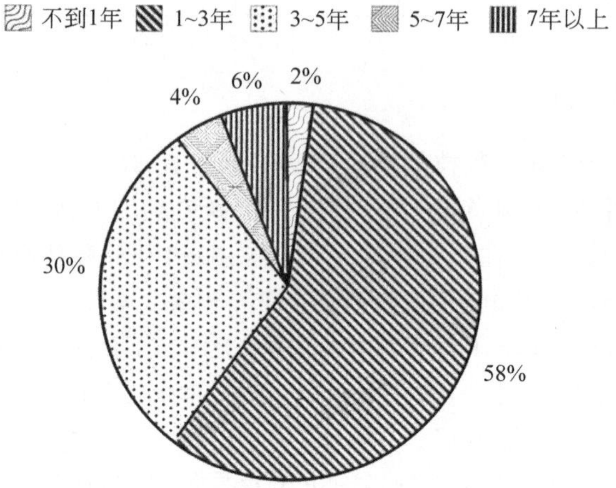


图 4-2 电子竞技员就业人群工作年限分布

3）学历分布

对电子竞技员就业人群学历情况进行调研，通过数据整理可以看出，被调查者的学历基本集中在高中或中专、大专、本科这3个层次，其中占比最大的高中或中专学历占被调查者总量的46%，其次是大专学历占38%，最后是本科及以上学历占16%，具体如图4-3所示。根据调查结果可见，电子竞技员学历相对要求不高，基本集中在大专、中专学历，电子竞技员就业门槛低。

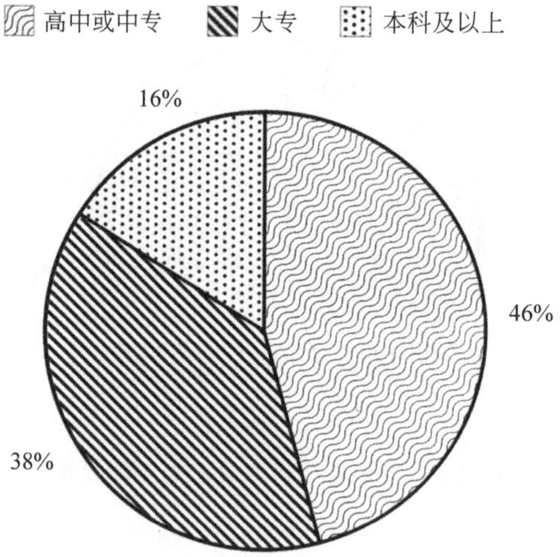


图 4-3 电子竞技员就业人群学历分布

4）企业规模

对电子竞技员就业人群所在企业规模进行调研，通过数据整理可以看出，50 人及以下的企业占比 52%，51～100 人的企业占比 30%，101～500 人的企业占比 12%，501 人及以上的企业占比 6%，具体如图 4-4 所示。电子竞技员所在企业以小、微型公司为主，这与当前就业企业以电子竞技俱乐部为主有很大的关系。

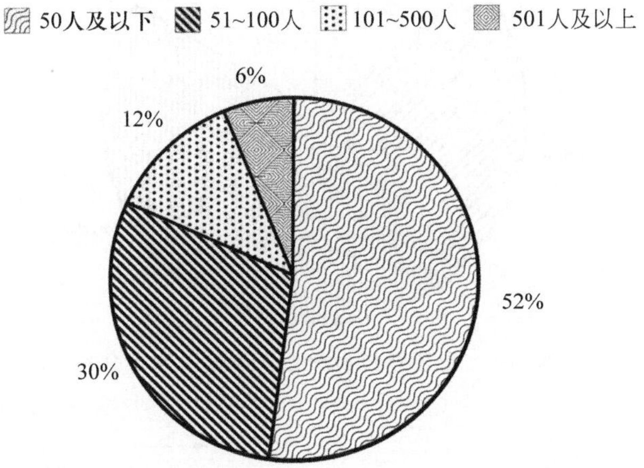

图 4-4 电子竞技员就业人群所在企业规模分布

5）薪资水平

对电子竞技员就业人群薪资水平进行调研，不同梯队的电子竞技职业选手工资水平差距较大，一线选手、二线选手、青训队员的工资水平明显不同，顶尖电子竞技职业选手年薪基本都能达到百万元及以上。目前，职业选手的主要收入包括底薪、奖金、绩效奖金，有能力的还可以进行广告代言和签约直播等。

选取电子竞技选手(明星选手外)、电子竞技教练、电子竞技数据分析以及电子竞技项目陪练等人群进行调研，86%电子竞技员从业者的薪资是当地平均工资的 1～3 倍，电子竞技员的薪资普遍高于当地平均薪资，如图 4-5 所示。

6）职业发展通道

电子竞技员是在电子竞技产业内从事不同类型电子竞技项目比赛、陪练、体验及活动表演的人员，涵盖了电子竞技选手、电子竞技教练、电子竞技数据分析、电子竞技项目陪练等核心岗位，其职业通道大致可以分为初级电子竞技员、中级电子竞技员和高级电子竞技员，如图 4-6 所示。

电子竞技员在电子竞技战队(含俱乐部)中是队伍竞赛成绩提升的核心岗位，在电子竞技战队日常训练、战术制定、参与比赛等各方面发挥着关键作用。对个人而言，电子竞技员是电子竞技爱好者职业发展的新通道，是个人爱好与职业结合的新的方向和着力点。电子竞技员的价值体现在以下方面。

对个人价值：新的职业选择，形成复合型人才竞争壁垒，拥有良好的就业和薪资前景。

对企业价值：促进电子竞技战术战略的发展，全面提升电子竞技俱乐部整体竞技水

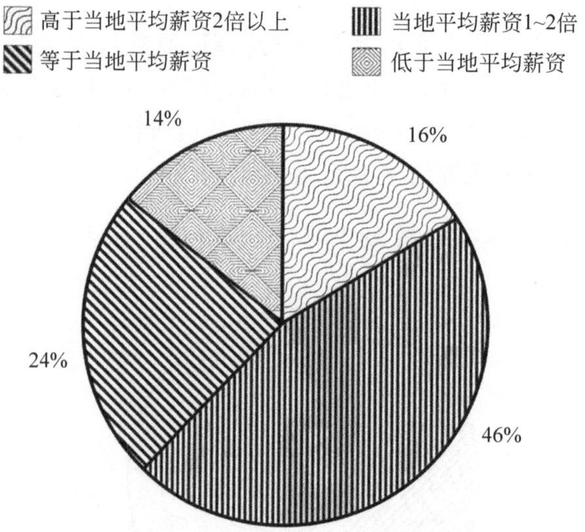


图 4-5 电子竞技员就业人群薪资水平分布

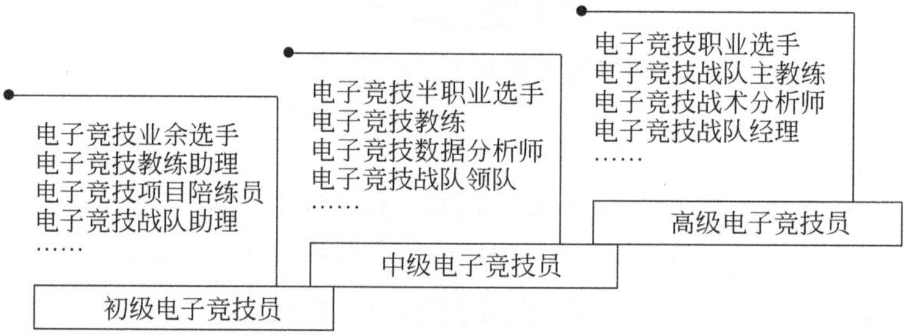


图 4-6 电子竞技员职业发展通道

平的提升，改善比赛成绩。

对社会价值：推动电子竞技产业发展，提升电子竞技运动水平乃至社会效能。

7）未来市场需求

电子竞技整体产业规模增长速度远远超过了电子游戏的增长幅度和速度，随着电子竞技产业链的逐渐完善，未来电子竞技产业将会形成与传统体育类似的收入模式，由电子竞技“赛事”衍生出电子竞技“产业生态收入”，电子竞技产业整体规模不可限量。据第三方机构的数据统计，2020 年中国电子竞技整体市场规模超过 1450 亿元，预计在 2021 年我国电子竞技市场规模将突破 1800 亿元；从电子竞技用户规模方面来看，2021 年我国电子竞技用户规模预计将超过 5.1 亿人，我国电子竞技市场已经成为全球最具影响力和最有潜力的市场。

电子竞技市场的发展需要大量电子竞技员投入到产业运作中，通过整体提升电子竞技的技术水平，电子竞技的娱乐性和观赏性，从而带动以电子竞技赛事为核心的电子竞技产业发展，拉动粉丝经济，提升整体产业规模。据不完全统计，目前只有不到 15%的电子竞技岗位处于人力饱和状态，预测未来五年电子竞技员人才需求量近 200 万人。由此可见，电子竞技专业人才十分稀缺，整个人才市场基本属于空白状态。电子竞技员具有广阔前景，市场需求量和从业数量将呈现井喷式增长，未来将会遍布全国各大城市，遍布电子竞技产业链各个环节的核心岗位。

### 3. 典型人物案例

1）张宁——冠军队长

张宁（游戏 ID：xiao8），前 *DOTA2* 项目职业选手，现任 EHOME 电子竞技俱乐部 *DOTA2* 分部教练，如图 4-7 所示。2009 年，张宁和几位家乡好友组建 Dream 战队，正式开启职业生涯。2011 年，张宁转会至 LGD 俱乐部并担任队长。

2012 年，他率队参加第二届 DOTA2 国际邀请赛（TI2），最终位列第三名。2014 年年初，他以 50 万元人民币的转会费来到新成立的 Newbee 俱乐部，并在半年后举行的第四届 DOTA2 国际邀请赛（TI4）上率队夺得冠军。这是中国战队夺得的第二座 TI 冠军奖杯，张宁也因此被称为“冠军队长”。TI4 结束后，张宁曾因个人原因短暂告别职业赛场，2015 年年初以 200 万元人民币的转会费重回 LGD 战队。在之后的第五届 DOTA2 国际邀请赛（TI5）上，他率队取得季军的成绩。2017 年年初，他在 LGD 俱乐部正式结束了自己的选手职业生涯。

2018 年 5 月，EHOME 俱乐部宣布张宁成为战队的新任主教练，在他带队的一年中，队伍夺得了 2018 年世界电子竞技运动会总决赛和布加勒斯特乙级联赛的两座冠军奖杯。作为职业选手，张宁打法稳重又不失进攻性。但和打法相比，其在教练岗位上排兵布阵的天赋堪称“中国电竞之最”。

2）喻文波——天才少年

喻文波（游戏 ID：JackeyLove）现效力于 TES 电子竞技俱乐部英雄联盟分部，司职射手位。英雄联盟职业联赛新秀，被誉为天才少年，以操作细腻、打法激进著称，如图 4-8 所示。

**图 4-7　电子竞技员张宁**

**图 4-8　电子竞技员喻文波**

2016年9月，喻文波加入IG战队，但因年龄问题无法参加LPL赛事。2016年和2017年，喻文波随队参加全国电子竞技大赛，首发出场并夺得冠军。2018年，年满18岁的喻文波正式成为IG战队的首发ADC，并在一年里先后随队获得2018年LPL春季赛四强、德玛西亚杯季军、英雄联盟全球总决赛冠军等殊荣。值得一提的是，IG战队是第一支夺得英雄联盟全球总决赛冠军的LPL战队，而小将喻文波因在比赛中展现出强大的实力和稳定的心理素质，迅速成长为中国《英雄联盟》新一代明星选手。2019年，喻文波被LPL官方提名为年度最佳ADC选手，并荣获2019年度最佳新秀选手奖项。

3）明凯——顶级选手

明凯（游戏ID：Clearlove）现效力于EDG电子竞技俱乐部《英雄联盟》分部，司职打野位。英雄联盟职业联赛0001号选手，如图4-9所示。

明凯19岁时加入WE战队，司职打野位，并随队夺得中国《英雄联盟》历史上第一个世界冠军——IPL5冠军。明凯也跻身国内顶尖选手之列。2013年，明凯跟随前WE教练阿布等人转会至新成立的EDG俱乐部。在2015年的MSI（League of Legends Mid-Season Invitational，英雄联盟季中冠军赛）上，明凯率队击败了当时世界排名第一的韩国战队SKT，帮助EDG成为国内第一支在官方赛事上夺得冠军的英雄联盟战队。

在职业生涯的早期，明凯打法凶狠，充满侵略性，是一名技术全面的顶级选手。随着年龄的增长，明凯如今正逐渐转型为战术型选手。虽然年龄已大，但多年积攒的经验以及始终积极拼搏的精神让他成为队伍里不可或缺的一名老将，也成为中国《英雄联盟》项目的代表性选手。

4）徐林森——四号位的魔术师

徐林森（游戏ID：Fy）曾效力于LGD电子竞技俱乐部*DOTA2*分部（PSG.LGD战队），司职辅助位，如图4-10所示。成为职业选手前，徐林森曾是国内知名游戏平台浩方对战平台上的高段位玩家。作为一名辅助选手，徐林森擅长观察全局，清晰的思路和一次次奇袭常常在比赛前期就帮助队伍迅速建立优势。

**图4-9　电子竞技员明凯**

**图4-10　电子竞技员徐林森**

2012年10月，徐林森加盟VG战队，开启了职业生涯。2014年，徐林森随队参加第四届DOTA2国际邀请赛，在最终的决赛中负于Newbee战队屈居亚军。之后的时间里，徐林森随队获得了TS2、i联赛第一赛季的冠军，DAC亚军和TI5殿军等一系列优异成绩。在第五届国际邀请赛败者组第二轮对阵美国战队Cloud9的比赛中，徐林森的精彩表现令国外解说高呼“Fy-God！”“F-God！”，其一手操作出神入化的拉比克被誉为“四号位的魔术师”。2016年，竞技状态下滑的徐林森被下调至俱乐部青训队VG.R，一个月后他便随队获得SLI邀请赛的冠军。第六届DOTA2国际邀请赛（TI6）上，由于签证问题，人员不整的VG.R在败者组首轮即遭淘汰。第七届DOTA2国际邀请赛（TI7）结束后，合约到期的徐林森选择加盟PSG.LGD战队，带领队伍在2018年5月举行的震中杯和MDL长沙站两项Major级别的赛事中接连夺魁，徐林森荣膺震中杯MVP。在第八届DOTA2国际邀请赛（TI8）上，他带队再度登上决赛的舞台，最终负于OG战队，再次收获亚军。

### 4.1.2 电子竞技运营师

电子竞技正在全球范围内蓬勃发展，无论是地区政府还是高校，对于电子竞技这一新兴领域的关注度都在逐年提升。随着国家政策鼓励、5G技术的应用、资本市场的参与，我国电子竞技市场将保持持续快速增长，电子竞技产业的规模化效应以及与文化产业的协同效应将进一步增强，中国电子竞技市场已经成为全球最具影响力和最具潜力的市场。电子竞技产业的持续快速发展，需要高层次的人才作为支撑，尽管国内电子竞技产业链已经初步发展形成，但相比国外发达国家电子竞技市场，国内电子竞技产业发展时间尚短，运营人才较为缺乏。电子竞技产业对人才的需求极为强烈，人才缺失已经严重制约了电子竞技这一新兴产业的发展。通过培养电子竞技运营人才，将有效提高电子竞技活动的内容质量，为最终用户提供高质量的电子竞技文娱内容，促进电子竞技产业及相关文化健康、持续、有效地发展。

电子竞技运营是一个完整的运营管理体系，每一个部分、每一个环节、每一个流程都需要钻研和探索。每一个电子竞技项目从诞生到顺利开展，都是电子竞技运营人员的知识结晶。体育是传统产业，电子竞技虽然还很年轻，但在整个产业内已经起着越来越重要的作用。设立“电子竞技运营师”这一新职业，对于建立健全电子竞技运营工作程序，进一步保证和提升电子竞技相关活动及内容整体质量，满足广大电子竞技用户的需求，提高企业经济效益，推动电子竞技产业更好、更快地发展具有重要的意义。

#### 1. 职业定义

电子竞技运营师职业定义：在电子竞技产业中从事活动组织及内容运营的人员。

电子竞技运营师的主要工作任务如下。

（1）进行电子竞技活动的整体策划和概念规划，设计并制定活动方案。

（2）维护线上、线下媒体渠道关系，对电子竞技活动的主题、品牌进行宣传、推广、协调及监督。

（3）分析评估电子竞技活动的商业价值，确定活动赞助权益，并拓展与赞助商、承办商的合作。

（4）协调电子竞技活动的各项资源，组织电子竞技活动。

（5）制作和发布电子竞技活动的音视频内容，并评估发布效果。

（6）对电子竞技活动进行总结报告，对相关档案进行管理。

基于电子竞技产业的实际需求和电子竞技运营师的工作任务，其具体工作内容如表4-2所示。

**表4-2 电子竞技运营师具体工作内容**

| 工作任务 | 具体工作内容 |
|---|---|
| 进行电子竞技活动的整体策划和概念规划，设计并制定活动方案 | 1. 组织筛选有关行业的资料，收集、分析和整理赛事及活动相关信息 |
| | 2. 策划全年赛事及活动方案，规划赛事体系，设计赛事盈利模式 |
| | 3. 根据全年赛事及活动方案，规划电子竞技赛事规模、比赛项目、赛程赛制，制定现场执行规范 |
| | 4. 策划电子竞技赛事及活动使用设备、网络环境、摄制、导播等方案 |
| | 5. 策划电子竞技赛事及活动内容的直转播方案 |
| 维护线上、线下媒体渠道关系，对电子竞技活动的主题、品牌进行宣传、推广、协调及监督 | 1. 电子竞技赛事主题推广活动的策划及活动现场运营情况的协调和监督 |
| | 2. 电子竞技赛事品牌宣传活动的策划及活动现场运营情况的协调和监督 |
| | 3. 电子竞技相关媒体关系的日常维护 |
| | 4. 电子竞技赛事及活动微博、微信等渠道内容宣传推广 |
| | 5. 对各渠道内容宣传推广效果进行评估及优化 |
| 分析评估电子竞技活动商业价值，确定活动赞助权益，并拓展与赞助商、承办商的合作 | 1. 对电子竞技赛事及活动的商业价值进行评估，分析赛事及活动的用户画像 |
| | 2. 根据商业价值评估，设计赛事及活动赞助权益，并制作赛事及活动招商方案 |
| | 3. 拓展赛事及活动赞助商并与其进行招商谈判，签署赞助协议并跟踪落实赛事及活动赞助服务 |
| | 4. 制定赛事及活动承办方案，并与其进行谈判 |
| | 5. 根据与承办商的谈判结果，对赛事及活动落地资源进行协调管理 |
| 协调电子竞技活动的各项资源，组织电子竞技活动 | 1. 电子竞技赛事及活动现场内容执行 |
| | 2. 协调并监督电子竞技赛事及活动现场的执行情况，并对突发事情进行处理 |
| 制作和发布电子竞技活动的音视频内容，并评估发布效果 | 1. 电子竞技赛事活动音视频内容的制作与发布 |
| | 2. 电子竞技赛事活动音视频内容发布效果评估 |
| 对电子竞技活动进行总结报告，对相关档案进行管理 | 1. 制定电子竞技赛事及活动总结报告 |
| | 2. 赛事及活动档案建立及管理 |

### 2. 当前就业人群分析

据不完全统计，电子竞技运营师从业人员遍布全国各地，北京、上海、江苏、西安、广州、成都、重庆等地为从业人员高密度聚集区。针对这部分从业人群呈现的特征，对电子竞技运营师进行了抽样问卷调查与文献分析，具体特征如下所示。

1）年龄分布

被调查者有50%年龄分布在26～30岁，有38%年龄分布在23～25岁，只有10%年龄是分布在31～40岁，仅有2%年龄分布在18～22岁，具体如图4-11所示。电子竞技运营师年龄普遍偏低，在被调查者中有88%的从业人员年龄是30岁以下。

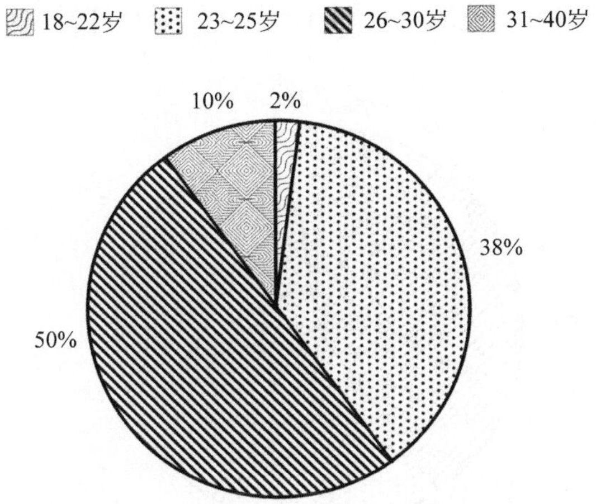


**图4-11 电子竞技运营师从业者年龄分布**

2）学历分布

被调查者的学历基本集中在高中或中专、大专、本科这3个层次，其中占比最大的大专学历占被调查者总量的38%，其次是高中或中专学历占34%，最后是本科及以上学历相对较少占28%，具体如图4-12所示。根据调查结果可见，电子竞技运营师目前就业人群学历相对偏低，基本集中在大专、高中或中专学历，少数人拥有本科学历，相信未来电子竞技运营师岗位会更加期待高学历人群的加入。

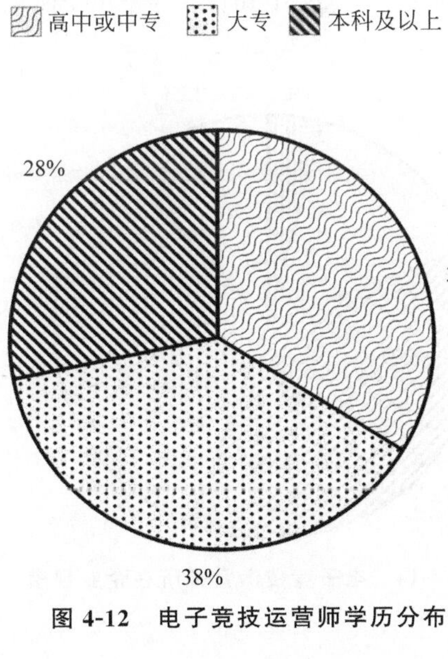


**图4-12 电子竞技运营师学历分布**

3）工龄分布

有58%的被调查者工作年限在1～3年，30%的人工作年限是3～5年，这两项占据了被调查者总数量的88%。另外有6%的人工作年限在7年以上，4%的人工作年限在5～7年，2%的人工作年限不到1年，具体如图4-13所示。根据调研结果可见，电子竞技运营师的工作年限都相对较短，这与整个电子竞技行业发展周期较短有必然联系。

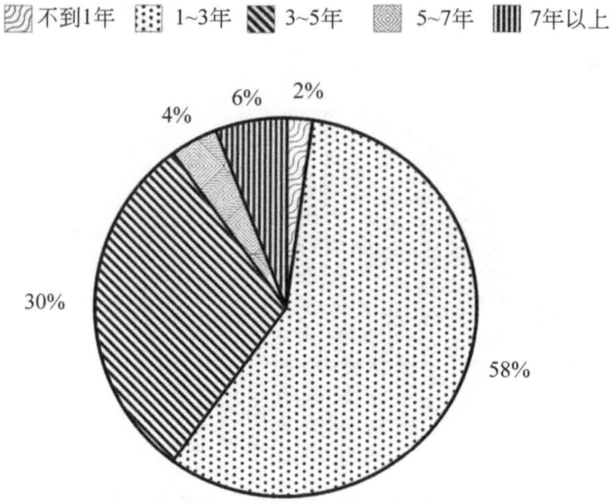


图4-13 电子竞技运营师工作年限分布

4）所在企业规模

被调查者所在企业规模在20人及以下的占比12%，21～50人的占比32%，51～100人的占比37%，101～500人的占比15%，501人及以上的占比4%，具体如图4-14所示。根据调查结果可见，电子竞技运营师所在企业涵盖了大、中、小、微型公司。其中中、小型企业就业人员较多，这与电子竞技行业相关企业发展周期较短有必然联系。

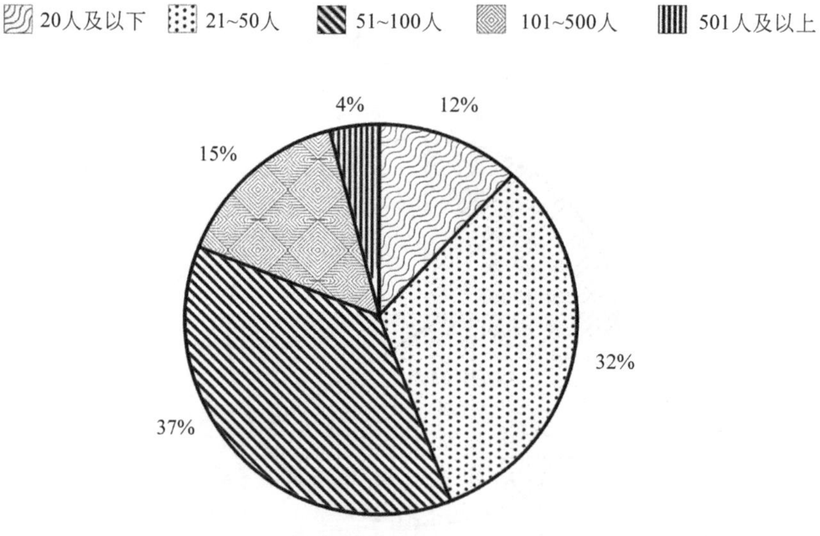


图4-14 电子竞技运营师所在企业规模

5）薪资水平分布

有89%的电子竞技运营师薪资是当地平均工资的1～3倍，电子竞技运营师的薪资普遍高于当地平均薪资，如图4-15所示。

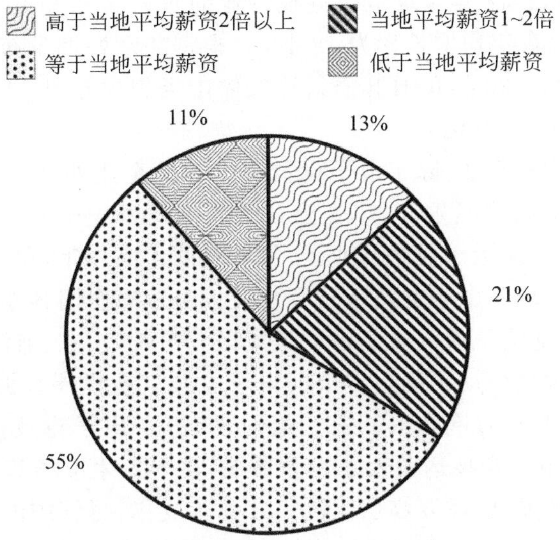


**图4-15 电子竞技运营师薪资水平分布**

6）职业发展通道

电子竞技运营师是在电子竞技产业从事活动组织及内容运营的人员，它包括了电子竞技执行、电子竞技运营、电子竞技策划等核心工作内容，其职业通道大致可分为初级电子竞技运营师、中级电子竞技运营师、高级电子竞技运营师。

一般来说初级电子竞技运营师的工作内容包括赛事活动宣传推广、赛事活动市场营销、赛事活动合作招商、赛事活动场馆搭建、赛事活动现场内容执行、赛事活动直转播、赛事活动内容制作等；中级电子竞技运营师的工作内容包括赛事活动宣传推广监督与管理、赛事活动市场营销管理、赛事活动合作招商管理、赛事活动场馆组织搭建、赛事活动现场协调与监督、赛事活动直转播管理、赛事活动内容发布监督与管理等；高级电子竞技运营师工作内容包括赛事活动方案策划、赛事活动直转播方案策划、赛事宣传活动方案策划、宣传推广效果评估、赛事活动商业价值评估、赛事活动合作招商方案策划、赛事活动内容发布效果评估、赛事活动总结与管理等。

电子竞技运营师能够有效提高企业电子竞技活动的内容质量，为最终用户提供高质量的电子竞技文娱内容，促进电子竞技产业及相关文化健康、持续、有效发展。就个人而言，电子竞技运营师是电子竞技相关企业晋升管理层的新渠道，是个人成长、职业发展的新发力点，电子竞技运营师的价值具体体现在以下方面。

对个人价值：新的职业选择，形成复合型人才竞争壁垒，拥有良好的就业和薪资前景。

对企业价值：有效促进企业电子竞技活动的内容高质量产出，为最终用户提供高质量的电竞文娱内容，为企业带来收益，提高企业品牌知名度。

对社会价值：促进电子竞技产业及相关文化健康、持续、有效发展。

7）未来市场需求

无论在国内外，电子竞技行业都已进入高速发展阶段。根据普华永道发布的《2018年体育行业调查报告》，2018年全球电子竞技行业的收入为8.05亿美元，预计到2022年将达到15.8亿美元，复合年均增长率为18.4%。根据艾瑞咨询发布的《2021中国电子竞技行业研究报告》显示，2020年我国电子竞技整体市场规模超过1450亿元，预计在2021年电子竞技市场将突破1800亿元。

目前我国的电子竞技企业，除了电子竞技赛事相关企业外，电子竞技产品运营企业、赞助商、直播平台、电子竞技俱乐部、广告公司等企业均对电子竞技运营师岗位有需要。调查显示，电子竞技行业接近六成的从业者，从业时间不满三年，在进入电子竞技行业时，具备专业经验的只有三成。电子竞技运营师从业人员遍布全国各地，北京、上海、江苏、西安、广州、成都、重庆等地为从业人员高密度聚集区。另外，山东、浙江、安徽、湖南、辽宁等地的电子竞技小镇建设也带动了周边省市的电子竞技就业发展。据不完全统计，目前只有不到15%的岗位处于人力饱和的状态，预测未来五年电子竞技运营师人才需求量近150万人。可以看出，电子竞技运营人才十分稀缺，整个人才市场基本处于空白状态。电子竞技产业的快速持续发展，需要高层次的人才作为支撑，尽管国内电子竞技产业链已经初步发展形成，但相比国外发达国家的电子竞技市场，国内电子竞技产业发展时间尚短，运营人才较为缺乏。

### 3. 典型人物案例

1）岳小波——80后年轻电子竞技运营师

岳小波是国内某赛事资深策划及活动运营专家（如图4-16所示），成为电子竞技运营师之前，他在教育行业做过市场、做过运营，凭借自身的努力累积了大量的行业经验，但受行业市场等各方面影响，从业3年的他感到自己的职业发展和个人能力发展都进入了瓶颈期。

图 4-16　电子竞技运营师岳小波

在苦于自身未来职业发展的时候，正好赶上了电子竞技行业的爆发式发展，凭借自身对电子竞技、对互联网的喜爱和吃苦耐劳、执行有力、追求卓越等优秀的职业精神，他在电子竞技行业站稳了脚跟。从期初的协调、配合等方面的工作，到现在已经能够自己带领一个团队对一个电子竞技品牌进行策划、运营和管理，现在的他已经成为职业圈里小有名气的电子竞技赛事及活动运营专家。在电子竞技行业从业的4年里，岳小波已组织策划、运营及执行多届CMEG、CMEL官方赛事，对于电子竞技赛事策划、电子竞技赛事运营与执行有着丰富的经验和专业知识。电子竞技运营的从业经历为他带来了职业价值，也实现了自我价值。

2）于宗民——电子竞技运营师6年从业经验

在成为电子竞技运营师之前，于宗民是某游戏竞技频道节目中心的负责人（如图4-17所示），由于就职公司发生变动，机缘之下走上了电子竞技运营师的从业道路。到目前为止，于宗民已经拥有了6年的电子竞技赛事执行、电子竞技相关节目制作经验，先后参与过WCA世界电子竞技大赛2016—2017赛季线上线下赛事、2017 CHINA TOP深圳总决赛、2018新华电子竞技大赛廊坊站等诸多大型赛事和活动的执行工作，主要工作内容包括电子竞技赛事策划、电子竞技赛事运营、线上线下电子竞技赛事的统筹执行等。目前于宗民已服务过超过10场大型的线下落地比赛，进行了超过500个比赛日的线上直播，无论在行业内还是岗位上，都得到了同事的认可和领导的赞许，体现了个人价值和职业价值。

**图4-17　电子竞技运营师于宗民**

于宗民通过自己的不懈努力和求精求细求稳的职业精神，在电子竞技行业博得了自己的一片天地，未来还会有更宽、更远的路等他去走。

## 4.2 电子竞技职业的素质要求

个人的职业素质包括显性素质和隐性素质。显性素质是个人所拥有的资质、知识、行为和技能；隐形素质则是职业道德、职业精神等态度以及价值观的反映。职业素质的构成主要包括身体素质、道德素质、科技文化素质、能力素质以及心理素质。不同行业对于从业者的职业素质要求不尽相同，除了一些共性的要求之外，还有其自身的特殊要求。

在电子竞技行业，职业选手的工作内容以及职业性质相较其他电子竞技从业人员而言更为特殊。因此，在讨论电子竞技从业人员的必备素质时，应分别从电子竞技员和电子竞技运营师两大岗位群进行说明。

### 4.2.1 社会对毕业生的基本要求

澳大利亚教育科学训练部于2002年发布的《未来所需的就业能力》白皮书中提到了“就业能力架构”(employability skills framework),其中“核心就业能力”取决于知识技能与态度,包括沟通能力、团队合作能力、问题解决能力、创新能力、规划与组织能力、自我管理能力、学习能力以及技术能力。

#### 1. 沟通能力

个人沟通能力的提升要注意聆听、非言语交流、清晰与简洁、自信、共情、开明、尊重、反馈、恰当的方式等方面。

1）聆听

积极倾听需要密切关注对方说的话,提出问题,并重复这个人所说的内容以确保理解。积极倾听可以帮助个人了解对方想说的内容,并且作出适当的回应。

2）非言语交流

肢体语言、目光接触、手势和语气都会影响信息的传达效果。轻松、开放的姿势和友好的语气将显得平易近人。此外,在谈话时要注意别人的非语言信号,以此判断谈话对象的态度。

3）清晰与简洁

良好的口头沟通意味着说得恰到好处——不要说太多或太少。无论是面对面会话,通过电话还是通过电子邮件与某人交谈,都应清楚、直接地说出想要的内容。欠缺条理性和过多的沟通会使谈话对象不确定沟通的内容。

4）自信

对自己与他人的互动充满信心是非常重要的。在沟通的过程中,传达自信可以通过目光接触或使用坚定而友好的语气,要避免陈述语句时听起来像是提问或过分强势。

5）尊重

人们更愿意与尊重自己和自己想法的人沟通。通过称呼对方,目光接触以及对方说话时积极倾听这些简单的举动都能让谈话对象感受到被尊重。

6）反馈

适当地给予和接受反馈是一项重要的沟通技巧。管理者应该不断寻找方法,通过电子邮件、电话或每周工作总结为员工提供建设性的反馈。提供反馈包括给予鼓励,如对员工的工作表示感谢,这样简单的鼓励可以增加员工的工作动力。另外,接受甚至鼓励他人的反馈也很重要。聆听他人给予的反馈,如果不确定的话,则要提出问题,并努力实施反馈。

7）恰当的方式

在不同的沟通情境下,根据沟通对象选择不同的沟通方式也很重要。例如,一些严肃的会话(裁员、工资调整等)最好由个人亲自完成。另外,周到的沟通方式会增加沟通对象积极回应的可能性。

### 2. 团队合作能力

团队合作精神是现在每一个企业都非常注重的。它需要员工在工作中处处以大局为重，同事之间能够畅通无阻地进行沟通、合作，保证工作的顺利进行。在进入企业之后，首先要尽快融入团队，了解团队，了解并熟悉团队的文化和规章制度，并理解这个团队的价值观念，在团队中找到自己的位置和职责。

毕业生可以通过积极参与学校学生社团组织、企业实习来培养自己的团队合作精神。在学校学生社团组织中，学生与其他同学一起完成社团任务和活动来发掘自己在一个团队中擅长的角色以及合作能力，也可以发挥自己的专业特长。在企业实习的过程中，学生可以初步认识从学生角色向职业角色转换的过程，对职业的工作合作方式形成基本的了解。

### 3. 问题解决能力

解决问题是许多人每天在工作中的核心任务。无论是为客户解决问题，支持解决问题的人，还是发现要解决的新问题。遇到的问题或大或小，简单或复杂，容易或困难。

因此，能够自信地解决问题至关重要。解决问题的成功率很大程度上取决于处理问题时是否使用了科学和正确的流程。解决问题的基本步骤是：定义问题、制订方案、评估和选择方案、实施解决方案。

### 4. 创新能力

工作中的创新能力有助于找到更好的方式去开发新产品、设计新制度、研究新技术、应对变革、学习新技能以及开发新客户。澳大利亚政府提出了提高创新能力的6项相关能力的框架，其中包括解读需求或机遇、建立或选择理念、与他人合作开发理念、反思理念、推广理念以及评价理念。

### 5. 规划与组织能力

规划和组织能力是一项能够通过管理自我和他人以及包括时间和环境在内的资源，以达到特定目的的能力。规划与组织能力主要体现在规划以及优先处理两方面。

（1）规划的具体行为表现为：

① 准确估计完成任务所需的时间和精力；

② 识别和组织系统及所需资源；

③ 组织个人时间，履行职责；

④ 为预定的会议或截止日期保留足够的准备时间；

⑤ 制定具有明确、具体时间节点和截止日期的日程和时间表；

⑥ 建立个人评价结果和设计时间节点的方法。

（2）优先处理的具体行为表现为：

① 确定关键任务；

② 按逻辑顺序排列任务；

③ 系统地确定优先事项，区分紧急、重要和不重要的任务；

④ 使用“待办事项”列表、任务计划或类似的计划方案来记录行动计划和截止日期等；

⑤ 监控和调整任务优先级或持续消除任务。

### 6. 自我管理能力

自我管理能力是指员工在日常工作中无论工作环境如何变化都能保证或提高工作效率的能力。良好的自我管理能力将有助于有效地与同事、管理层和客户沟通，作出正确的决策，良好地规划工作时间，并保持身体健康。自我管理能力又体现在个人的抗压能力、解决问题的能力、沟通能力、时间管理能力、记忆力以及身体素质等方面。

### 7. 学习能力

学习是指想要了解新事物并能够快速掌握新事物，它还涉及能够承担新任务并适应工作方式的变化。

提高学习能力的方法包括：

(1) 参加短期课程或在线课程；

(2) 对学习技能和学习者类型进行一些研究；

(3) 建立一个新的爱好；

(4) 加入能够帮助学习的志愿者团体。

### 8. 技术能力

职业环境的技术能力一般包括使用计算机进行文字处理和发送电子邮件，使用办公设备等。一些更具体的技术能力涉及软件的使用，如使用社交媒体，使用设计、视频编辑软件或了解编程语言。其他技术能力涉及硬件的使用，如使用收银机、复印机或扫描仪、相机或录音室等。

提高技术技能的方法包括：

(1) 参加短期课程或在线课程；

(2) 在工作中要求额外的培训；

(3) 找出工作中使用的技术并研究它的用途；

(4) 辨别在日常生活中使用的技术。

## 4.2.2 电子竞技员的必备素质

### 1. 身体素质

衡量一位电子竞技职业选手竞技实力的其中一项指标为 APM(actions per minute，每分钟操作次数)，又称为“手速”。APM 多见于《星际争霸》和《魔兽争霸Ⅲ》这两款游戏中,并在一定程度上反映了玩家的水平。在即时战略游戏中,每分钟操作数指的是每分钟操作指令数,一般包括鼠标点击和键盘敲击操作。

即时战略游戏职业比赛对职业玩家 APM 的要求十分苛刻。特别是在《星际争霸》中,职业选手的 APM 通常高达 200～300,甚至更高,是普通玩家的 3 倍左右。这是因为 APM 代表职业选手在一分钟内所有游戏操作的总和,例如选择单位或下达命令。APM 高意味着这个选手在游戏中非常清楚自己该做些什么,并且可以很快地完成。高 APM 通常还意味着良好的微操作——在游戏中精心操控每一个单位使其作用达到最大化。

根据国外网站 HUMAN BENCHMARK 的调查显示,在《英雄联盟》中玩家的反应速度确实会影响玩家所在的段位。青铜组玩家的平均反应时间为 337ms,黄金组的平均数据为 315ms,而王者组的平均反应时间则为 298ms。著名《英雄联盟》选手 Faker 在此网站曾经测试的反应时间达到了远超平均水平的 106ms,由此可见,职业选手的反应速度达到了优秀玩家也望尘莫及的水平。

然而,由于长期高强度的训练和不健康坐姿等原因,很多职业选手都有严重的腰伤或手伤。得不到适当休息的他们即使在痊愈后往往也会因为训练而复发。

知名电子竞技职业选手 Uzi 在腾讯体育的专访中曾经提到:"长年累月下来,补刀已经成为了我身体'自觉'的反应,即使不经过思考,我也能知道下一秒要做什么,身体像是随时准备好了一样。这是属于电子竞技选手的本能。当然,这样的习惯也导致我的身体现在有些吃不消了,手指、后背、肩膀都落下了伤病。成为职业选手以来,我每天的生活就是打电竞,没有工作日,也没有假期,久坐加上肌肉始终维持在高度紧张的状态导致我落下了这样的毛病。2015 年的时候,情况开始恶化,我的身体好像在主动提醒我:你该休息了。"

电子竞技选手所面对的慢性职业病,跟篮球、足球等传统竞技体育项目里常见的运动损伤不同,电子竞技运动员常见的网球肘、鼠标手、弹响指等职业病会慢慢磨蚀运动员的健康,堪称电子竞技选手"看不见的对手"。

总体而言,电子竞技对于职业选手的身体素质尤其是反应速度、手脑协调的要求极高。同时,长期高强度的训练与竞赛又对职业选手的身体损耗巨大。因此,在以成为电子竞技职业选手为目标进行身体素质的准备时,更应注意对抗在训练过程中身体的损耗及受到的伤害。目前,国内多家电子竞技俱乐部会为电子竞技职业选手定期安排理疗师理疗以及身体锻炼活动,及时预防或治疗职业选手的身体损伤。电子竞技职业选手作为逐渐被认可的体育运动员,他们的身体素质及伤病预防也吸引了越来越多的关注与讨论。

### 2. 能力素质

对于电子竞技职业选手而言,除了出色的操作水平以及对游戏的深刻理解,学习能力、团队合作能力、耐力等能力都是必不可少的素质。

1）学习能力

游戏公司为保持游戏的可玩性以及平衡性，会不时地对游戏角色、游戏地图等进行迭代更新。对于电子竞技职业选手而言，尽快地适应新版本的游戏、学习新英雄的玩法非常重要。

Uzi曾在专访中提到："一般新英雄出现的时候，我会尝试一下，如果特别适合我，而且我特别喜欢，我就会用很多的时间去研究它。我会看别人的视频和操作，补充到自己的理解中。为了练习一个英雄，我可能会连续打六七盘，这期间我会感觉到自己每一盘的不足，然后想办法弥补，然后每一盘都能够有进步，直到最后能够用好它。"

此外，在每天十多个小时的训练时间里，职业选手还需要花费数小时与队员一起研究交流电子竞技项目。

另外，在电子竞技行业，部分职业选手会面临电子竞技项目转型的情况。即便是同类型的电子竞技项目，不同的游戏机制也会不一样。例如，同样是FPS类游戏，《反恐精英》《守望先锋》《绝地求生》在服务器、画面、道具使用和枪法等方面是完全不同的。电子竞技项目的转型需要职业选手花费大量的时间和精力对游戏进行研究和学习，这不仅对职业选手竞技实力有所要求，更是对选手学习能力的挑战。

2）团队合作能力

目前，如*DOTA2*、《英雄联盟》、《绝地求生》等团队电子竞技项目占据了国内电子竞技的主流。因此，对于绝大部分电子竞技职业选手而言，团队合作能力不仅影响比赛的胜负，更关系到个人的职业发展。

一个战队能够赢得比赛，不仅是因为战队成员的操作水平或者对游戏的理解非常出色，更是因为战队里的每位成员都能明确自身在战队中的职责，并且配合其他成员发挥优势，最终以团队的形式取得胜利。

例如，过去SKT战队总是会依赖由Faker选手坐镇的中路来打开局面，而Faker的法系输出也是SKT赖以生存的重要一环。但在当前的版本中，这个战术已经变得不太可行，部分原因是新版本中路的战术地位下降，而更主要的原因是仅凭一个选手的出色发挥很难再直接改变比赛的结果。

Faker也表示："从职业选手和职业战队的角度来看游戏的话，以前我觉得选手的个人能力和个人发挥是最重要的。而现在，战略变得更加重要——在当前版本中有更多值得去思考的问题。"

3）耐力

电子竞技职业选手跟传统竞技体育的运动员一样需要具备持久的耐力，因为电子竞技职业选手大部分时间都需要坐在计算机前，并且长时间保持注意力的高度集中。

2012年，在一场由HTC和Team Liquid社区合作举办的《星际争霸Ⅱ》表演赛中，挪威虫族选手Snute与丹麦人族选手Bunny历时约18小时40分钟比完了一轮BO69（即69局35胜）的番战比赛，追平了电子竞技历史上最多场次的一轮公开性质番战，而这也是电子竞技史上最多场次的单轮番战。

由于网络环境在很大程度上影响着电子竞技职业选手的表现，为了避开白天的网络高峰，目前国内的电子竞技职业选手一般从中午开始进行训练，直到深夜才结束，每天的训练时间长达十多个小时。在职业联赛开始后，训练强度也随之大幅增加。除了计算机前的线上对战训练，职业选手还要进行如心理疏导，饮食调整，耐力、体力训练等线下培训，而这些都是为了保证职业选手能够在赛场上拥有良好的体力以及团队配合效果。

### 3. 文化素质

电子竞技职业选手大多都很年轻，在同龄人还在学校接受教育的年纪，他们就已经走上了电子竞技的赛场。由于电子竞技对于体力、反应速度等方面有较高的要求，因此电子竞技职业选手的职业巅峰时期，往往也正处于普通人上大学的阶段。

国内电子竞技的职业选手成百上千，其中有名牌大学的学生，比如 *DOTA* 职业选手伍声（游戏 ID：2009），在役的同时也是浙江大学的学生；也有中途放弃学业投身电子竞技的职业选手，例如已经退役的前《英雄联盟》全职职业选手的 Uzi。有的电子竞技选手完成了学业，有的则中途退学，这也在一定程度上造成了电子竞技选手在文化教育水平上的差异。

尽管学历高低并不太影响电子竞技职业选手竞技水平的发展，但却可能会影响职业选手退役后的职业生涯。学历较低的职业选手，如果没有取得理想的竞赛成绩，则退役之后难以继续在电子竞技行业从业，还可能会面临难以融入传统行业的困境。

另外，电子竞技职业选手作为公众人物，个人的文化素养、行为举止也备受大众的关注。2017 年，《英雄联盟》前职业选手刘世宇（游戏 ID：Mlxg）在直播中发表不当言论引发网友的口诛笔伐，虽然在意识到问题之后第一时间公开道歉，但依然受到了 LPL 联盟的处罚，如图 4-18 所示。

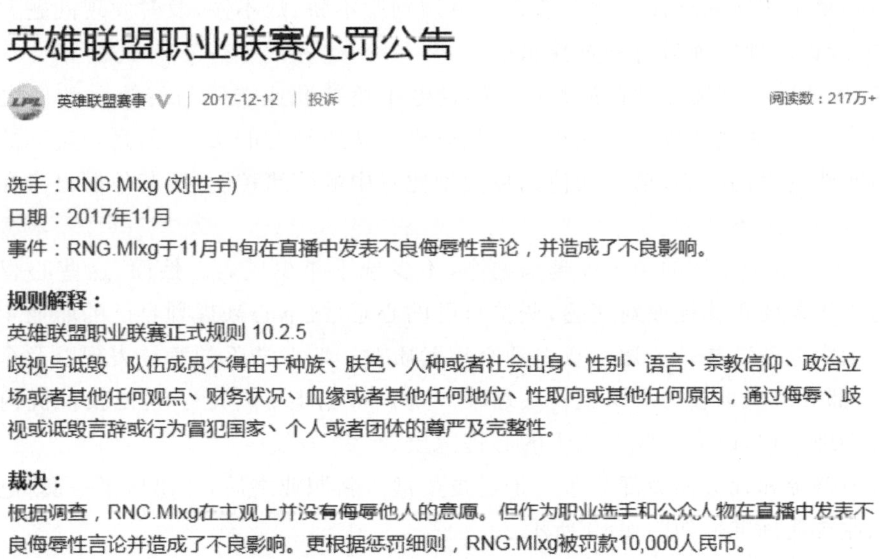
英雄联盟职业联赛处罚公告

英雄联盟赛事 | 2017-12-12 | 投诉　　阅读数：217万+

选手：RNG.Mlxg (刘世宇)
日期：2017年11月
事件：RNG.Mlxg于11月中旬在直播中发表不良侮辱性言论，并造成了不良影响。

**规则解释：**
英雄联盟职业联赛正式规则 10.2.5
歧视与诋毁　队伍成员不得由于种族、肤色、人种或者社会出身、性别、语言、宗教信仰、政治立场或者其他任何观点、财务状况、血缘或者其他任何地位、性取向或其他任何原因，通过侮辱、歧视或诋毁言辞或行为冒犯国家、个人或者团体的尊严及完整性。

**裁决：**
根据调查，RNG.Mlxg在主观上并没有侮辱他人的意愿。但作为职业选手和公众人物在直播中发表不良侮辱性言论并造成了不良影响。更根据惩罚细则，RNG.Mlxg被罚款10,000人民币。

图 4-18　LPL 联盟对 Mlxg 的处罚公告

### 4. 道德素质

电子竞技职业选手 Uzi 在腾讯体育的专访中说过："从不喜欢到喜欢，这也是职业选手和普通选手的区别吧，即使不喜欢，也要用职业态度来面对，去使用它。版本的改动，很多都是我们无法预测的，所以必须靠自己不断去努力、不断去学习，才能变得更强大"。

很多想要成为电子竞技职业选手的青年主要是出于对某款游戏的喜爱。然而，在经过数千个小时，日复一日的高强度训练之后，很少有人还会对一款游戏保持热爱。而不受个人喜好的干扰去实现职业目标，恰恰是职业道德的体现。这也正是 Uzi 所说的职业选手与普通玩家的区别。

电子竞技职业选手的道德素质除了体现在对于职业的态度之外，还体现在对待他人的行为上。2017 年 12 月 4 日美国洛杉矶举办的《星际争霸》重制版锦标赛决赛中，韩国派出了主播 Larva，在取得短暂领先后，Larva 做出了用脚操作、不看屏幕等挑衅行为，以此来羞辱中国星际第一人罗贤。Larva 这一不道德的举动使国内外许多电子竞技爱好者或业内人士非常不满并引发了控诉。另外，国内电子竞技领域还存在部分职业选手由于私生活不自律，被俱乐部减少曝光或除名的现象。

电子竞技职业选手的种种丑闻都表明了电子竞技行业从业人员亟须道德教育以及道德规范的现状。而职业选手的道德素质也影响着社会对于电子竞技行业的看法，还进一步影响着电子竞技行业的持续发展。

### 5. 心理素质

除了高超的游戏技巧与赛场上迅速的临场反应外，良好的心理素质也是电子竞技职业选手的必备素质。对于多人竞技的团队电子竞技项目而言，任何一个人的自我心理调整都将影响整个团队的运作。职业选手只有做到胜不骄、败不馁，及时发现问题并调整个人状态，才能稳定地发挥自身的竞技水平。

RNG 战队的心理辅导师黄静曾说：尽管电子竞技职业选手与传统运动员之间存在着些许差异，但共通之处皆在于胜利不总是取决于队伍绝对的实力，而是与实际的表现有关。这与职业选手的决心、信念和他们在大型比赛中的情绪控制、调节他们自身在比赛中的表现的能力是分不开的。

另外，由于电子竞技的关注度越来越高，不少选手年少成名。然而，这些心智还未十分成熟的少年需要正确地面对诱惑，调整自己的心态，沉下心来规划自己的职业生涯。

目前国内电子竞技行业逐渐意识到心理素质对于职业选手的竞技表现以及个人发展的重要性，部分俱乐部会为战队配备心理辅导师。市场上一些电子竞技教育机构也会提供相应的心理课程，以提高职业选手的心理素质。

在人力资源和社会保障部公布电子竞技员这一新职业之后，还出台了一套《电子竞技员国家职业技能标准》，如图 4-19 所示。

# 电子竞技员
# 国家职业技能标准

**（2020年版）**

1 职业概况

1.1 职业名称

电子竞技员

1.2 职业编码

4-13-99-01

1.3 职业定义

从事不同类型电子竞技项目比赛、陪练、体验及活动表演的人员。

1.4 职业技能等级

本职业共设五个等级，分别为：五级/初级工、四级/中级工、三级/高级工、二级/技师、一级/高级技师。

1.5 职业环境条件

室内、外，常温。

1.6 职业能力特征

具备一般智力和空间感，眼脑协调，反应敏捷，操作灵活，心理素质稳定，具有良好的观察与学习能力。

1.7 普通受教育程度

初中毕业（或相当文化程度）。

1.8 培训参考学时

五级/初级工 224 标准学时，四级/中级工 192 标准学时，三级/高级工 192 标准学时，二级/技师 160 标准学时，一级/高级技师 160 标准学时。

1.9 职业技能鉴定要求

1.9.1 申报条件

具备以下条件之一者，可申报五级/初级工：

（1）累计从事本职业[1]或相关职业[2]工作 1 年（含）以上。

[1]本职业：围绕利用电子设备通过网络进行竞技及表演这一核心活动，开展传统体育模拟类、益智类、军事

(a) 文件示例1

图 4-19 《电子竞技员国家职业技能标准》

（2）本职业或相关职业学徒期满。

具备以下条件之一者，可申报四级/中级工：

（1）取得本职业或相关职业五级/初级工职业资格证书后，累计从事本职业或相关职业工作 2 年（含）以上。

（2）累计从事本职业或相关职业工作 3 年（含）以上。

（3）取得技工学校本专业或相关专业[3]毕业证书（含尚未取得毕业证书的在校应届毕业生）；或取得经评估论证、以中级技能为培养目标的中等及以上职业学校本专业或相关专业毕业证书（含尚未取得毕业证书的在校应届毕业生）。

（4）取得电子竞技省级赛事的参赛资格。

具备以下条件之一者，可申报三级/高级工：

（1）取得本职业或相关职业四级/中级工职业资格证书后，累计从事本职业或相关职业工作 2 年（含）以上。

（2）取得四级/中级工职业资格证书，并具有高级技工学校、技师学院毕业证书（含尚未取得毕业证书的在校应届毕业生）；或取得四级/中级工职业资格证书，并具有经评估论证、以高级技能为培养目标的高等职业学校本专业或相关专业毕业证书（含尚未取得毕业证书的在校应届毕业生）。

（3）具有大专及以上本专业或相关专业毕业证书，并取得本职业或相关职业四级/中级工职业资格证书后，累计从事本职业或相关职业工作 2 年（含）以上。

（4）取得电子竞技国家级赛事的参赛资格。

具备以下条件之一者，可申报二级/技师：

（1）取得本职业或相关职业三级/高级工职业资格证书后，累计从事本职业或相关职业工作 2 年（含）以上。

（2）取得本职业或相关职业三级/高级工职业资格证书的高级技工学校、技师学院毕业生，累计从事本职业或相关职业工作 2 年（含）以上；或取得本职业或相关职业预备技师证书的技师学院毕业生，累计从事本职业或相关职业工作 1

类、即时战略类、卡牌对抗类、动作类等电子竞技项目的比赛、表演、陪练、裁判、运动指导、数据分析、健康管理、活动直播、解说评论、项目开发等业务的系列工种及岗位，下同。

[2]相关职业：电子竞技运营师、社会体育指导员、体育场地工，下同。

[3]本专业或相关专业：电子竞技运动与管理、会展策划与管理、视觉传播设计与制作、数字媒体艺术设计、文化创意与策划、传播与策划、媒体营销、电子商务、大数据技术与应用，下同。

(b) 文件示例2

图 4-19 （续）

年（含）以上。

（3）取得电子竞技国际赛事的参赛资格或国家级赛事的奖项。

具备以下条件之一者，可申报一级/高级技师：

（1）取得本职业或相关职业二级/技师职业资格证书后，累计从事本职业或相关职业工作 4 年（含）以上。

（2）取得电子竞技国际赛事奖项。

1.9.2 鉴定方式

分为理论知识考试和专业能力考核。理论知识考试采用上机考试或闭卷笔试等方式，专业能力考核采用上机操作或闭卷笔试等方式。理论知识考试和专业能力考核均实行百分制，成绩皆达 60 分及以上者为合格，二级/技师、一级/高级技师还须进行综合评审。

1.9.3 监考人员、考评人员与考生配比

理论知识考试考评人员与考生配比不低于 1∶20，每个标准教室不少于 2 名考评人员；专业能力考核考评员与考生配比不低于 1∶15，每个考场不少于 3 名考评员；综合评审委员为 3 人（含）以上单数。

1.9.4 鉴定时间

理论知识考试时间不少于 90min；专业能力考核时间不少于 90 min；综合评审时间不少于 30min。

1.9.5 鉴定场所设备

具有可接入计算机局域网及互联网的教学设备和相关软件的教室。室内卫生、光线、通风条件良好，周围环境安静。

(c) 文件示例3

图 4-19 （续）

### 4.2.3 电子竞技运营师的必备素质

相较于电子竞技员，电子竞技运营师主要是依靠个人的一技之长以及对电子竞技的热爱或者对电子竞技行业前景的看好而选择在电子竞技行业中从业。因此，其他电子竞技从业人员的必备素质主要包括基础素质、职业技能以及心理素质，其中基础素质包括了身体素质、科技文化素质以及道德素质。

#### 1. 基础素质

1）身体素质

一般而言，电子竞技行业的从业人员对身体素质并无特殊要求，而电子竞技行业的工作主要是围绕着电子竞技赛事开展的，因此，在赛事进行时期，对电子竞技从业人员如赛

事执行人员、赛事解说、赛事导演、内容制作人员体力的要求较高。

2）科技文化素质

相较于电子竞技员，对于电子竞技运营师科技文化素质的要求普遍更高。这是由于一般电子竞技从业人员如内容运营人员、俱乐部管理人员、赛事策划等在工作的过程中需要更强的文字理解与编辑能力、创新能力、统筹管理能力，并且每个岗位具备相应的专业性。所以扎实的科学文化基础和活学活用的适应能力是电子竞技运营师必备的素质之一。

3）道德素质

做事先做人是为人处世和工作生活中的一条金科玉律。要取得成功，首先要提高自己的品德修为。除了必须遵纪守法之外，还要在各方面符合做人的基本道德和职业道德的要求。

职业道德是一般社会道德的特殊形式，是社会道德的主体部分。所谓职业道德，就是同人们的职业活动紧密联系的符合职业特点所要求的道德准则、道德情操与道德品质的总和。职业道德是所有从业人员在职业活动中应该遵循的行为准则，涵盖了从业人员与服务对象、职业与职工、职业与职业之间的关系。

电子竞技从业人员的职业道德主要体现在正确的人生观以及良好的行为习惯。只有树立正确的、进步的人生观，电子竞技从业人员才会有强烈的社会责任感，才会在职业活动中培养自觉的职业道德修养，形成良好的职业道德品质。

### 2. 职业技能

电子竞技从业人员因为岗位的工作内容和职责不一样，所需要具备的职业技能也不一样。例如，赛事解说除了需要对游戏有深刻全面的了解，还应该掌握出色的表达能力以及口头创作能力；赛事节目制作人员则需要非常熟练地运用各种音频、视频制作软件，并具有较高的审美水平；内容制作人员则需要拥有捕捉热点的敏感性，以及创作内容的创新能力。

随着电子竞技行业的发展，电子竞技从业人员不再仅仅依靠个人对于电子竞技或者游戏的热爱，由于行业的规范化以及产业的分工合作更加明确，如今电子竞技从业人员除了需要对游戏和电子竞技有一定的了解，更需要个人有一技之长，才能在电子竞技行业得到长足的发展。

### 3. 心理素质

心理素质是一个人整体素质的基础，也是个人整体素质的核心。良好的心理素质主要体现在智力水平的正常、个人情绪的稳定、个人意志的健全、思想与行为的统一协调、人际关系的和谐、行为适度、遇事从容等方面。

电子竞技从业人员与其他行业从业人员一样，需要培养自强自信、心态积极、宽容大度、情绪良好、耐受力强的心理素质。而培养良好的心理素质主要通过改变思维模式和行为方式、寻找有利的环境支持等方法实现。

人力资源和社会保障部发布的《电子竞技运营师国家职业技能标准》如图 4-20 所示。

# 电子竞技运营师
# 国家职业技能标准

（2020 年版）

**1 职业概况**

**1.1 职业名称**

电子竞技运营师

**1.2 职业编码**

4-13-05-03

**1.3 职业定义**

在电竞产业从事活动组织及内容运营的人员。

**1.4 职业技能等级**

本职业共设四个等级，分别为：四级/中级工、三级/高级工、二级/技师、一级/高级技师。

**1.5 职业环境条件**

室内、外，常温。

**1.6 职业能力特征**

具有良好的观察、理解、应变、人际沟通、组织、协调能力，较好的语言和文字表达及自主学习能力。

**1.7 普通受教育程度**

高中毕业（或相当文化程度）。

**1.8 培训参考学时**

四级/中级工 180 标准学时，三级/高级工 180 标准学时，二级/技师 144 标准学时，一级/高级技师 144 标准学时。

**1.9 职业技能鉴定要求**

**1.9.1 申报条件**

具备以下条件之一者，可申报四级/中级工：

（1）取得相关职业五级/初级工职业资格证书后，累计从事本职业或相关职业[1]工作 3

[1] 相关职业：电子竞技员、全媒体运营师、互联网营销师、会展策划专业人员、电视导播、剪辑师、美工师、体育场馆管理员、市场营销专业人员、视觉传达设计人员、会展设计师，下同。

3

(a) 文件示例1

图 4-20 《电子竞技运营师国家职业技能标准》

年（含）以上。

（2）累计从事本职业或相关职业工作 5 年（含）以上。

（3）取得技工学校本专业或相关专业[2]毕业证书（含尚未取得毕业证书的在校应届毕业生）；或取得经评估论证、以中级技能为培养目标的中等及以上职业学校本专业或相关专业毕业证书（含尚未取得毕业证书的在校应届毕业生）。

具备以下条件之一者，可申报三级/高级工：

（1）取得本职业或相关职业四级/中级工职业资格证书后，累计从事本职业或相关职业工作 5 年（含）以上。

（2）取得本职业或相关职业四级/中级工职业资格证书，并具有高级技工学校、技师学院毕业证书（含尚未取得毕业证书的在校应届毕业生）；或取得四级电子竞技运营师职业资格证书，并具有经评估论证、以高级技能为培养目标的高等职业学校本专业或相关专业毕业证书（含尚未取得毕业证书的在校应届毕业生）。

（3）具有大专及以上本专业或相关专业毕业证书，并取得本职业或相关职业四级/中级工职业资格证书后，累计从事本职业或相关职业工作 2 年（含）以上。

具备以下条件之一者，可申报二级/技师：

（1）取得本职业或相关职业三级/高级工职业资格证书后，累计从事本职业或相关职业工作 4 年（含）以上。

（2）取得本职业或相关职业三级/高级工职业资格证书的高级技工学校、技师学院毕业生，累计从事本职业或相关职业工作 3 年（含）以上；或取得本职业或相关职业预备技师证书的技师学院毕业生，累计从事本职业或相关职业工作 2 年（含）以上。

具备以下条件之一者，可申报一级/高级技师：

（1）取得本职业或相关职业二级/技师职业资格证书后，累计从事本职业或相关职业工作 4 年（含）以上。

**1.9.2　鉴定方式**

分为理论知识考试和操作技能考核。理论知识考试采用上机考试或闭卷笔试等方式，操作技能考核采用上机操作或案例考试等方式。理论知识考试和操作技能考核均实行百分制，

[2] 本专业或相关专业：中职，电子竞技运动与管理、数字媒体技术应用、数字广播电视技术、移动应用技术与服务、市场营销、网络营销、会展服务与管理、广播影视节目制作；高职，电子竞技运动与管理、数字媒体应用技术、市场营销、网络营销、会展策划与管理、视觉传播设计与制作、广告设计与制作、广播影视节目制作、媒体营销、传播与策划；本科，市场营销、视觉传达设计、会展经济与管理、广播电视编导、数字媒体艺术、文化产业管理，下同。

4

(b) 文件示例2

图 4-20　（续）

成绩皆达 60 分及以上者为合格，二级/一级还须进行综合评审。

**1.9.3 监考人员、考评人员与考生配比**

理论知识考试中的监考人员与考生配比为 1:15，每个标准教室不少于 2 名监考人员；操作技能考核中的考评人员与考生配比为 1:10，且不少于 3 名考评人员；综合评审委员不少于 5 人。

**1.9.4 鉴定时间**

各等级理论知识考试时间不短于 90min；操作技能考核时间：中级技能不短于 120min，高级技能不短于 150min，技师及高级技师不短于 180min；综合评审不短于 30min。

**1.9.5 鉴定场所设备**

理论知识考试在标准教室进行，操作技能考核应在符合本职业要求的具有模拟操作功能场所进行，综合评审在配备必要的多媒体设备的室内进行。

(c) 文件示例3

**图 4-20 （续）**

# 第 5 章

# 电子竞技职业分类与职业发展

为了进一步认识电子竞技行业，个人应当明确电子竞技行业中不同的职业类型、职责要求以及可能的职业发展。在人社部发布的新职业中，涉及电子竞技行业的仅有电子竞技员和电子竞技运营师两个，但总体而言，电子竞技行业主要围绕赛事和俱乐部，可以分为 6 大岗位群：电子竞技战队赛训管理、电子竞技俱乐部运营、电子竞技赛事运营、电子竞技赛事内容制作、电子竞技赛事裁判以及电子竞技赛事解说。

## 5.1 电子竞技职业分类与职责要求

电子竞技产业是基于游戏又超越游戏的集科技、竞技、娱乐、社交于一身，拥有独特商业属性与用户价值的数字娱乐文化体育产业。随着电子竞技产业的不断发展，电子竞技产业对于人才的需求也越来越多样化，可从事的职业也不仅仅局限于职业选手、教练等职业寿命较短的岗位，直播运营、内容传播、电子竞技俱乐部运营、电竞赛事策划等能够助力电子竞技行业发展的岗位越来越受欢迎。

### 5.1.1 电子竞技职业分类

电子竞技行业主要围绕赛事和俱乐部，分为 6 大岗位群：电子竞技战队赛训管理、电子竞技俱乐部运营、电子竞技赛事运营、电子竞技赛事内容制作、电子竞技赛事裁判以及电子竞技赛事解说。本节内容主要对 6 大岗位群的基础岗位进行介绍。其中，由于国内部分战队还没有系统的品牌规划和内容运营活动，本书将对电子竞技俱乐部与电子竞技战队分开介绍。

#### 1. 电子竞技战队赛训管理

电子竞技战队赛训管理主要围绕电子竞技职业选手的比赛与训练展开。总体而言，分为队员管理、基地管理、训练设备管理、数据分析管理、战术预案管理、竞技训练、出行管理以及赛场指导 8 大职责。由于当前国内战队内部的分工尚未十分明确，战队的工作人员有可能兼任多种职位。目前战队内部设置的基础岗位主要包括职业选手、教练、领队、数据分析师、翻译等。

1）职业选手

一般而言，电子竞技职业选手的选拔主要经过从预备队员到替补队员，再到首发队员这样的流程。成为电子竞技战队的预备队员，除了具备出色的游戏水平，还要具备快速学习游戏不同版本的能力。此外，战队还要考核预备队员对于电子竞技职业选手生活的适应。例如，EDG 俱乐部训练营《英雄联盟》项目的申请条件为在国服或者韩服拥有大师以上段位；获得家长的理解并支持；能够接受宿舍集体生活。除了这些硬性条件之外，该俱乐部的训练生报名申请表同样要求申请者对个人的学习经历、性格特征等方面进行介绍。在战队对申请者进行筛选、线上考核以及为期一个月的试训之后，申请者才有可能与俱乐部签约，成为该俱乐部的训练生，如图 5-1 所示。

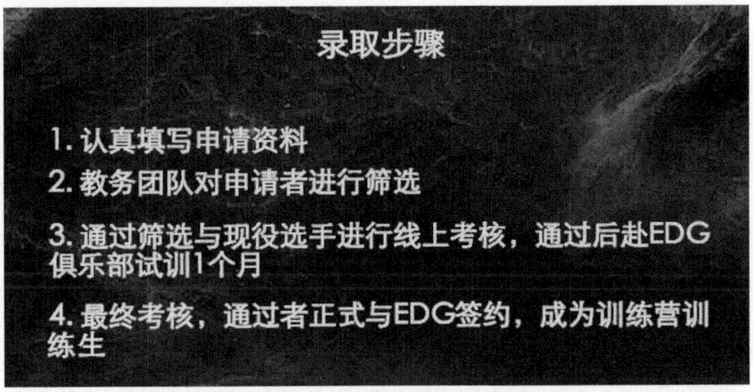


图 5-1 EDG 俱乐部训练生录取步骤

然而，俱乐部训练生仅仅是成为职业选手的第一步。从训练生到正式的队伍队员需要经过战队教练团队一段时间的训练和观察。在训练过程中，战队教练团队会观察训练生的操作能力、英雄池、大局观、沟通能力等。只有通过战队教练团队的评选，训练生才能进城市赛队伍，在正式的训练赛里与其他队员磨合和锻炼。只有到这一阶段，训练生才在真正意义上被认可为电子竞技职业选手。

2）教练

电子竞技教练主要负责数据分析管理、战术预案管理、竞技训练、赛场指导等职责。目前国内电子竞技战队的教练大多数由退役职业选手任职，因为退役职业选手无论是对电子竞技行业还是具体的电子竞技游戏都有非常深入的了解。电子竞技教练不仅需要热爱电子竞技事业，具备对游戏版本更新内容的理解能力，还需要非常了解具体电子竞技项目的职业联赛、职业队伍现状以及战术体系。此外，作为电子竞技职业选手的导师，电子竞技教练要根据选手的个人情况采用不同的教学风格和教学方法，以提高战队的作战水平。因此，电子竞技教练必须掌握新战术的开发能力、优秀的沟通表达能力以及管理培训能力。

3）领队

在电子竞技战队中，领队主要负责队员管理、出行管理等职责。领队作为电子竞技战队中的管理人员，对个人综合素质的要求较高。领队的综合素质主要体现在：一方面，领队要热爱并熟悉电子竞技比赛，熟悉具体电子竞技项目的游戏及赛事；另一方面，由于经常要与职业选手、教练以及俱乐部管理人员交流，领队必须具备较强的沟通能力。更重要的是，领队要与职业选手共同工作与生活，因此要具备开朗的性格、团队合作精神、团队精神、责任感、耐心以及较强的抗压能力。

4）数据分析师

电子竞技战队的数据分析师主要职责是分析游戏以及职业选手的数据，辅助教练制定作战方案等。因此，电子竞技数据分析师应该熟悉具体的电子竞技游戏，具备良好的数据分析能力，熟练地使用不同的数据统计分析方法和工具。另外，由于数据分析师需要与教练、职业选手就比赛数据、游戏数据等进行沟通，数据分析师还应当具备良好的口头以及文字表达能力。

5）翻译

随着国内越来越多的电子竞技战队开始参与国际大型电子竞技赛事，国内电子竞技行业翻译人才不足的问题逐渐显露。电子竞技行业的翻译人员，既需要能够理解电子竞技专业知识，又要贯通翻译基础理论。除了参加国际电子竞技赛事，国内俱乐部邀请外援队友时，也需要相关翻译人员来降低战队训练和比赛中的沟通成本。因此，电子竞技战队的翻译除了要掌握两门或者多门语言，还要熟悉具体的电子竞技游戏。

### 2. 电子竞技俱乐部运营

电子竞技俱乐部运营主要围绕电子竞技职业选手及赛事进行品牌运营以及商业变现。因此，电子竞技俱乐部运营的职责分工更加明确细致，主要包括品牌运营、渠道运营、运营资源管理等。对应的基础岗位包括视频制作人员、平面设计、内容运营、商务等。

1）视频制作人员

视频制作人员包括视频编导、摄影以及视频后期人员。电子竞技俱乐部的视频制作人员根据俱乐部品牌规划制作相应的视频作品，以提高俱乐部的品牌曝光度以及品牌价值。电子竞技俱乐部的视频制作人员除了要掌握必要的专业技能，如对不同摄像设备、录音设备、录屏软件、视频处理软件以及拍摄手法的熟练运用，还要对电子竞技行业以及具体的电子竞技游戏具有深度了解。另外，视频制作人员还要与职业选手、品牌策划人员就视频拍摄内容、效果进行沟通交流，因此，视频制作人员还应具备良好的口头和文字表达能力。

2）平面设计

与视频制作人员相似，平面设计的职责是负责电子竞技俱乐部的视觉识别系统的设计。因此，除了对各类设计软件的熟练掌握以及优秀的审美水平，平面设计也需要对电子竞技行业以及具体的电子竞技游戏具备一定的了解。

3）内容运营

内容运营主要负责电竞俱乐部在不同媒体渠道的品牌宣传，以此提高俱乐部的品牌曝光度以及品牌形象。因此内容运营除了要熟悉电子竞技俱乐部和职业选手，还需要对电子竞技行业和电子竞技游戏具有深入的了解。另外，由于大多数品牌运营在不同的线上或线下渠道进行宣传，内容运营还要熟悉不同运营渠道的风格与特性。总体而言，内容运营人员的创新能力、文案撰写能力以及编辑能力十分重要。

4）商务

电子竞技俱乐部的商务主要就俱乐部的品牌定位与不同的赞助商和渠道进行合作讨论。因此，商务除了需要具备一定的市场以及公共关系处理的专业背景，还需要充分了解其他电子竞技俱乐部、电子竞技行业发展趋势以及电子竞技的周边产业。另外，沟通能力、业务拓展能力和团队合作能力都是电子竞技俱乐部商务必须具备的素质。

### 3. 电子竞技赛事运营

电子竞技赛事运营主要包括电子竞技赛事项目协调、赛事管理、后勤保障、选手服务、执行制片等工作职责，设置的基础岗位主要包括赛事专员、后勤保障人员、选手服务人员、执行制片人员等。

1）赛事专员

赛事专员主要负责电子竞技职业选手在比赛场地的日程跟进以及比赛现场设备的检查。因此，赛场专员应当具备良好的沟通协调能力，了解游戏使用设备以及电子竞技赛事流程，并能够应对比赛过程中可能发生的紧急状况。

2）后勤保障人员

电子竞技赛事运营的后勤保障人员根据具体的工作内容，又分为餐饮组、住宿组、交通组以及费用报销组。负责餐饮、住宿以及交通的后勤保障人员应当掌握对应的餐饮服务资源、酒店住宿资源以及租车用车服务资源，具备协调不同人群需求的能力以及良好的服务意识。负责费用报销的后勤保障人员则应当掌握基本的财务知识，了解公司费用报销流程和单据填写要求，具备高效的执行能力。

3）选手服务人员

在电子竞技赛事运营中，选手服务人员直接与电子竞技战队对接，在战队合理的要求范围之内为战队提供专业服务，是战队安心参赛的后勤保障。选手服务人员主要负责战队行程通知，战队餐饮以及战队费用报销。一般而言，选手服务人员包括战队联络人和战队后勤。其中，战队联络人需要具备良好的沟通协调能力以及高效的执行能力；战队后勤则要掌握用车、餐饮、住宿等各方面综合资源以协调应对不同选手的需求，同时还应具备应对各种突发状况的能力和良好的服务意识。

4）执行制片人员

执行制片人员主要负责赛事舞美设计，场馆搭建以及供应商对接，现场环境以及赛事流程的维护，志愿者的招聘管理以及解说的安排，战队选手的化妆、服装、道具等服务，以保证现场观众的观赛体验。执行制片人员具体包括场地制片、舞美制片、道具制片以及现场制片。场地制片要求具有大型赛事的场地制片经验，并掌握场馆相关信息及资源；舞美制片应掌握优质的电子竞技供应商资源，并且具有较强的沟通能力和领悟能力；道具制片应当具备较强的执行力以及掌握一定供应商资源；现场制片对沟通协调能力、应变能力和处理突发情况的能力要求较高。

### 4. 电子竞技赛事内容制作

电子竞技赛事内容制作是电子竞技赛事内容的质量中心，负责制作赛事的全过程。电子竞技赛事内容制作主要由赛事策划、导播、赛事OB、现场导演、视频及赛事周边节目制作人员、美工及包装人员、技术人员、推流执行人员等组成,对应的岗位分类与职业要求如下。

1)赛事策划

由于赛事策划目前主要由赛事项目经理与导演合作完成,因此,本书仅对赛事策划中的基础岗位——舞美设计进行介绍。舞美设计的水平决定着赛事视觉体验的质量,因此,舞美设计人员必须具备舞美设计的专业知识和基本能力,并能够熟练运用3D设计和平面设计的相关软件。此外,舞美设计人员还应具备良好的创新意识和能力。

2)导播

电子竞技赛事导播包括赛事画面呈现,是赛事观赏性的重要决定因素之一。总导播通过切换台对不同镜头和机位进行选择,并协调灯光、大屏、摄像、音控、字幕等各岗位人员默契配合。因此导播的基础岗位包括灯光师、屏幕控制师、调音师、字幕员、摄像师等。

灯光师除了要求舞台灯光设计能力,能够熟练运用计算机灯光程序编程和相关设计软件之外,还应掌握调试各种灯光设备及设施的能力,能够使用一种或多种数字调光台。此外,灯光师应具备良好的艺术美学修养、舞台艺术鉴赏力和创造力。

屏幕控制师应当具备屏幕控制的相关知识,并熟练掌握控制设备操作技能。

调音师应当具备声学、录音、混响等专业知识,掌握调试音响设备、混音台、录音等设备的操作技能。

字幕员应当具备字幕机操作技能以及良好的沟通协调能力、应变能力和处理突发情况的能力。

摄像师应当掌握各种摄像设备使用技能,通晓镜头语言,对画面构图、色彩有相当的理解和运用能力,并具备各种摄像设备的日常维护能力。

3)赛事OB

赛事OB(observer,旁观者)负责用第三视角将比赛转播给观众,是赛事转播的重要环节。赛事OB对游戏的专业理解和规范操作,可以避免转播失误的发生,是赛事转播质量的基本保证。

赛事OB应掌握画面构图相关知识,具备深入的游戏理解以及丰富的高水平对战经验。此外,为了能够及时捕捉关键镜头以及与其他工作人员实时沟通,OB还应具备反应灵敏的素质和良好的协调沟通能力。另外,为了实时记录赛事对战信息和数据,电子竞技赛事内容制作还会配备数据OB。数据OB则应具备敏锐的观察能力,良好的游戏大局观、数据敏感度以及优秀的反应能力。

4)现场导演

现场导演是保障现场气氛及赛事呈现的基础,负责比赛现场气氛的调动、选手及演员的安排等相关事务。现场导演的基础岗位分为现场执行专员以及现场氛围导演。现场执行专员应熟悉对赛事现场的执行流程,并具备良好的沟通协调能力;现场氛围导演则要具备良好的审美能力和设计创意,掌握相关赛事的核心价值点,另外,现场氛围导演还应该掌握广泛的物料制作供应商资源,保证物料及时到位。

5)视频及赛事周边节目制作人员

视频及赛事周边节目制作人员负责制作比赛相关VCR,并搜集素材,形成赛事节目,为赛事宣传服务。基础岗位包括节目编导和视频剪辑。

节目编导除了要掌握摄像摄影、布景及灯光设置的能力，掌握网络节目制作和播出流程美学构图、画面语言的知识，熟练运用直播技术、后期软件剪辑和包装技术，还要拥有创新的意识和思维。

视频剪辑应熟练掌握后期剪辑技术和运用各种视频制作软件，并具备良好的美术功底，熟悉色彩、构图、镜头语言等基本知识。

6）美工及包装人员

美工及包装人员主要负责电子竞技赛事过程中不同环节的面板设计、比赛相关的物料设计等美化工作。基础岗位主要包括平面设计和视频后期。

平面设计应掌握优秀的美术设计能力，能够熟练运用 PS、AI、CAD 等设计软件，并具备良好的理解能力、沟通协作能力以及创意转化能力。

视频后期除了要具备出色的后期制作能力，熟练掌握 3ds Max、C4D、AE、PR 等各种设计软件，还要拥有较高的审美水平，掌握镜头语言、节奏、结构、色彩、衔接等技巧。

7）技术人员

技术保障是赛事顺利执行的重要保障。技术人员主要负责对设备及网络提供技术支持，包括在赛前进行测试并制定备用方案，赛中对于技术方面的突发状况及时排查故障或者立刻切换备用方案。技术人员的职业要求主要体现在网络运营和维护的专业能力。

8）推流执行人员

推流播出是线上观众观赛体验的重要保障，负责将赛事录制内容稳定且连续地传输到各大直播平台。推流执行人员应熟练掌握推流执行的技术，具备吃苦耐劳精神，并能承受高强度体力工作。

### 5. 电子竞技赛事裁判

电子竞技赛事裁判的主要职责是保证赛事的公平性以及选手的专业性，作为赛事的仲裁人，需要在较短的时间里做出最合理的判罚，以确保赛事的整体竞技性及公正性。

目前，国内知名的电子竞技赛事大多由游戏公司主办，赛事裁判的选拔标准与方式也主要由游戏公司制定。例如，英雄联盟职业联赛的执行裁判招募要求包括熟悉《英雄联盟》游戏（黄金以上分段）；熟悉《英雄联盟》赛事；拥有较强的沟通协调能力和逻辑思维能力；富有团队精神和较强的责任感，等等。此外，具备体育赛事裁判经验以及良好的英语口语能力也能为申请者加分。

### 6. 电子竞技赛事解说

电子竞技赛事解说是专门对电子竞技赛事进行讲解、介绍、分析的人员。电子竞技赛事解说的任职要求如下。

（1）熟悉并热爱电子竞技赛事，对高水准的游戏对抗策略有深刻的理解。

（2）熟练掌握角色、技能、物品、天赋、符文等游戏基础知识，能够快速理解电子竞技游戏版本变动，对游戏数据有清晰的认知。

(3) 对国内外俱乐部、选手的战术策略有系统的分析及独到的见解。

(4) 口齿清晰，仪表形象良好，具有优秀的镜头表现力以及随机应变能力。

(5) 保持专业的职业素养，拥有正面、积极的公众形象，以在工作和游戏中为玩家和观众带来最好的体验为最高目标。

总体而言，目前国内电子竞技行业的职业主要依据电子竞技赛事参与、电子竞技赛事执行以及电子竞技赛事传播进行分类。电子竞技行业中的大多数职业都要求从业者同时掌握电子竞技领域及其他专业领域的业务技能。

## 5.1.2 电子竞技的岗位职责

围绕电子竞技赛事参与、组织与传播，电子竞技战队赛训管理、俱乐部运营、赛事运营、赛事内容制作、赛事裁判以及赛事解说 6 大岗位群的职业职责表现各不相同，具体表现如下。

### 1. 电子竞技战队赛训管理

电子竞技战队赛训管理的基础岗位主要包括职业选手、教练、领队、数据分析师、翻译等。这些基础岗位的主要职责描述如表 5-1 所示。

表 5-1 电子竞技战队赛训管理的岗位职责

| 岗 位 | 职 责 |
|---|---|
| 职业选手 | 1. 在电子竞技赛事中获胜<br>2. 服从战队训练要求<br>3. 服从俱乐部日常运营工作安排 |
| 教练 | 1. 选拔与管理预备队员、现役队员<br>2. 制定与落实训练方案与比赛方案<br>3. 指导选手调整状态<br>4. 战术调整 |
| 领队 | 1. 管理队员健康、作息、心理与行为<br>2. 管理队员赛事与活动出行<br>3. 管理训练基地与生活区域 |
| 数据分析师 | 1. 分析比赛赛程与赛制<br>2. 分析游戏数据及更新状况<br>3. 分析其他战队选手数据<br>4. 分析队员训练及比赛数据 |
| 翻译 | 1. 协助队员国际赛事沟通<br>2. 协助队员与外援队员沟通<br>3. 协助队员理解游戏 |

### 2. 电子竞技俱乐部运营

电子竞技俱乐部运营的基础岗位主要包括视频制作人员、平面设计、内容运营、商务等。

视频制作人员的岗位职责主要是根据俱乐部品牌规划及赛事宣传需求，拍摄及优化不同定位及类型的视频，如游戏教学类视频、综艺娱乐类视频、纪录片类视频、赛事宣传类视频、品牌宣传类视频等。

平面设计的岗位职责是根据俱乐部的文化识别系统、内容运营以及周边产品的设计需求，运用各类图像编辑软件进行俱乐部视觉识别系统、海报、配图以及包装的设计。

内容运营的岗位职责是根据俱乐部的品牌定位、赛事活动或商业合作活动的宣传需求，在各个渠道进行俱乐部品牌宣传。一般而言，内容运营的渠道分为线上与线下。线上运营主要依赖俱乐部自媒体以及合作的社交平台、游戏平台、直播平台等；线下运营则主要依赖俱乐部商业合作所进行的活动。

商务的岗位职责主要是配合俱乐部的业务开展，与赞助商、渠道等合作对象进行谈判，并对俱乐部的关系资源进行拓展与维护。

### 3. 电子竞技赛事运营

电子竞技赛事运营的基础岗位主要包括赛事专员、后勤保障人员、选手服务人员、执行制片人员等。

赛事专员的岗位职责主要由两部分构成：一是在选手进入比赛场地后，与选手对接并跟进选手当天与赛程相关的所有环节；二是检查比赛现场设备，保证赛事顺利进行。

后勤保障人员分为餐饮组、住宿组、交通组和费用报销组。其中餐饮组、住宿组和交通组的后勤保障人员的主要负责整个赛事筹办过程中战队选手、主持人、解说、嘉宾、裁判等工作人员的餐饮、酒店住宿以及出行用车服务。费用报销组的后勤保障人员负责收集整理整个赛事筹办过程中各个部门费用支出所发生的发票单据，并与财务部门对接，报销已发生金额，保证各部门工作正常推进。

选手服务人员主要分为战队联络人和战队后勤。战队联络人负责战队行程，及时与战队联络沟通，保证赛事顺利进行。战队后勤负责提供必需的战队出行用车、餐饮、住宿等服务以及满足活动现场战队突发的其他合理需求。

执行制片人员包括场地制片、舞美制片、道具制片以及现场制片。这些基础岗位的工作职责如表 5-2 所示。

**表 5-2 执行制片人员的岗位职责**

| 岗 位 | 职 责 |
|---|---|
| 场地制片 | 1. 根据赛事需求，寻找满足条件的电子竞技场馆<br>2. 完成场馆消防、公安报批 |
| 舞美制片 | 1. 对接导演的舞台设计需求<br>2. 寻找合适的供应商完成舞台搭建工作，包括舞台、灯光、大屏、音响及特殊舞美 |
| 道具制片 | 1. 负责赛事道具制作，满足化妆、服装的需求<br>2. 对舞台等道具进行管理 |
| 现场制片 | 1. 负责在各个出入口引导观众有序地进出场<br>2. 负责在比赛场内引导观众快速有序地到达自己的座位，避免拥堵，保证现场秩序 |

### 4. 电子竞技赛事内容制作

电子竞技赛事内容制作的基础岗位主要包括舞美设计、导播、赛事OB、现场导演、视频及赛事周边节目制作人员、美工及包装人员、技术人员、推流执行人员等。

舞美设计的岗位职责主要有3部分：一是负责根据项目经理和导演要求设计出项目平面方案，保证设计作品高速优质完成；二是负责设计项目的3ds Max图，包括舞台背景、布局、灯光（日光及夜光）设计，以及各种平面类的设计；三是负责沟通协调各方人员，保证项目设计质量和时间的把控。

导播的基础岗位包括灯光师、屏幕控制师、调音师、字幕员和摄影师。这些岗位对应的职责如表5-3所示。

表5-3　导播人员的岗位职责

| 岗　　位 | 职　　责 |
|---|---|
| 灯光师 | 1. 负责设计赛事灯光布置方案和灯位定点图，保证舞美效果的整体呈现<br>2. 负责赛事灯光布线、布光、调试以及维护，保证赛事过程中的灯光控制和光影效果<br>3. 负责日常检查和维护灯光设备，保证设备正常使用 |
| 屏幕控制师 | 1. 负责在现场大屏幕播放VCR，制作高光效果<br>2. 负责呈现大屏慢放、快放等不同效果 |
| 调音师 | 1. 负责安装、调试活动现场音响设备，完成音响控制系统的综合布线<br>2. 负责完成音响设备日常清理、检查和维护工作 |
| 字幕员 | 1. 负责制作和更新赛事字幕包装<br>2. 负责调用各种数据，为赛程准备趣味数据 |
| 摄影师 | 1. 对拍摄质量和效果负责，负责摄影光影布局<br>2. 积极与美工沟通，对内部的反馈做到及时响应与汇报<br>3. 负责图片后期处理、整理及分布<br>4. 负责摄影器材的管理与维护 |

赛事OB的岗位职责主要是对比赛对局中发生的关键事件进行实时的追踪报导，利用观战系统捕捉对局中的关键事件并用最恰当的形式呈现给观众。

现场导演是调控比赛现场所有部门的重要岗位，需要根据现场导演的要求来调配现场资源，或是利用现场资源来满足总体的比赛呈现。

视频及赛事周边节目制作人员需要利用软件将比赛现场的视频或是比赛对局中的画面进行剪辑加工，以便进行二次传播。

美工及包装人员的工作内容类似平面设计，需要根据比赛内容以及赛事整体视觉方案来细化直、转播过程中需要出现的视觉面板或展示画面。

推流执行人员需要将导播规划好的视频信号利用专业设备传输到网络上。

### 5. 电子竞技赛事裁判

电子竞技赛事裁判的工作职责主要是保证赛事的公平性以及选手的专业性。作为赛事的仲裁人，裁判需要在较短的时间里做出最合理的判罚，以确保赛事的整体竞技性及公正性。另外，裁判还需要与后台的专业团队（如导演、选手、技术人员等）保持紧密沟通并随时反馈问题。

### 6. 电子竞技赛事解说

电子竞技赛事解说的岗位职责主要是负责不同电子竞技项目的各类赛事的解说工作，并参与官方举办的活动、官方节目的拍摄、统一品牌包装等扩大官方赛事影响力的相关工作。

## 5.2 电子竞技职业发展

### 5.2.1 职业发展的概念

根据中国职业规划师协会的定义：职业发展就是在自己选定的领域里，在自己能力所及的范围内，成为最好的专家。所谓专家并不一定是研究开发人员或技术顾问。专家是指在某一领域有深入和广泛的经验，对该领域有深刻而独到的认知的人。行政管理能力、员工培养能力、团队建设能力、规划和沟通能力等，是个体在职业发展过程中必须培养的能力要素，是实现职业发展的重要工具，但不是职业发展的目标。

职业发展通道是进行职业生涯管理的基础条件之一。职业发展通道是通过整合企业内部各个岗位，在设置多条职业发展序列并搭建职业发展阶梯后，通过岗位能够映射、探测岗位间的关联，提供广阔的职业发展平台，如行政序列、技术序列、销售序列、管理发展序列等。

职业发展分为两种情形。

一种是自然顺势的发展。当职业符合自己的个人意愿时，在完成职业的要求中熟能生巧，自然而然地也就达到一个更高的境界。

另一种则是人为努力的发展。当职业并不符合自己的个人意愿，但无法改行时，在履职过程中渐渐培养起对现行职业的热爱，由此积累经验，并获得意外的成功。

一般而言，个人的职业发展主要受到内环境和外环境的影响。内环境指个人的身体素质、性格特征、能力、文化背景、经验等方面的因素；外环境指政治环境、行业环境与发展趋势、文化环境等方面的因素。内、外环境对个人职业发展的影响往往是多因素相互作用的结果。

### 5.2.2 电子竞技从业者的职业发展

在电子竞技行业，职业选手的职业发展相较其他电子竞技从业人员而言更为特别。这主要是因为电子竞技职业选手的职业发展领域主要集中在电子竞技产业或电子竞技衍生产业，而一般的电子竞技从业人员的职业发展与传统行业的企业员工更为相似。由于一般的电子竞技从业人员大多需要具备其他行业的专业技能，在面对职业发展路径选择的时候，一般的电子竞技从业人员大多选择行政、技术或管理方向的发展路径。

### 1. 职业选手的职业发展

电子竞技职业选手的职业发展主要体现为在役时的比赛成绩和影响力以及退役后的职业生涯发展。

高学成，1992 年 6 月 18 日出生，《英雄联盟》前职业选手，如图 5-2 所示。曾为 Team WE 电子竞技俱乐部《英雄联盟》分部 WE.技嘉队长，在队内担任 ADC（attack damage carry，攻击伤害核心）。

图 5-2 《英雄联盟》前职业选手高学成

2009 年，游戏 ID 尚为“残梦断忆”的高学成曾率队拿下起凡精英邀请赛的冠军，2011 年获得了 WCG《三国争霸》项目冠军。

2011 年 IEM 广州站，高学成率领 WE 战队战胜了著名的 CLG 战队并获得了冠军。

2012 年秋天，高学成在韩国举办的龙争虎斗杯比赛中表现抢眼，再次展示了中国 ADC 的实力。高学成在对阵 CJ 战队的第三场比赛时下路伊泽瑞尔极限单杀薇恩后反杀 Insec 选手的李青的画面被做成了乐高动画，成为永远的经典。

度过了调整期，高学成在《英雄联盟》S2 总决赛八强赛对阵 CLG 战队的比赛中，用游戏角色格雷福斯拿下三杀被国外媒体列为年度 ADC 最经典镜头之一。

2012 年 11 月 30 日，第 5 届 IPL（IGN① Pro League）世界总决赛开赛，WE 战队以 2∶0 的比分打败 M5 战队，并乘胜追击击败 CLG.EU 战队，之后两次击败 Fnatic 战队，最终捧杯，成为中国《英雄联盟》项目第一个世界冠军得主。

2014 年 8 月 31 日，高学成正式宣布退役。2018 年 7 月 30 日，WE 电子竞技俱乐部官方微博宣布，高学成以教练的身份回归。2019 年 5 月 21 日，WE 电子竞技俱乐部官方微博再次宣布，高学成因身体原因正式卸任主教练一职。

据国内人气游戏资讯平台多玩网评价，高学成职业生涯最大的遗憾可能是他从来没有拿到《英雄联盟》S 系列世界总决赛冠军，但他巅峰时期的统治力让人印象深刻，不管是打团还是线上都给予对手巨大压力。虽然已经离开职业赛场，高学成仍然是许多经历过那个年代的玩家心中的“第一 ADC”。

---

① IGN（Imagine Games Network）是一家多媒体和评论网站，主营服务为游戏视频，现已发展成为全球规模最大的游戏娱乐媒体。母公司是 IGN Entertainment（GameSpy、Rotten Tomatoes、AskMen 持有者）。

对于电子竞技职业选手而言，取得良好的比赛成绩虽然是第一要务，但一位出色的职业选手由于受到行业的发展形势、具体的比赛环境、团队的合作水平、选手个人的心理素质、俱乐部管理方式等多方因素的影响，往往不能将其技术水平淋漓尽致地体现出来。因此，部分电子竞技职业选手尽管没有获得令人瞩目的国际竞赛成绩，但优异的电子竞技实力仍然赢得行业专家和电子竞技用户认可，并在电子竞技发展的历史中留下浓墨重彩的一笔。

此外，电子竞技职业选手个人的职业发展水平还体现在电子竞技项目的转型以及退役后的职业生涯发展。

禹景曦(游戏 ID：Misaya 若风)，作为一名前 *DOTA* 职业选手，前《英雄联盟》职业选手，现任《英雄联盟》游戏解说和游戏主播，其职业发展的路径展现了电子竞技职业选手职业发展的另一种可能，如图 5-3 所示。

图 5-3 《英雄联盟》前职业选手、职业解说禹景曦

2005 年，禹景曦受到李晓峰获得 WCG 世界冠军的影响，决心进入电子竞技行业。

2010 年年底，禹景曦加入了 Team WE 电子竞技俱乐部，成为一名《英雄联盟》项目的职业选手。

2012 年，禹景曦所在的 WE 战队代表中国参加英雄联盟全球总决赛，获得八强的成绩，并在同年的第 5 届 IPL 世界总决赛中拿下冠军。

2013 年，禹景曦以电子竞技代表队队长的身份参加亚洲室内运动会，并担任 WCG 开幕式火炬手。

2013 年年底，禹景曦宣布退役，并在次年签约斗鱼直播平台，正式转型为电子竞技解说。

2015 年，禹景曦首次担任《英雄联盟》S5 全球总决赛解说。

此后，禹景曦一直以俱乐部创始人、赛事举办者、电子竞技解说以及主播的多重身份活跃在电子竞技行业。2020 年 11 月 17 日，禹景曦正式宣布创立《英雄联盟》手游电子竞技俱乐部。

总体而言，禹景曦的职业发展道路展示了一个电子竞技职业选手职业发展的其中一条路径(*DOTA* 职业选手→《英雄联盟》职业选手→《英雄联盟》赛事解说→《英雄联盟》手游俱乐部创始人)。禹景曦不仅在电子竞技职业选手的竞技项目上进行了转型，也在电子竞技行业的职业类型上进行了转型。这些转型并不只依据职业选手个人的意愿，更反映着行业发展的状况、个人的能力素质以及一定的机遇。如果一开始就选择了电子竞技赛事解说这一项职业，禹景曦可能就错过了成为一名成绩斐然的电子竞技职业选手的时机。另外，丰富的《英雄联盟》竞赛经验使其具备了深刻的游戏理解能力，并令其能够在电子竞技赛事解说同行中脱颖而出。因此，电子竞技职业选手在进行职业发展规划之前，除了要考虑个人的兴趣和爱好，还应密切关注电子竞技行业的发展状况与趋势，并综合评估个人的能力与条件，以作出科学而可持续的职业发展路径规划。

### 2. 一般从业人员的职业发展

电子竞技行业的一般从业人员职业发展的路径一般包括行政、管理和技术 3 个方向。电子竞技行业不同的职业性质影响从业人员的职业发展方向。例如，视频制作、平面设计等岗位相较领队、赛事运营等岗位的职业发展更偏向技术方向。另外，随着电子竞技行业内分工更加细致和明确，行业对管理人员的需求会越来越大。

《英雄联盟》著名教练姬星（如图 5-4 所示）于 2012 年 8 月加入 WE 战队，在队伍中担任领队及技术、战术分析师，带领队伍拿下中国《英雄联盟》项目首个世界冠军——IPL5 冠军。

**图 5-4　EDG 电子竞技俱乐部总教练姬星（阿布）**

2014 年，姬星加盟 EDG 俱乐部，担任 EDG 战队教练。

2015—2016 年，姬星带领 EDG 战队拿下了职业联赛三连冠以及 MSI 冠军，成为当时中国唯一一个双冠荣誉在身的金牌教练。

2018 年 8 月 29 日，雅加达亚运会电子竞技表演项目《英雄联盟》总决赛，姬星作为主教练带领中国团队以 3∶1 的比分战胜韩国团队夺得了金牌。

姬星的职业发展路径成为了中国电子竞技行业专业化过程的一个缩影。从领队、战术分析师到亚运会电子竞技表演项目国家队主教练的职业发展过程，体现出电子竞技行业中职业分工越来越明确以及个人的专业化程度越来越高的趋势。在领队和战术分析师之间，姬星选择了战术分析师这一技术方向作为自身职业发展的主要方向，并在此基础上一步步完成不同层级的目标。目前，姬星除了担任 EDG 俱乐部的总教练，同时也是 EDG 俱乐部的总经理。可见，电子竞技从业人员职业发展的方向是多元化的。

# 第6章 电子竞技职业选择与就业准备

在充分了解电子竞技行业的职业之后，进行电子竞技行业内的职业选择，就要综合考虑个人、环境以及其他因素，运用科学的策略进行就业准备。充分的就业准备能够帮助个人找到理想的职业，并有助于个人的职业生涯发展。

## 6.1 电子竞技职业选择的策略

根据自身的职业理想和能力，从电子竞技行业的各种职业中选择一种作为自己从事的职业，就是毕业生择业的过程。任何已具备劳动能力的人，都要进入社会，从职业领域中选择符合自身特点的职业。所谓择业观，指择业主体对选择某种社会职业的认识、评价、态度、方法和心理倾向等，它既是择业者职业理想的直接体现，也是择业者世界观、人生观、价值观的反映。恩格斯在《路德维希·费尔巴哈和德国古典哲学的终结》中指出："在社会历史领域内进行活动的，是具有意识的、经过思考或凭激情行动的、追求某种目的的人；任何事情的发生都不是没有自觉的意图，没有预期的目的的"。

### 6.1.1 电子竞技职业选择的考虑因素

择业是毕业生踏入社会之后的一个重要抉择，关系到日后的人生走向。社会改革的大潮为毕业生择业带来了更多的机遇，随之而来的也有越来越多的挑战。大学生在选择职业时有哪些重要的参考因素呢？认清这些参考因素有利于帮助毕业生找准前进的方向。

#### 1. 自身因素

1）身体素质

身心健康对于职业选择特别重要，几乎所有的职业都需要健康的身心，不仅如此，职业适应也与身心状况有内在的关系，有的职业对视力、身高、体重有要求；有的职业要求反应敏捷；有的职业要求耐心和细心；有的职业与物打交道多；有的职业与人打交道多；有的职业需要不断创新；有的职业需要不断地重复程序化操作；等等。在电子竞技行业里，不同的岗位对于身体素质的要求也不一样。例如，职业选手对反应力的要求极为苛刻，而俱乐部运营、赛事运营人员的执行能力、沟通能力则要达到非常高的水准。

2）性格

性格指一个人在先天生理素质的基础上，在社会实践活动和不同环境熏陶下逐渐形成的比较稳定的心理特征。性格上的差异在不同程度上影响着个体职业选择的倾向和职业发展的成功与否。不同的性格影响着毕业生对社会、集体、个人的态度与对劳动和工作的态度。而且，不同的性格特点有不同的工作适应范围。一般情况下，从事与自己性格相适合的工作，才能充分施展自己的才华，全身心地投入工作，取得良好的业绩。如果性格与职业或岗位不合，再好的能力也难以得到充分发挥。例如，喜欢专心、安静地工作的人相较于电子竞技主持人、赛事解说等这些与他人互动性更强的岗位，更适合从事电子竞技赛事导播、视频编辑等技术方向的岗位。

3）性别因素

男性与女性在生理和心理上的差异，在择业价值观、价值取向和适应职业上会形成自然的差别。

4）兴趣

兴趣指一个人力求认识和掌握某种事物，并经常参与该活动的心理倾向。兴趣是人们内心的动力与快乐的源泉，与工作满意度、职业稳定性和职业成就感密切相关。找到职业与兴趣的契合点是职业选择的理想状态。根据兴趣选择职业会使人们的工作变得轻松，也易于成功。最初择业的时候影响人们选择的往往是薪资的高低，但是在之后的工作中人们可能会对高薪的工作倍感厌倦。工作是人生和生活的一部分，工作感受的好坏直接影响着生活质量的高低。工作并不是毫无感情的，它的意义绝不仅是为了养家糊口，它更是人们实现自己人生理想的途径。

毕业生面临择业的时候，不仅要知道自己有能力从事什么样的工作，也需要知道自己对哪类工作感兴趣，并尽量按照自己的兴趣规划自己的职业生涯。如果一个人对某一工作有兴趣，他就能自愿主动地发挥热情与才能，并且长时间保持高效而不感到疲劳。相反，那些对工作没有兴趣的人，由于精神不够专注，不热爱这个事业，也容易精力疲乏。另外，兴趣还可以开发智力，是成才的起点。只有将能力和兴趣结合起来考虑，才更有可能获得职业生涯的成功。

从加拿大《职业岗位分类词典》中可以发现，兴趣类型不同，对应的职业类型也不同。比如，愿与人接触的人适合做记者、教师和行政管理者；对科学技术感兴趣的人适合做科研人员；对机械操作技术感兴趣的人适合从事机械制造类的行业；等等。美国曾对2000多名科学家进行调查，发现他们大多数人都对所从事领域的问题研究很有兴趣。可见，兴趣是事业成功的重要因素。

5）能力

能力指影响活动效率，使活动顺利完成所必须具备的个性心理特征。如观察的精确性、记忆的准确性和思维的敏捷性等都是完成许多活动所不可缺少的，而对游戏的理解和对电子竞技的认识，对于从事电子竞技行业的人来说是必备的。

毕业后的就业环境和工作节奏、工作负担并不都是令人满意的，没有很强的适应能力和承受能力，将很难获得长足的发展。现在很多企业会让新员工在企业内部的基础岗位进行轮岗，以增强员工对于公司职能和企业文化的了解，这对员工的学习能力和适应能力有非常高的要求。在电子竞技行业，无论是职业选手、俱乐部运营、解说、裁判，还是电子竞技相关传媒企业，在赛季和非赛季的工作压力都会非常大。举例而言，持续数小时的高压竞技赛事，电子竞技选手要长时间保持注意力集中，教练和解说也要时刻关注比赛的进程以及选手的状态，俱乐部运营部门要根据战队成绩和现场情况及时进行内容运营，赛事部门更是要全程跟进比赛，不容一丝差错。因此，对于在校的大学生而言，及时意识到职业的工作特点并做好准备是非常重要的。在校期间，学生也应该提前学习时间管理，有意识地锻炼自己的忍耐力和承受压力的能力，同时要好好锻炼身体，为工作做好准备。

能力不仅是单位招聘的核心要求，也是毕业生找到工作的制胜法宝。而代表一个毕业生能力高低的外在载体，除了各种证书之外，还有毕业生个人在大学期间的实习和实践经历，以及在这些实习和实践过程中所取得的成果。比如，一位同学在实习中完成了某个项目的设计，取得了资格认证等。

6）心理

心理也是影响毕业生就业的一个重要因素。在择业问题上，有很多学生存在功利的心理。大多数毕业生普遍关注工资、工作环境，其次才是能否实现自我价值、提升个人素质等。比如当被问及选择工作的标准的排序时，毕业生把“经济收入高、工作条件好、社会地位高”排在前面。然而企业提供的高薪职位是有限的，这与大学生的心理期望是相矛盾的。一部分人对自己的期望过高，当他们真正融入社会的时候，难免会被现实的情况所打击，进而影响了自己适应职业的能力。

另一种情况是一些学生深受自卑心理的影响。自卑感强的学生最主要的问题是对自己的能力和资源缺乏全面的理解。这就需要毕业生通过充足的就业准备来帮助自己逐步树立自信。如果在择业之前做了充分的准备，学习了丰富的专业知识、技能和技巧，积累了丰富的社会实践经验以及交往能力，那么这个时候进入就业市场的毕业生就有了更多的主动性和选择性。

7）经验

经验主要指曾经从事某项工作的经历。毕业生拥有的职业体验，会在一定程度上影响他们的职业选择。真实的职业体验能够帮助毕业生确认对于该项职业的兴趣和胜任能力。在校生利用课余时间进行不同的职业体验，对将来的择业有重要影响。但经验并不是决定毕业生能否成功择业的决定性因素。虽然经验非常重要，但是企业对毕业生的综合素质也非常看重。而毕业生的综合素质体现在毕业生在校期间的成绩和综合表现。只有正确认识经验与择业的关系，才能在有限的时间内作出更合理的安排。

8）个人价值取向与对不同职业的评价

毋庸置疑，个人的价值观、行为方式、工作动机和需求等因素也会直接影响职业生涯的进展。同样的工作对不同的人有着不同的价值，同一个人对不同的工作会有不同的态度和抉择，在就业时，人们会根据自己的价值取向和对不同职业的评价进行择业。即便同样是在电子竞技行业，不同的人也会根据自己对职业的看法来表达在电子竞技行业内不同岗位从业的意愿，如图 6-1 所示。

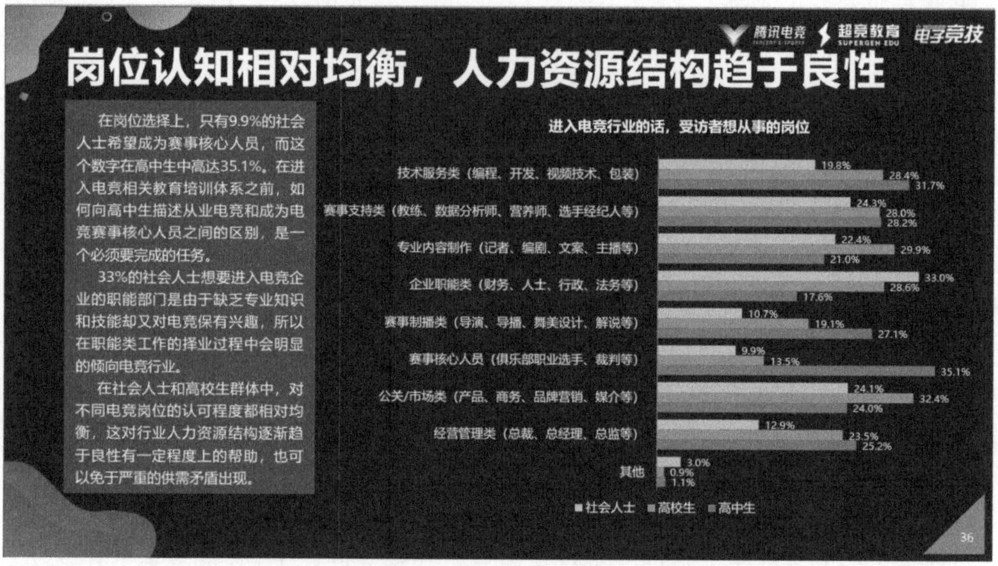


图 6-1 《2019 年度中国电竞人才发展报告》样本从业意愿

## 2. 企业因素

毕业生可以自由选择职业，企业也可以自主选拔人才。这就使毕业生择业问题不仅受到自身因素的影响，也受到企业因素的制约。

1）企业文化

企业文化是企业的灵魂，是推动企业发展的不竭动力，是在一定的条件下，企业生产经营和管理活动中所创造的具有该企业特色的精神财富和物质形态。它包括文化概念、价值观念、企业精神、道德规范、行为准则、历史传统、企业制度、文化环境、企业产品等。这种逐渐形成的企业文化是在生产实践中被全体员工所认同和遵守的。企业文化及所决定的工作方式、生活方式将决定员工能否和企业走得更久。一个企业怎样对待新员工，有怎样的工作文化和思维方式，是否提供培训和成长机会等，都会影响员工对企业的忠诚度和满意度。如果一个企业能提升员工的归属感，加强员工的责任感，赋予员工荣誉感，实现员工的成就感，那就会有更多的毕业生愿意选择这家企业。将不同的企业文化特征和用人需求相对接，只有这样，才能真正增强毕业生就业的针对性和实效性，才能成为企业欢迎、社会满意的高素质的劳动者。

2）薪资福利

薪资福利及职业的潜在收入空间将影响员工的生活满意度以及是否考虑进行职业转换。薪资在某种程度上反映着公司对职工的个人能力以及重要性的认同程度。对于员工而言，薪资是自己生活质量的保障，因此岗位的收入空间成为择业的重要参考因素。一个岗位的收入具体来源有很多，如本身的工资、公司的福利、岗位津贴、岗位在公司的升值空间等，这些都是影响收入的综合因素。如果一个公司的收入很难让员工满意，那么员工首先想到的就是换另外一家薪资更高的公司，这样不但能满足自己的生活基本需求，而且会给自身价值的提升提供一个更好的机会。

3）发展前景

随着市场形势的变化，行业划分越来越细致，岗位的划分也越来越精细。一个有理想、有抱负的人选择一个公司，看中的是公司是否有长远发展的潜力，公司的文化价值观是否与自身相符，公司是否有一个紧密配合的团队，个人是否有足够的发展晋升空间，公司是否有高效率的管理机构及管理制度等各方面的因素。因为，企业的发展前景中蕴含着个人的发展前景，两者密切相关。

### 3. 外在因素

外在的环境因素很大程度上影响着职业的发展趋势，也影响着毕业生是否选择这个职业，以及选择之后的工作、家庭生活。这些外在因素虽然不及自身因素那样具有决定性作用，但也是择业时的重要参考。所以，要充分了解社会对人才的需求方向和需求程度。

每一年的经济发展趋势和大众需求都不尽相同，政府也会积极制定和出台不同的经济政策，很多行业的未来发展趋势和政府政策是密切相关的。社会政策会影响一个行业的兴衰，及时了解政府提倡和优先发展什么产业和行业是很有必要的。

电子竞技正在走向社会主流，从国际认可、政府支持以及地方政策3方面均有所体现。

就国际认可而言，2017年4月17日，电子竞技被亚洲奥林匹克理事会纳入亚运会；2018年8月18日，电子竞技作为雅加达亚运会表演项目登场（如图6-2所示）。从政府支持角度而言，2016年4月15日，国家发改委发布了鼓励举办电子竞技赛事活动的相关文件；2016年9月，国家教育部已经正式增设“电子竞技运动与管理”专业。在地方政策层面，上海、杭州等地相继发布了支持电子竞技产业发展的地方性政策。

**图6-2　2018年雅加达亚运会《英雄联盟》表演赛中国团队**

可见，电子竞技行业的发展前景被我国主流社会逐渐承认和支持。国家层面的利好政策不断落实，电子竞技运动也获得了多个国际体育组织的认可。国人对于电子竞技的认知正不断深化，据统计，约66%的互联网用户认同电子竞技在中国是一项新兴的体育运动。这些变化在一定程度上影响了电子竞技行业岗位结构和数量的改变，也影响了人们对于电子竞技行业的职业选择。

### 4. 家庭因素

家庭是人的第一个学校。一个人的家庭环境也是造就其自身综合素质以至影响职业生涯的主要因素之一。人们从幼年开始就会受到家庭潜移默化的影响，这种影响是深刻的，会导致人们形成一定的价值观和行为模式。有些人还能从家庭中自觉或不自觉地习得某些职业知识或技能。此外，家庭成员在其择业或就业后的发展过程中，往往给予一定的干预，也会对人的职业生涯产生很大的影响。根据《2018 年中国电子竞技运动行业发展报告》，随着家长用户在游戏领域中参与度的提高，近四分之一的电子竞技家长用户支持子女从业电子竞技。在《2021 年中国电子竞技运动行业发展报告》中，也可以看出，2019—2021 年间，45 岁以上的年长电子竞技用户持续增加，如图 6-3 所示。由此可见，电子竞技行业作为一个职业方向正在被更多的家庭理解和接受。

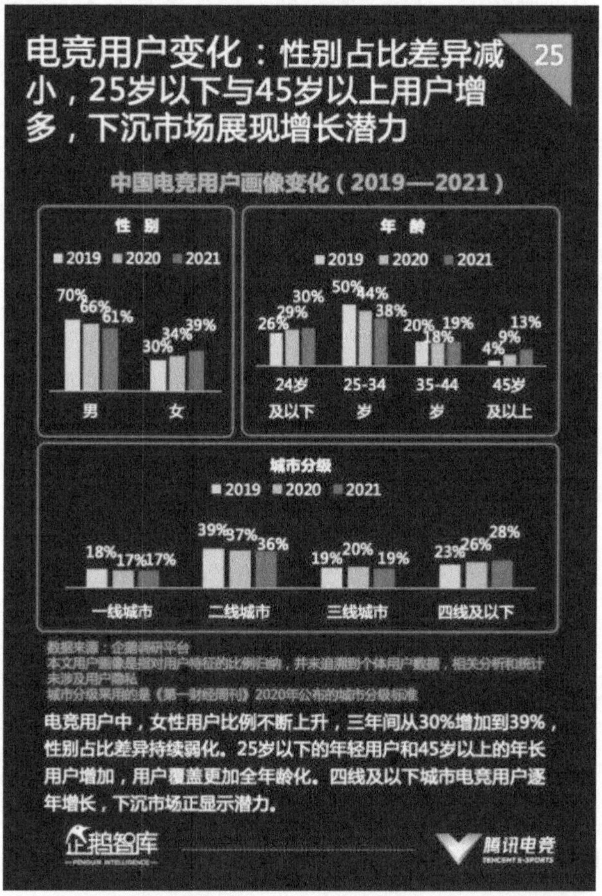


图 6-3 《2021 年中国电子竞技运动行业发展报告》电子竞技用户分布

## 6.1.2 电子竞技职业选择的原则

随着就业制度的改革，毕业生的就业方式越来越多样化，并逐步由被动就业转为主动就业。在如何选择职业的问题上，毕业生有了更多的自主权。但主动选择职业并不等于可以随心所欲地选择自己所喜欢的职业，因为择业要受到诸多条件的限制，如社会需求、职业市场、个人素质和机遇等。因此要作出合理的选择，就必须了解有关择业的社会因素，根据自身情况，把握择业的基本原则。这些原则是人们认识和处理职业选择问题时的参考标准和行为指南。正确地认识和掌握这些原则，不仅有助于个人找到合适的职业岗位，而且有利于个人的成长、成才和职业理想的实现。一般来说，毕业生在择业时应当遵循以下 4 方面的基本原则。

#### 1. 服从社会需要的原则

服从社会需要的原则要求一个人在选择职业岗位时，应把社会需要作为出发点和归宿，以社会对个人的要求为准绳，去认识和解决择业问题。

社会需要是指社会对其发展条件的需要。社会是由人构成的，所以社会需要的本质就是人的需要。它反映的是人类需要的共性，是体现全社会共同利益和愿望的需要，是对人类个体需要的集中和概括。社会需要的这种整体性，使得满足社会需要的各种职业也具有整体性。尤其是在我国这样一个以公有制为主体的社会主义社会，获得的每一项成就都渗透着其他职业活动的贡献，社会的每一步发展都是各种职业活动共同作用的结果。因此，毕业生在选择职业时，首先要把社会需要作为出发点，把个人意愿和社会需求结合并统一在一起。当个人利益与国家利益、集体利益发生冲突时，要顾全大局，服从社会需要。青年学生在作出自己从事什么样的工作，生活在什么样的环境里这一重大决策时考虑个人因素是正常和无可非议的，问题的关键在于这种选择是否符合社会需要。如果符合，这种选择就有了充分实现的可能；反之，这种选择则有可能是不恰当的，职业理想就难以实现。

#### 2. 有利于成才的原则

在择业原则中，服从社会需要是前提，发挥素质优势是标准，而有利于成才则是择业的最高原则。

人才是指掌握现代科学技术和知识技能，具有创新能力，能够进行创造性劳动的劳动者。诚然，毕业生已经具备了一定的素质，形成了一定的潜力，这无疑是成为人才的基础条件。但能否成为人才，还要看其是否取得了超出一般劳动的创造性劳动成果。也就是说，要成为人才必须通过劳动创造，而劳动又与人的主观能动性和客观条件有直接的关系。从主观方面讲，环境、机遇、人际关系等都是影响人才成长的重要因素。而客观环境能否为创造性的劳动提供可能的条件，将直接影响人才的成长及其作用的发挥。

因此，渴望成才的毕业生首先要树立正确的成才观，其次要在择业时努力把握好有利于成才的原则。这就要求毕业生在择业时，要尽量遵循人职匹配这一科学性原则，把事业目标看成择业决策的第一因素。如果毕业生择业时把地区、收入看得过重，而不能根据自己的身心特点选择适合于自己的职业，就可能会放弃自己喜爱又能发挥自身素质优势的单位而去苦苦追求地域好、收入高的岗位，其结果往往会是虽然得到了物质上一时的满足，但因自身价值不能充分发挥而成为精神乞丐，反而会误了前程。相反，如果能够从事自己喜爱、适合自己特长的专业，这就为成才创造了有利的条件。因此，要把握好有利于成长的原则，一定要确立以事业为重的观念，因为这是迈向成功的第一步。

#### 3. 争取及时就业的原则

近年来出现了部分毕业生不能及时就业的现象，其中既有社会方面的原因，也有毕业生自身的原因。毕业生不能及时就业，不仅造成了人才的闲置与浪费，不利于社会人才资源的合理配置和社会的安定团结；同时也会给学生及其家长造成沉重的心理负担和一定的经济压力，不利于毕业生身心健康、事业发展和家庭幸福。这个问题必须由高校、用人单位、毕业生等各方面共同努力才能得到有效解决。

对求职择业期间的毕业生来说，自身必须把握力争及时就业的原则。一是要调整择业心态，就业期望值要合理，注意避免脱离实际、盲目攀比等心理情绪的干扰，避免自身择业观念偏颇导致的有岗不上、有职不任的人为待业。二是要加深对职业流动的认识，改变"一次就业定终身"，对初次就业过度谨慎的观念。三是要采取顽强竞争、不怕挫折的态度，积极主动地探寻就业机会，避免在消极等待中延误就业时机。

作为毕业生，一定要准确把握整个毕业季的一般就业节奏以及进行校园招聘的单位的招聘节奏，重点要把精力放到最后一学年的第一学期，尤其是当年的9—12月。因为从教学计划安排和用人单位年度招聘计划来说，9—12月都是双向选择的热门时间。这个时间段来校招聘的单位多，招聘信息多，需求岗位多。

#### 4. 面向未来的原则

大学生在初次选择职业时，要立足现实，瞄准长远，用发展的眼光找准自己的用武之地，牢牢把握职业选择的主动权。无论选择做什么，只要选择的是正确的人生方向，都有机会走向成功。

影响择业的因素多种多样，毕业生择业要参考诸多因素。在择业之前，毕业生应该以这些因素为框架，具体分析自己的自身因素、企业因素和外在因素，结合择业的基本原则，综合分析诸多因素的地位和作用，形成适合自己的择业标准。

## 6.2 电子竞技就业准备

### 6.2.1 就业信息搜集

#### 1. 就业信息的范畴

就业信息收集是指通过各种方式获取所需要的就业信息。信息收集是信息得以利用的第一步，也是关键的一步。信息收集工作的好坏，直接关系到整个就业信息管理工作的质量。首先需要强调的是，就业信息不仅仅是具体用人单位的需求信息。国家的相关方针政策、法律法规，地方制定的有关就业政策；不同部门、不同行业在国民经济和社会发展中所处的地位、作用和发展势头；某个用人单位的性质、人员结构、经营状况、发展前景、工作环境等，这些都是重要的就业信息。就业信息是择业的基础，决策的前提，是调整生涯目标的参考。

### 2. 收集就业信息的主要渠道

收集就业信息应该力求做到“早”“广”“实”“准”。所谓“早”就是收集信息要及时，要早做准备，不能事到临头再去抱佛脚。所谓“广”就是信息面不能太窄，要广泛收集各个方面、不同层次的就业信息。“实”就是收集的信息要具体，用人单位的地址、面试环节、人员构成、生活待遇、发展前景、对新进人员的基本要求、联系电话等各方面信息掌握得越具体越好。“准”是要保证信息的准确性，做到准确无误。收集信息时要善于利用各种渠道、通过各种途径收集就业信息，主要包括以下 5 种渠道。

1）学校毕业生就业工作部门

学校毕业生就业工作部门包括学院就业指导中心及各系部就业服务科，是毕业生获取就业信息的主要渠道。这个部门往往是学校中掌握就业信息最广，准确性和权威性最高的一个部门。整理和发布就业信息是学校毕业生就业工作部门的主要工作，学校毕业生就业指导部门专门从事毕业生就业工作，与用人单位建立了长期友好的合作关系，在长期的工作交往中，与各部委和省市的毕业生就业主管部门及用人单位有着广泛而密切的联系，是用人单位向学校寄送需求情况的信息集中地。学校毕业生就业工作部门在与用人单位的多年交往中，与用人单位取得了互相信任，并建立起了良好的、相对稳定的关系。就政策而言，全国性的、行业性的、地方性的，在学校毕业生就业工作部门都有完整的收集；就需求信息而言，该部门接触到的所有信息都是用人单位针对学校的专业设置而来的，可信度高。同时该部门所接触的各部门、各单位也就是毕业生就业工作所涉及的就业机构。因此，经过学校毕业生就业工作部门筛选和分类的就业信息可信度极高，针对性强，信息量大。

2）专业指导老师

专业指导教师比一般人更了解本专业毕业生适合就业的方向和范围，以及近几年来毕业生的就业情况。在与校外的研究生、企业、公司合作开发科研项目或兼职教学、培训活动中，教师会熟悉这些用人单位的经营状况、工作环境和人才需求情况。他们提供的信息针对性强，更能满足学生对专业发展的需求。因此，毕业生可以通过自己的指导老师获得用人单位的相关信息，从而不断充实信息库。用人单位在发布用人信息后，通常希望较多的求职者前来应聘，以便有较大的选择空间。但是，招聘者往往又难以在众多的求职者中挑选出最佳人选，如果经双方都了解的老师稍加推荐，那么被录用的可能性就会大幅增加。

3）校友

校友是指那些已经毕业参加工作的师兄和师姐。校友提供的就业信息的最大特点是比较接近本校尤其是本专业的毕业生，对人才市场上的供求状况及其在具体行业中的实际工作、发展状况更了解。尤其是近几年毕业的校友提供的职业信息更有参考和利用价值。

4）家长亲友

家长和亲友通常是个人社会关系网中必不可少的组成部分，他们也都非常关心自己家庭亲友的就业问题，又因为分布于社会的各行各业、各个阶层，与社会有多种联系，所以可以从不同渠道带来各种用人单位的需求信息。家长亲友一般比较了解毕业生本人的求职意向，提供的信息也就比较直接、有效、可靠。

5）互联网

随着互联网的普及，越来越多的用人单位、高等院校和其他一些企事业单位，在互联网上发布大量的技术、资金和用人信息，与毕业生就业相关的网页如雨后春笋般地涌现出来。网络求职是信息时代比较主流的就业方式，用人单位和就业者将招聘信息与求职信息上网公开，用人单位和毕业生可以通过网络互相选择、直接交流。网上求职的最大优势在于即使毕业生身在异地也能获得大量的招聘信息及就业机会。

依托于信息技术的发展，近年来各大招聘平台也都相继开设了电子竞技招聘专区，如前程无忧网就曾与EDG和LGD两家电子竞技俱乐部合作开设电子竞技专区，招聘岗位除了职业选手外，还包括教练、分析师，以及淘宝运营、内容和产品运营团队，如图6-4所示。

**图6-4 前程无忧与EDG和LGD合作开设电子竞技招聘专区**

### 3. 就业信息管理

为了保证就业信息收集的质量，应坚持以下原则。

（1）准确性、真实性原则。

准确性要求信息所反映的情况必须真实可信，就业信息是否准确是择业人员作出决断的关键环节，信息不准会给择业人员带来决策上的失误。

（2）适用性、针对性原则。

对自己有一个充分的认识，然后根据自己的专业特长、能力、性格气质等因素，去收集有关的就业信息，避免收集信息范围过大，从而浪费不必要的人力和时间。

（3）系统性、连续性原则。

要求求职者善于将各种相关的信息积累起来，然后经过加工提炼，形成一种能客观系统地反映当前就业市场、就业政策以及就业动向的就业信息，从而为自己的择业提供更加可靠的依据。

求职者在收集就业信息时，不能仅限于走马灯式的了解，而应对所有拥有的信息进行充分了解，完善其内容，以便充分发挥就业信息的作用，这也是处理就业信息的一项重要工作。就业信息的处理原则如下。

（1）发挥优势、学以致用的原则。

处理就业信息时要尽量做到发挥所长、学以致用，这样可以发挥优势，避免人才资源的浪费。

（2）面对现实、理论联系实际原则。

在使用就业信息时，要事先对自己有一个全面的认识和正确的自我评价，无论个人的愿望如何美好，在实际操作时都要面对现实。

（3）在政策范围内择业的原则。

使用就业信息时，要把个人意愿和社会需要结合起来，并根据社会需要与自己的能力愿望作出职业选择。

（4）辩证分析原则。

用辩证唯物主义方法论来分析信息，用历史发展变化的眼光研究处理信息的实际利用价值。

（5）综合比较原则。

把所有的信息放在一起，从各方面比较各自的利弊，寻找符合自己条件的企业。

（6）善于开拓原则。

深入思考那些有潜在价值的信息，加以改进，充分利用。正如人们常说的，信息的价值会用则有，不会用则无。

（7）早作抉择原则。

信息有很强的实效性，及时用之是财富，过期不用等于无。因为较好的职业总会吸引许多的求职者的追求，而录用的指标是有限的，如果延迟抉择不及时反馈信息，往往会痛失良机。

## 6.2.2 个人简历的制作

简历是用于应聘的书面交流材料，它向未来的雇主表明自己拥有能够满足特定工作要求的技能、态度、资质和信心。好的简历就是一件营销武器，它向未来的雇主证明自己能够解决他的问题或者满足他的特定需要，因此确保能够得到会使自己成功的面试。

### 1. 制作原则

制作简历一般有以下几项原则。

（1）“十秒钟”原则。

简历阅读所需要的时间越短越好，就业专家认为，一般情况下，简历的长度以A4纸1页为限，简历越长，被认真阅读的可能性越小。高端人才有时可准备2页以上的简历，但也需要在简历的开头部分有资历概述，能够让阅读者在十秒内掌握关键信息为最佳。

(2) 清晰原则。

清晰的目的就是要便于阅读。就像是制作一份平面广告作品一样,简历排版时需要综合考虑字体大小、行和段的间距、重点内容的突出等因素。

(3) 真实性原则。

不要试图编造工作经历或者业绩,谎言不会让求职者走得太远。

(4) 针对性原则。

假如用人单位要求求职者具备相关行业经验和良好的商务业绩,则可在简历中针对性地陈述有关的经历和事实并且把它们放在突出的位置。

(5) 价值性原则。

使用语言力求平实、客观、精炼,篇幅视工作年限长短而定。工作年限5年以下,通常以1页为宜;工作年限在5年以上,通常为2页。注意提供能够证明工作业绩的量化数据,同时提供能够提高职业含金量的成功经历。独有的特列经历一定要保留,如著名企业从业、参与著名会议或论坛、与著名人物接触等。

(6) 条理性原则。

要将公司可能雇用自己的理由,用自己过去的经历有条理地表达出来。个人基本资料、工作经历(包括职责和业绩)、教育与培训这3大块为重点内容,其次是职业目标、核心技能、背景概述、奖励和荣誉等。

(7) 客观性原则。

简历上应提供客观的证明或者佐证资历、能力的事实和数据。另外,简历要避免使用第一人称"我"。

### 2. 编辑要求

编辑简历的要求主要如下。

(1) 简历定位。

雇主之所以花时间和精力来到招聘现场阅读简历、筛选人才,其目的就是想知道求职者的能力,而不是来欣赏编写简历的文采。为简历定位,明确自身到底能做什么,强项是什么。如果求职者有多个目标岗位,最好写上多份不同类型的简历,在每一份简历上突出重点,这将使简历更有机会脱颖而出。

(2) 内容要过硬。

仅有漂亮的外表而无内容的简历是不会吸引人的,要注意,内容决定一切。所以简历中一定要有过硬的内容,特别要突出个人的能力、成就以及取得的经验,这样才会使简历富有特色且更加出众。

(3) 让简历醒目。

简历的外表不一定要很华丽,但至少要清楚醒目。审视一下简历的空白处,用这些空白处和边框来强调正文,或使用各种格式,如斜体、大写、下画线、首字突出或首行缩进等方法,要用计算机制作并打印纸质简历。

(4) 尽量简短。

雇主一般只会花很少的时间浏览简历,然后决定求职者是否可以参加面试,所以简历越简练精悍效果越好。如果求职者有很长的职业经历,一张纸容纳不下,试着总结出职业经历中的重点信息并组织出一份最有说服力的简历,尽量删除无用的信息。

(5) 力求准确。

阐述个人的技巧、能力、经验时要尽可能准确,不夸大也不误导,不要模糊处理,同时要确认所写的内容与实际能力及工作水平相符。

(6) 强调成功经验。

要证明个人以前的成就以及获得这些成就的原因和经验,一定要客观和准确地说明在取得这些成就的过程中使用了什么创新和特别的方法。

(7) 使用有影响力的词汇。

使用如有证明性的、有分析性的、线性的、有创造力的和有组织的等意味的词汇,可以提高简历的说服力。

此外,如果用人单位没有特别的要求,不要把个人爱好写在简历上,但如果个人爱好与职业相关,则要写上以表现工作能力。

做完简历以后,再确认一下简历是否回答了以下问题。

(1) 它是否能让雇主尽快了解个人的能力?

(2) 是否写清了个人的能力?

(3) 是否写清了个人满足这份工作的哪些基础需求?

(4) 有多余的内容可删除吗?

#### 3. 制定个人简历

在学习简历制作的原则与要求之后,请试着制作独特的个人简历,以图 6-5 为例。

从图 6-5 可以看到,简历一般分为求职意向、联系方式、工作经历、教育背景、职业技能、奖项荣誉等几部分,其中自我评价与兴趣爱好可以根据申请的岗位而决定是否补充。

### 6.2.3 招聘面试的准备

#### 1. 面试注意事项

面试是用人单位挑选职工的一种重要方式。面试给用人单位和求职者提供了进行双向交流的机会,能使用人单位和求职者之间相互了解,从而双方都可更准确地作出聘用与否、受聘与否的决定。

1) 面试前的准备

面试前要做的准备如下。

(1) 完善简历。

对面试官来说,简历是迅速了解求职者基本情况的唯一途径,也是对自己感兴趣或者存疑点进行下一步详细询问的基础,因此简历中一定要将企业最关心的问题及自己的主要经历、特长等便于有力胜任某职位的信息表达清楚。

(2) 了解公司和职位。

对用人单位进行详细的了解,了解用人单位背景、基本的组织架构、运营方式及其所

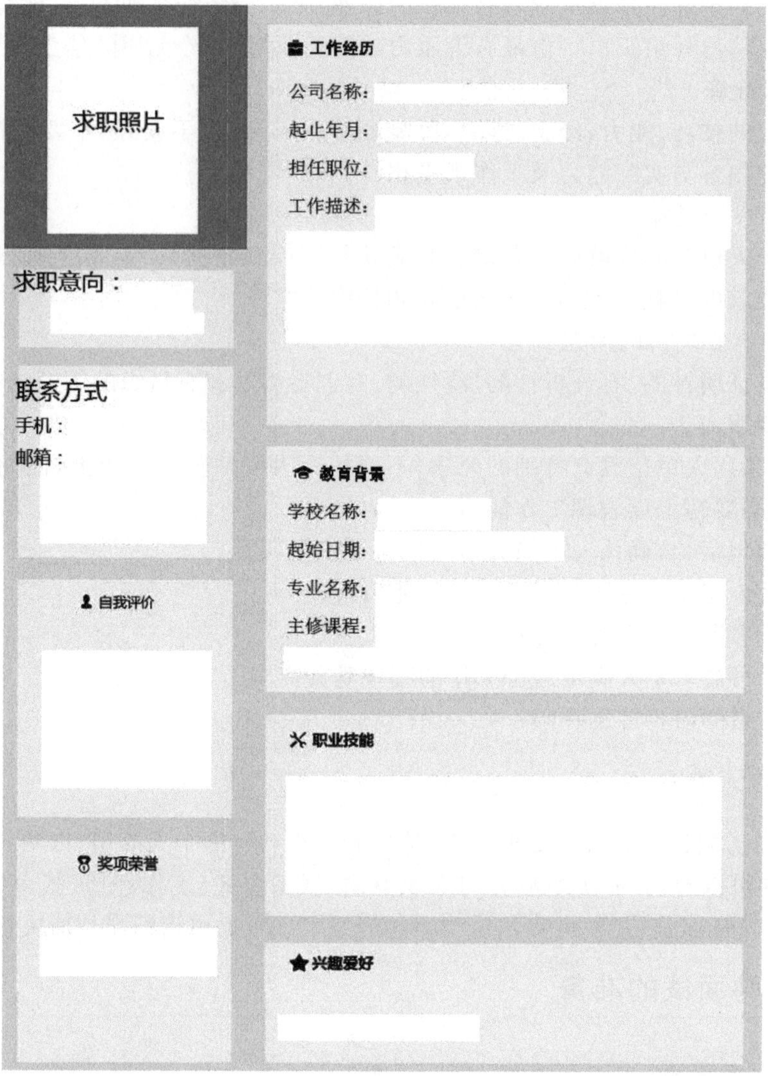


**图 6-5　求职简历设计图**

处的整个行业的情况等基本信息。这些相关信息可以通过企业网站等途径了解。也可以根据所了解的信息准备一些自己在入职前想要进一步了解的问题。对企业各方面都充分了解，同时还有自己的思考和想法的求职者，一定会给面试官留下好的印象。

（3）演练自我介绍。

面试的时候，面试官的第一个问题一般都会让求职者作自我介绍，所以可以先和家人、朋友进行演练，以免到时在紧张的情况下语言逻辑混乱，需要突出的地方没有讲出来，没必要长篇大论的地方反而占用大量时间，从而影响面试的效果。面试前组织好语言，记住自己的介绍词，这会成为求职者面试的加分项。

（4）温习知识、技能。

个人谋求的工作如需某种专业的知识或技能，应事先做好温习，因为面试时极可能会被问到某一方面的问题或被要求当场展示，以衡量求职者知识或技能掌握的程度和能力。

(5) 资料齐全。

出发去面试之前须检查所携带的资料文件等是否齐全并用文件袋把这些文件有条理地存放，以免用人单位查找这些信息时出现资料丢失、不完整或是页面不整齐等情况，从而降低面试印象分。

(6) 穿着简单大方。

面试的行业不同，穿着也应不同，但是一定要简单大方，忌花里胡哨。同时，要选择令自己舒适的服装，避免在面试的时候因为衣着不舒适造成的心理紧张和烦躁情绪，从而给面试带来不好的影响。

(7) 遵时守约。

对于要面试的企业，一定要事先查找好具体地址、行车路线等信息，并能在约定的时间前5～10分钟到达，不要迟到。

2) 面试的流程

(1) 热络场面。

面试开始时，注意用眼睛注视面试官，面露微笑，就像平时碰到一个很久不见的熟人一样。这个举动会让面试官觉得求职者很容易相处，能够打破面试开始时的尴尬。

(2) 自我介绍。

进入谈话阶段，面试官一般都会让求职者先简单介绍一下自己。求职者只需要如实介绍自己，将自己的情况和能力表达得与简历中描述的一致即可。注意言语要清晰，既不要拘谨也不要太活泼，应辅以适当的肢体语言。

(3) 展现能力。

谈到应聘岗位的工作性质和目标后，可立刻指出“我过去也解决过类似问题”，然后举例详细说明。

(4) 表露兴趣。

事先通过网络等途径查阅用人单位的相关信息。在谈到单位的情况后，马上说出自己对单位的了解和兴趣，愿意学习有关单位的一切。越了解单位，面试官给的印象分越高。

(5) 提出问题。

当面试官问了几个问题后，可以适当反问一两个问题，以表示对工作的强烈兴趣。有专家建议，面试时最好提前准备十个问题。但注意不要花过多的时间提问题。

(6) 说明贡献。

面试全过程中，要时刻找机会展示自己的能力。不要只复述简历，要站在对方的立场上，想一想自身的什么技能才是企业最需要的，将话题引到这一点上。

(7) 简洁有序。

提前把个人想要讲的事想清楚，尽可能掌握面试的主动权，以保证有足够的时间让对方记住重要的信息。

# 6.3 电子竞技创业指导

## 6.3.1 电子竞技行业创业环境

### 1. 政策环境

电子竞技产业脱胎于游戏产业,在发展的过程中一直受到政策环境的影响。20 世纪 80 年代电子游戏开始进入中国,被普遍认为是一种现代化的娱乐方式,是青少年学习计算机技术非常好的载体。20 世纪 90 年代末,一些主流媒体开始关注电子游戏对青少年的负面影响。社会对电子游戏的态度趋向严厉,认为对青少年成长不利,与当时的社会价值取向不符。这个变化曲线和电子竞技政策的变化也大致吻合,2003 年,国家体育总局设立电子竞技为第 99 个体育项目,标志着国家第一次将电子竞技纳入管辖范围,电子竞技的从业者由此对产业的发展充满憧憬。2004 年 4 月 12 日,国家广电总局发布了《关于禁止播出电脑网络游戏类节目的通知》,整个产业的发展陷入了低谷。2008 年后,大众逐渐认可电子游戏像电影、电视产业一样,是一种现代化的娱乐方式,政策层面也视电子游戏产业为重要的文化产业之一,有望成为新的经济增长点。陆续出台政策,开始不同程度地支持电子游戏产业和电子竞技产业发展。

2016 年 4 月 15 日,国家发改委发布了《关于印发促进消费带动转型升级行动方案的通知》。明确指出"在做好知识产权保护和对青少年引导的前提下,以企业为主体,举办全国性或国际性电子竞技游戏游艺赛事活动。"

2016 年 7 月 13 日,国家体育总局发布的《体育产业发展"十三五"规划》,指出"以冰雪、山地户外、水上、汽摩、航空、电竞等运动项目为重点,引导具有消费引领性的健身休闲项目发展。""十三五"规划,是指导未来五年体育产业发展的纲领文件。在经济转型的趋势下,文化体育产业是重要的新经济增长点。国家体育总局的数据显示,2014 年全国体育产业总规模超过 1.35 万亿元,且连续三年增加值年均增长率为 12.74%,高于 GDP 的增长速度。"十三五"的目标是体育产业总规模超过 3 万亿元,电竞是其中的重要一环。对从业者来说,谁先入场,谁就有可能抢到更大的市场份额。为了更好地引导产业健康发展,国家体育总局体育信息中心将推出一系列赛事、运动员、裁判员分级管理制度,从政策层面完成电子竞技职业化与正规化。未来将有一大批职业电子竞技从业人员拿到证明资质,社会舆论影响力更趋正面,其商业价值将得到有力提升。9 月 18 日,文化部发布的《关于推动文化娱乐行业转型升级的意见》明确提出鼓励电子竞技场所建设,支持报造区域性、全国性乃至国际性游戏游艺竞技赛事,引导和扶持各种竞技比赛与游戏游艺行业融合发展。

2016 年 9 月,教育部发布了《普通高等学校高等职业教育(专科)专业目录》2016 年增补专业,公布了 13 个新增专业,其中包括"电子竞技运动与管理",属于体育类。新增专业适用于高等职业学校,将于 2017 年实行。但该专业设立时,并没有一套完整的课程标准,也没有得到政府的大力推广;各地教育厅在实际审批电子竞技专业时,也设有太多限制。

这反映出负责部门对电子竞技产业的发展有一定的认可，但对电子竞技产业内各种不规范的现象以及产业未来的发展仍然抱有疑虑。

2016 年 10 月 14 日，国务院总理李克强主持召开国务院常务会议，会议指出，要出台加快发展健身休闲产业指导意见，因地制宜发展冰雪、山地、水上、汽摩、航空等户外运动和电子竞技等，配套建设营地、码头等设施，发展民族民间健身项目，提升器材装备研发制造能力。

2016 年 10 月 25 日，国务院办公厅发布的《关于加快发展健康休闲产业的指导意见》明确提出推动电子竞技项目健康发展，培育相关专业培训市场。

2019 年 4 月 3 日，人力资源和社会保障部、国家市场监管总局、国家统计局正式向社会发布 13 个新职业信息，电子竞技员和电子竞技运营师已列入正式职业。2020 年，《电子竞技员国家职业技能标准》正式出台，电子竞技相关职业正在日趋规范。

各地地方政府也出台政策，扶持电子竞技发展。2016 年 12 月，上海市政府发布了《关于加快本市文化创意产业创新发展的若干意见》，强调加快上海全球电竞之都建设。2018 年 4 月 19 日，杭州市下城区推出了浙江省首个电子竞技数娱产业扶持新政《杭州市下城区人民政府关于打造电竞数娱小镇促进产业集聚发展的实施意见(试行)》。

近年来，国际体育组织也逐渐认可电子竞技是一项体育运动。2013 年 3 月，国家体育总局决定成立一支 17 人的电子竞技国家队，出战在韩国仁川举办的第四届亚洲室内和武道运动会，并参与《英雄联盟》、《星际争霸Ⅱ》、*FIFA* 和《极品飞车》4 个子项目的争夺。这也是中国第一支电子竞技国家队。

2017 年 4 月 17 日，亚奥理事会宣布电子竞技进入 2018 年雅加达亚运会、2022 年杭州亚运会。9 月 17 日，第五届亚洲室内与武道运动会于在土库曼斯坦首都阿什哈巴德开幕，电子竞技作为表演项目于 9 月 25—27 日举行。同年 10 月 28 日，在瑞士洛桑举行的国际奥委会第六届峰会上，国际奥委会正式认定电子竞技为一项体育运动。2018 年 5 月 14 日，亚奥理事会、亚组委、亚洲电子体育联合会联合发布，《英雄联盟》《王者荣耀国际版》《皇室战争》《炉石传说》《实况足球》《星际争霸Ⅱ》6 个电子体育项目成为第 18 届雅加达亚运会表演项目。

### 2. 经济环境

宏观经济环境对特定产业的影响，会随着产业的发展阶段而变化。新兴产业与其他产业的联系相对较弱，因而有可能出现产业发展在宏观经济下行时继续保持增长势头的逆周期现象，这一点在第三产业中表现得更为明显。但随着特定产业发展壮大，和其他产业的联系增强，仍会呈现和宏观经济一致的走势。

电子竞技产业作为新兴的文娱产业分支，也曾经出现逆周期发展的现象。如前文所述，1998 年亚洲金融危机时，韩国乃至整个亚洲的宏观经济都受到了沉重的打击，但在政府的支持下，韩国电子竞技产业快速走上高度职业化的道路，发展为成熟的产业。然而，由于电子竞技产业在很长的一段时间内都处于野蛮生长的状态，没有找到自己的盈利模式，依赖赞助商的投入；在 2008 年的全球金融危机中，电子竞技产业也走入了寒冬，早期创立的电竞企业大量解散，从业者纷纷被迫转行。随着电子竞技产业生态的形成和市场规模的不断扩大，在2016—2018年全球经济增长放缓的背景下，电子竞技产业的产值反而高速增长。

### 3. 文化环境

电子竞技从诞生起就伴随着争议。主流社会对于电子竞技和电子游戏的态度随着社会主流文化的变化以及电子竞技行业的发展也一直在发生改变。

早期由于电子竞技的概念没有被广泛接纳，电子竞技和电子游戏的概念经常被混淆，加之主流舆论将电子游戏视为不务正业的娱乐消遣活动，甚至是影响孩子学习的洪水猛兽，导致电子竞技活动在很长一段时间内只能局限于游戏深度爱好者群体中，甚至一度在夹缝中生存。主流社会对电子竞技的抵触态度，让从业者得到的支持非常微弱甚至背负着巨大的压力。

然而，电子游戏不仅是科技进步的延伸文化和人类信息时代下新的娱乐方式，还是一种社会交往形式。游戏，尤其是群体性的游戏，是少年儿童学习社会规范，学习怎么跟人打交道，学习情感表达，学习情感控制的一个非常重要的途径，通过玩游戏能够互相联络感情。当玩家群体聚集在一起玩游戏、看比赛时，自然会产生社交行为，游戏从这个意义上来说也是形成社会共同体的一个很重要的载体。与传统的社交方式相比，电子游戏最重要的好处就是完成它所依赖的条件更简单。

随着电子竞技产业的不断完善，传统行业和官方媒体对电子竞技的关注和报道越来越多，加上政府政策的引导，越来越多的电子竞技从业人员正在得到家庭的理解和支持。2018年《英雄联盟》S8世界总决赛观众席上，出现了多位职业选手的家人，FNC俱乐部中单选手Caps的父亲也是其中之一。Caps的父亲在采访中表示非常支持儿子参加职业赛事，并为他的成绩和成长感到骄傲。EDG俱乐部中单选手Scout的母亲也在ESPN Esports的采访中表示，“当Scout想要成为职业选手时，他的父亲非常反对，因为他想要Scout专注学业。但在作出决定之前，我想知道Scout的这个游戏玩得有多好。我向大儿子询问意见，Scout的哥哥告诉我：‘如果用大学来衡量他的游戏水平，他处于哈佛水准。’自那之后，我开始帮助他成为一名职业选手。我说服了他的父亲，跟Scout的学校联系，让他可以只上半天学。”

可见，在电子竞技文化更为成熟的地区，家长对电子竞技的态度显得更加宽容。对于国内社会由电子游戏和电子竞技引发的代际矛盾，也有学者提出：“这个世界在进步，你的儿子孙子在进步，我们不该躺在自己舒服的位置不作任何改变，而单纯去指责这个年轻人。因为他以后要面对的生活，你可能不需要面对。”

电子竞技本身是发源于网络的亚文化，作为与主流文化相对应的非主流的、局部的文化现象，在不被主流文化接纳的背景下，由于网络为其提供了跨越空间传播的可能性，电子竞技爱好者在网络空间内聚集在一起继续交流，形成电竞圈内独特的“梗文化”等文化现象，并通过网络进行扩散。当电子竞技走入线下后，电子竞技文化加速向主流文化扩散。未来，电子竞技将会融入主流文化还是代替现有的主流文化仍然是未知数，但父母长辈对电子竞技的支持理解无疑会使得电子竞技的社会形象更加积极健康，得到更多人群的认可，从而进一步促进电子竞技产业的发展。

## 6.3.2 电子竞技行业创业者必备的素质

### 1. 善于把握商机

识别与把握创业商机是创业活动的核心，尤其在产品和商业模式更迭非常迅速的移动互联网时代。在中国电子竞技行业，伍声的成功是无法被复制的。他拿过12个冠军和3个亚军，退役后打造了国内职业化程度最高、造血功能最好的《DOTA》战队。2010年，伍声又投身于解说行业，凭借技术过硬、思路清晰、普通话标准和表达能力出众的优势收获了大量的粉丝。之后，伍声依靠敏锐的洞察力和判断能力，将解说视频的流量转化成网店的月销量，开启了自己的第二个黄金时代。通过资本和经验的累积，伍声后续又创建了第三方电子竞技服务平台以及游戏研发公司。

可见，创业机会是一直存在的，但它对大部分人来说并不容易发觉，只有能够敏锐地识别和捕捉到它的人才能够收获成功。

### 2. 注重用户需求

马克思在《资本论》中指出："商品价值从商品跳到金体上，像我在别处说过的，是商品的惊险的跳跃。这个跳跃如果不成功，摔坏的不是商品，但一定是商品所有者。"用户是企业产品销售的市场，了解了用户的需求，就等于了解了市场。用户的满意程度，是企业未来盈利的指示器。

2020年，企鹅智酷与腾讯电竞联合发布的《中国电竞运动行业发展报告》中将电子竞技用户定义为：中国电子竞技用户——中国大陆范围内，观看过电子竞技赛事，并且对电子竞技有一定了解的用户；海外电子竞技用户——美国、日本、韩国、法国、巴西、越南、泰国、新加坡范围内，观看过电子竞技赛事，并且对电子竞技有一定了解的用户，海外电子竞技用户指对以上8个国家电子竞技用户的统称；电子竞技兴趣用户——听说过电子竞技，包括观看过电子竞技赛事和目前还没看过电子竞技赛事，对电子竞技有兴趣的用户。电子竞技用户是电子竞技生态链的核心，观赛用户越多，赛事的影响力和商业价值就越大。赞助商会根据庞大的用户宣传渠道而增加投资；传播方会为了吸引用户而购买赛事播放权或生产相关内容；经销商会为迎合赛事的热点而开发相关的赛事特许产品，从而获得电子竞技用户的二次消费。

电子竞技创业者必须仔细研究用户市场，才有可能深入地了解不同市场的特点，进而更好地引导、发现和满足用户的需求，以求获得更大的利润。

### 3. 具有忧患意识

知识经济特别是在移动互联网时代，面对产品更迭速度加快、生命周期缩短的特点，如果企业不能转变思路，快速进入和退出市场，迅速推出升级产品，将难以在残酷的商业竞争中保持原有的优势。

2003年前后，浩方对战平台可谓是人气最高的游戏联机平台。现如今，相较同类型的玩家互动平台，浩方的竞争力已不如从前。在当时，以《魔兽世界》《梦幻西游》等为代表的网游迅速崛起，而浩方自身没有热门的游戏，其主打的联机服务使其充当了游戏与玩家之间的媒介。后来，技术维护、产品优化以及品牌运营等方面的不足导致浩方对战平台的吸引力大幅降低。昔日的对战平台霸主由于变革乏力，错过了发展的最佳时机，而其他对战平台迎合了网络游戏的发展趋势，逐渐分割玩家的市场份额。

可见，优秀的创业者要始终保持忧患意识，能够清醒地分析市场并善于洞察市场先机，不为暂时的成功而沾沾自喜。

# 第 7 章

# 电子竞技职业适应与发展

职业适应能力在职业生涯发展的过程中非常重要，它不仅决定了个人职业初期的工作成效，还会影响个人职业生涯发展的方向和高度。个人职业适应能力的提高不仅要充分认识职业角色转变、适应不良等影响职业适应的因素，还要掌握职业适应的策略。

## 7.1 就业初期的职业适应

职业适应是指一个人从事某项工作时必须具备的生理、心理素质特征。它是在先天因素和后天环境相互作用的基础上形成和发展起来的。职业适应在职业生涯中占有重要地位。毕业生在从学生向职业人转变过程中，往往会表现出各种不适应。

### 7.1.1 职业角色转变

每个人处在不同的环境中，从事不同的工作或学习，都具有相应的个人行为模式，即扮演不同的角色。通常一个人会经常变换自己的角色，而新旧角色转变的过程中必然伴随着角色的冲突。对于学生来说，从学校走向职场，实现从“学生”到“职业人”的转变，同样存在角色冲突。学生与职业人的角色差异主要表现在以下几方面。

#### 1. 社会角色不同

社会活动中有众多角色。一个人在不同的成长阶段，不同的时间、场合往往要扮演不同的角色，而社会的每一种角色，都有很严格的规范要求。学生是受教育、储备知识、掌握本领、接受经济供给和资助、逐步完善自己的角色；职业人则是用自己掌握的本事，通过具体工作为社会付出、独立作业、具有一定权利和义务、为自己的行为承担责任的角色，两者的区别表现如下。

(1) 承担的社会责任不同。

学生的主要社会责任是学好科学文化知识，全面发展。责任的履行主要关系到本人知识掌握的多少和能力培养的程度，是一个受教育、储备知识、锻炼能力的过程。而职业人的社会责任，是以特定的身份去履行自己的职责，依靠自己的本领或技能去工作，为社会和他人服务。它是通过对工作内容的执行情况来体现的，责任履行的优劣，不仅影响到个人价值的实现，还会影响到单位、行业的声誉。

（2）社会规范不同。

学生与职业人的角色差异不仅是在社会规范的内容上不同，而且社会规范所产生的约束力也不一样。

学生的主要任务是学习、探索，学习时间可弹性安排，课程大纲提供清晰的学习任务，在学习方面可以尽可能多地寻求老师同学的帮助，生活上的困难也有父母可以依靠。

作为职业人，工作时间基本是规定好的，员工要严格遵守，不能迟到早退，要不时加班，还要及时完成上司布置的工作任务。职业人还必须学会服从管理，迅速适应上级的管理风格；职业人如果在工作中犯了错误，是要独立承担成本和风险责任的。

（3）社会权利不同。

学生的权利主要是依法接受教育，并取得生活的经济保障或资助。职业人则是依法行使职权，开展工作，并在履行义务的同时取得报酬。

总而言之，凡是适应由学生到职业人的社会角色转变比较快的人，则容易更早地获得单位的认可，能更快地找到新的起点，也就更容易享受到事业成功的喜悦。因此，毕业生应正确面对社会，正确处理工作与人际关系上的诸多矛盾，克服各种心理障碍，培养良好的适应能力，尽快适应工作环境，迈出成功的第一步。

### 2. 人际关系不同

处理好人际关系是每一个毕业生走上社会后必须学会的课题。作为学生，学习是主要任务，能否学好科学文化知识，提高自身的素质和能力，主要取决于学生本身。竞争只是促进学习的手段，并未从根本上影响学生的利益，因此学生的人际关系总体而言是比较简单的。而社会上的人际关系相对于学校中的同学关系要复杂得多。成为职业人之后，竞争是不可避免的，谁能迅速转变角色，谁的素质高、能力强，谁就能在竞争中取胜，并取得相应的收益。竞争的胜败关系到利益的分配，由此决定了从业者的人际关系是较为复杂的。

### 3. 面对的环境不同

不同的环境对人的影响和要求也不同。学生的学习生活是一种集体生活，住的是学生宿舍，在集体食堂用餐，在校园里是宿舍、教室、图书馆、食堂四点一线简单而安稳的生活方式，处于单纯的校园文化气氛中。刚毕业的学生，由于缺乏实际工作经验，开始工作时往往不能得心应手，感觉工作压力显著增加，容易给心理造成很大的负担。在职场上，面临的社会环境是快速的生活节奏，紧张的工作氛围；没有寒暑假，自由支配的时间较少；还要适应不同地域的生活环境和习惯等。

### 4. 活动方式不同

长期以来，学生的角色处于一种接受外界给予的状态，习惯于输入。而职业人角色则要求运用所学的知识能力，向外界提供自己的劳动。这种从接收到运用、从输入到输出的变化则要求结合实际，创造条件，以此发挥才干。一些学生在长期的学习过程中养成了一种应对心理，只对考试范围内的知识采取突击记忆的方式，考试范围之外的内容则大多不去认真对待。学生带着这种应对心理投入到工作中，就会一时难以适应。即使是一些在学校里比较出色的学生，也经常在角色转变中感到手足无措。

#### 5. 认识社会的途径和内容不同

学生是受教育者，他们对社会的了解、认识主要来自课程以及身边的朋友，认识的途径主要是间接的，认识的内容主要是理论性的。他们对社会的期望值很高，有完美的理想，充满着浪漫的色彩。职业人则通过亲身的实践加深对社会的了解、认识，认识的途径是直接的，认识的内容主要是实践性的、具体的、带有现实主义的。理想和现实总是存在一定的差距，有的毕业生走向社会后，习惯用在学习时的思维方式去认识社会，遇到现实矛盾时容易产生困惑、迷惘、彷徨、甚至是失望的情绪，无法适应工作环境，难于转变角色，有的毕业生则能正确认识这一差距，通过艰苦的努力，最终实现了理想。

此外，从学生到职业人的角色转变，社会对学生独立的要求也相应有了提高。学生在经济上主要是依靠家庭的扶持，职业人有了劳动报酬，在经济上逐步成为独立者。这种经济上的独立是一个标志，它表明了家庭乃至社会对青年提出了全面独立的要求，一方面为青年人的自身发展提供了更为广泛的空间；另一方面也对青年人提出了依靠自身力量、加强自我管理的人生新课题。毕业生能较快地适应独立生活，对于自身的良好发展以及取得事业的成功都具有重要意义。

### 7.1.2 适应不良的表现

刚毕业的学生，过惯了单纯、安稳的校园生活，在投身社会后常常会感到自身与社会间存在一些矛盾，出现了诸多不适应的表现，主要有以下几点。

#### 1. 角色转变不适应

不少毕业生从学校步入社会的过程中，对学生角色和职业人角色认识不清，十多年的学习生涯使毕业生形成了特定的学习、生活和思维习惯，在工作中思维方式、行为方式、处事方法摆脱不了学生气，与职业人角色要求的义务和规范有很大差异。其结果很可能是刚入职的毕业生在心理、工作、人际关系处理上出现偏差，难以适应角色转变的要求，阻碍了正常的工作。

#### 2. 心理不适应

刚刚步入社会的毕业生，满怀理想，一腔热血，准备在工作岗位上大展宏图。一旦接触现实，尤其是接触到社会的一些消极面，如复杂的人际关系、陈旧的设备、落后的管理方式等，往往就会从理想的巅峰一下子跌入低谷。毕业生在就业初期的心理思想状态多呈“马鞍”形，即从一开始积极性很高，一旦遇到实际困难就灰心丧气、情绪低落，经过清醒的认识和自我调整后，又会振作精神，主动适应社会。

有些毕业生因自己专业知识、专业技能及综合素质不如其他学生，或因求职屡次受挫，产生强烈的自卑感，进而转化为自卑心理。有这种心理的大学生往往把失败归咎于自己，缺乏竞争勇气和自信心，工作无所适从，不能恰当地向用人单位展示自身的长处。一旦中途受到挫折，更缺乏心理上的承受力，从而进行自我否定。在激烈的择业和工作竞争中，这种心理障碍是走向成功的大敌。还有些学生，觉得自己工作能力强，对工作抱有过高期望值，面对自己的期望与现实的落差，彷徨苦闷，影响自己的发展。

### 3. 对社会现实不适应

由于校园生活与社会现实之间的差距，毕业生初入社会很容易对社会现实产生不适。学生在校时接受的主流教育都是健康、正面的，常以理想的思维方式看待社会，规划人生。对于社会和职业的认识，容易走两种极端：一种是对于社会和人性的复杂缺乏基本的认知和准备，过于天真和无知；另一种则对社会和人性过于悲观，对现实的无奈和失望使他们对自己的人生规划抱有强烈的抵触心理，又因为过于理想化而导致苛刻、偏激、狭隘、封闭的心理状态。一旦置身于社会当中，对社会中的一些不良现象，毕业生既看不惯，但又无能为力，便会处于困惑之中，产生种种疑问，难以使自己的思维方式与社会现实相协调，反映出对社会生活的不适应，甚至还表现出对单纯、安稳的学生生活的留恋。

### 4. 工作不适应

拥有良好的自我认识，可以在选择职业时，选择那些符合自己价值观，与自己个性品质及能力相适应的工作，在工作中更有效地发挥个人潜能，实现自我价值。但现在不少毕业生，由于缺乏社会历练，不能客观地分析自我，不能从更广更深的角度去认识、评价自己，对自己没有清醒的认识，自我认知出现偏差，缺乏自信或者过于自负。在工作中，可能认为自己能力强，应该承担更大的职责，看不起基层工作，好高骛远，不能脚踏实地工作；在人际关系上，认为应该受到领导的重视和同事的尊重，缺乏必要的谦虚精神。

还有一些毕业生在工作中不比奉献，比个人收入；不比自己为单位创造了多少效益，而是比待遇，比报酬；甚至为了星星点点的个人利益出卖公司的商业机密，结果影响了自己职业发展前景，更违背了相关法律或道德。

工作不适应具体表现为以下几方面。

（1）缺乏动手实践能力。

绝大部分应届毕业生初涉职场，有热情、有发展潜力，但对社会认知较少，缺乏工作经验，特别是缺乏动手实践能力，到单位后不能很快进入工作状态，短时间内难以创造效益。而从一名生手到独当一面的能手需要一个过程，需要毕业生努力学习、积极锻炼，尽快适应工作要求；同时也需要用人单位付出时间和精力帮助他们提高。

（2）吃苦耐劳精神准备不足。

据用人单位普遍反映，部分毕业生存在生活自理能力不强，特别缺乏吃苦耐劳精神，表现为不愿意加班，对工作中的困难和问题不能及时处理，拖延、不努力，极个别毕业生只讲条件不讲奉献，严重影响了个人的职业形象。

（3）不能适应企业相对严格的规章制度。

有些毕业生在单位沿袭了在校时自由散漫的作风，不能严格遵守单位的规章制度，不仅对企业利益和文化造成了伤害，也阻碍了个人的职业发展。

(4) 人际关系的困扰。

在人际关系处理上，毕业生可能面临一些问题，例如不知道如何处理与领导、同事的关系。毕业生的特点是比较单纯，进入新环境后与领导、同事朝夕相处，有些人还以学生的方式行事，或口无遮拦，或率性而为，结果常常得不到理解和支持，容易产生误解，造成人际关系紧张。另外，还有一些毕业生容易恃才傲物，不屑与人交往。过于相信自己的能力，而忽视与他人的配合，结果一方面会事倍功半，另一方面会引来他人的负面评价。

#### 5. 生活不适应

生活上的不适应多表现在异地就业的毕业生身上，远离父母，衣食住行各方面都要自己打理。如在北京、上海、深圳等大城市就业的学生就会碰到这样的问题：住宿地点离自己上班单位距离远，换乘车不方便，花费时间较多；城市的生活节奏快不习惯；当地饮食不合自己口味等。

#### 6. 职业技能不适应

应届毕业生最大的问题在于知识储备不足，在校期间学习到的都是书本上的理论知识，由于缺乏实践经验，很多毕业生的专业能力并不符合企业的需求。

## 7.2 影响职业适应的因素及应对策略

### 7.2.1 职业适应的心理过程

心理学家沃尔曼对适应作出以下定义："一种与环境融洽和谐的关系，包括满足一个人的绝大多数需要，并且拥有符合要求所需的行为变化，以便一个人能与环境建立一种融洽的和谐关系。"通俗地说，就是一个人的需要与满足相联系的过程，是一个人通过不断地身心调整与实现，是生活环境维持一种良好的有效的生存状态的过程。从心理学角度来看，适应包括以下几方面内容。

#### 1. 需要

人在世界上生存有着各种各样的需要，人的各种需要，如果得到满足就会产生心理平衡，反之则感到紧张、失望、恐惧、不安，产生情绪波动，适应过程首先是一种需要的存在，为了满足需要而去适应。

#### 2. 阻挠

阻挠是指个体在利用其现有的习惯机制满足需要时所遇到的阻碍，例如很多大学毕业生习惯了学校保姆式的环境，什么事情都等学校通知，等老师安排，进入企业后，都是自主处理问题，那么原来有依赖性的习惯机制不能解决问题，便出现了阻挠。阻挠一般分3种情况：一是环境阻挠，例如大学新生从熟悉的家乡到完全陌生的城市感到不适应；二是个人情感，例如面对现实情况和个人设想之间的巨大落差时产生的不良情绪；三是需要的冲突,当多种需要发生冲突时,人就会陷入选择困境,难以前进。

#### 3. 反应

当人们用习惯方式或定式思维解决陌生问题失败时,就会主动寻找一种新的能够解决问题的方式,这就是反应。人适应环境的效果在很大程度上取决于他不断变更自己思维和行动方式的反应。

#### 4. 适应

当反应能够减轻个体内驱力所引起的紧张时,原来行为就会结束,这就是适应。人们总是不断地通过调整反应模式来达到适应的效果,例如有的毕业生就业后,在新环境中摸爬滚打一段时间,就会知道如何按职场规则办事,变得驾轻就熟,游刃有余了,这就说明他已经适应了新的工作环境。

### 7.2.2 影响职业适应的因素

由于学生与职业人的角色不同,毕业生进入社会后,要受到社会、家庭、业务能力、自身认知能力、人格心理发展水平、意志品质以及情绪情感等因素的影响,在角色转变过程中会遇到多种多样的困难,角色转变的时间有长有短。适应期的长短受诸多因素的影响,概括起来有自身因素和环境因素两大类。

#### 1. 自身因素

1) 身体因素

健康的体魄是事业成功的基础,学生在校努力学习的同时应该注意加强体育锻炼,以良好的身体状态迎接工作的挑战。大部分学生在校期间缺乏体育锻炼,个别学生到条件艰苦的工作环境中会感觉不适应,角色转变时间和心态受到一定的影响,所以,有一个健康的身体,是毕业生能够快速进行职业角色转变的基础。

2) 心理因素

由于理想和现实的差距、期望与实际的不平衡,许多初入职场的毕业生在角色转变过程中,容易出现失落、自傲、依恋、自卑、浮躁等心理不适的现象,应及时加以调整。

3) 认知因素

角色认知是毕业生对自身应在社会工作中所处的地位、作用、行为规范和应承担责任的实际认识。角色认知是角色扮演的前提条件,毕业生能否成功地扮演"职业人"角色,取决于他对"职业人"角色的认知程度。长期以来,由于学校对学生角色认知教育的缺失以及学生的社会阅历不足,很多毕业生在步入工作岗位之初会遇到角色认知不清、意识不强、企业文化认同感缺失等问题。如果毕业生不能尽快地从"学生"角色定位中走出来,调整角色认知,尽快明确"职业人"角色的行为规范,就会导致角色转变延缓,甚至角色转变失败。

4) 性格因素

不同工作岗位的特点不同,对从业者性格要求也不同,不同的性格适合不同的岗位。

如果性格特征与岗位要求不符，不仅影响工作，还可能对从业者本人的职业前景有所阻碍。任何一个工作岗位对性格的要求都不是绝对化的，关键是一个从业者必须根据工作需要，努力克服个人性格缺陷，培养良好的素质、性情，以恰当的心态去对待工作，才能把工作做好。

#### 2. 环境因素

角色转变过程伴随着环境因素的变化。进入新的角色，首先必须要努力适应新的环境，包括工作、学习、生活环境和人际关系。部分毕业生就业前在工作条件和福利待遇方面的期望值都很高，就业后在艰苦的工作、生活条件面前往往大失所望，无法适应艰苦紧张的生活，难以安心工作，对职业角色产生抵触心理，不愿进入新的角色。由于受当今社会特定环境影响，有的毕业生自理能力差，行为懒散，举止较为随便，经常迟到早退，消费没有计划和节制，这些行为习惯都与企业的职业要求相违背。

### 7.2.3 职业适应的策略

毕业生要保持积极的心态，主动适应环境，调整和把握自我的发展方向，适应环境的选择，做生活的强者。只有积极地适应社会，才能更好地服务社会。

#### 1. 立足新岗位，树立新意识

1）树立角色意识

适应工作，适应社会，首先要树立新意识，最主要的是要树立角色意识。尽快完成对新角色的领悟、认识和实践，这是适应职业和社会的关键所在。

2）树立独立意识

学生在校的主要任务是学习，长期依靠教师，生活来源也主要靠家人供给，形成了依赖心理。工作后，毕业生要承担一定的家庭责任和社会责任，工作中要能够独当一面。独立意识对于立足社会有重要的意义，只有具备独立意识之后，毕业生才能自主规划自己的人生，为以后的工作打下良好的基础。

3）树立主人翁意识

在学生时代，毕业生的学习主要在教师的指导下进行，生活主要依赖父母的安排与照顾，扮演的主要是被动、客体的角色。除学习外，凡事很少操心，社会活动较少，承担的社会责任也较少。毕业后，初入职场的毕业生要参与管理决策工作，要承担更多的社会责任和义务，这就要求毕业生要树立主人翁意识，以单位、部门的兴衰为荣辱，以实现国家兴旺、民族强盛为己任。

4）树立协作意识

从某种意义上来说，在校学习是一种独处的个体活动。随着科技的高速发展，社会分工越来越细，部门与部门之间、个人和个人之间的协作关系日益密切。合作项目的完成、工作的组织管理等，都必须具有协作精神。因此，刚刚走上工作岗位的毕业生，一定要树立协作意识，切勿片面强调个人作用，要从整体利益出发，顾全大局。

### 2. 树立正确的职业观

认识是行动的先导。毕业生在职业活动中，必须树立正确的职业观。

1）正确的职业待遇观

物质需要的满足不一定能给人带来幸福和快乐，只有满足了精神需要，个人才会有强烈的幸福感。因此，必须正确对待职业待遇，不能只追求物质待遇而忽视精神待遇；即使从物质需求的角度看，也要通过自己的诚实劳动来改善物质条件，最后才能心安理得地享受相应的物质报酬。

2）积极的职业苦乐观

在社会主义市场经济条件下，人们的职业苦乐观有 3 个层次：最高层次是忘我地劳动，有强烈的事业心和高度的责任感，无私奉献；中间层次是主动地劳动，履行职业责任，关心集体，努力改善职业待遇；较低层次是被动地劳动，仅把职业当成个人谋生的手段和致富的途径。要抵御低层次的职业苦乐观，克服享乐主义的思想，正确处理个人地位、待遇与奉献意识的关系。

3）客观的职业地位观

所谓职业地位观，就是对职业地位（如权力、工资、晋升机会、发展前景、工作条件等）的认识和态度。职业地位观不可避免地带有个人偏见以及社会环境、舆论氛围等其他因素的影响，因此，要做到不以一时的主观判断来选择职业，而是客观地看待职业的社会地位，充分认识社会和自我。

### 3. 树立终身学习观

由于社会的进步，科技的迅猛发展，知识总量剧增，知识更新频率加快，知识老化周期变短，这就导致传统的学校教育帮助毕业生适应现实挑战的作用减小，使现代人时刻面临着信息更新的压力，那种结束学校教育、找到工作就一劳永逸的机制已成为历史。

据专家预测，今后一个劳动者在固定工作岗位持续工作五年左右，就有可能跟不上岗位的技术要求。因此，对于每位劳动者来说，需要通过参加培训等方式补充新知识、新技术，适应新的要求。

在现今的职业环境里，没有打不破的铁饭碗。一个人的工作在今天可能不可或缺，可这并不意味着以后这个职位仍然有存在的必要，所以必须不断学习来防患于未然。高新知识的补充、科技智能的内化、职业技能的升级等，都使受教育者的潜能得到释放，生活质量得到提升。学习已成为生存、发展之道，知识将改变人们的命运。

对于刚踏入社会的毕业生来说，要使自己适应未来工作的需要，就必须树立终身学习观，要深刻地认识到，适应社会的过程是一个学习、适应、再学习、再适应的过程。这体现在以下几方面。

（1）知识结构的完善，需要不断学习。

毕业生虽然通过多年的学习，已经拥有一套较为完整的知识结构，具备了一定的能力，但这套主要通过学习理论构建的知识体系，需要实践和行业信息的补充，毕业生解决实际问题的能力和动手能力也有待提高。只有通过不断学习，职场新人才能进一步完善自己的知识结构,提升能力。

(2) 适应工作的要求,需要不断学习。

毕业生初到岗位,对自己所要从事的工作的内容和要求还不太了解,只有不断学习、勤于思考、善于总结,尽快熟悉并掌握有关的业务知识,及时补充业务知识的不足,才能更好地适应工作。

(3) 跟上科学技术的发展节奏,需要不断学习。

飞速发展的科技,对经济产业、工作思维、劳动工具都进行了革新,劳动者必须不断地更新知识,才能不被社会所淘汰。毕业生如果仅仅停留在学校所学的知识基础上,知识很快就会过时,时代的发展要求劳动者不断更新知识以及开阔视野。

总之,学习不仅是一个需要持续一生的习惯,也是一个需要不断深入和拓展知识领域的过程。终身学习,是一个知识的积累、运用和创造的过程。这个过程使每个人在飞速变化的社会中能够更自如地面对挑战、任务和各种各样的新环境。

#### 4. 乐观面对职场困难

在实际的工作环境中,毕业生需要尽快掌握与人合作、沟通的思路与技巧。面对工作中出现的各种困难,要及时调整个人的工作态度和工作方式,带着积极寻求方案解决问题的心态去对待工作中的难题,维系良好的人际关系,把注意力集中在工作的优化上。

#### 5. 保持工作激情

把工作当作事业,是毕业生需要及时培养的心态。当新员工把一项工作当作自己的事业来看待时,自然就能积极地了解行业的生态,寻找解决工作问题的方案以及思考提高工作效率的方法。这样一来,不仅能够积累必要的工作经验,也能快速学习到更有效的工作方法,更能加深个人对行业的理解。更重要的是,拥有了这样信念的员工更有动力克服在工作过程中遇到的各种不平衡心态,更能进行自我调节。

## 7.3 职业适应能力与培养

### 7.3.1 职业适应的能力

对于职业适应的能力,国内外许多研究持有不同的解释。1981 年,素普等人对职业适应能力进行了阐述:职业适应能力是个体能否成功应对职业转变的关键因素,强调个人的人格特质是非常必要的。福格特等学者认为,职业适应能力是指个体为满足环境变化需求而改变行为、态度和想法的意愿和能力。

目前国内对于职业适应能力的界定还没有统一。学者陈蓉指出,职业适应能力主要表现为就业者对所承担的工作在生理和心理素质方面的能力。施晶辉提出,职业适应能力指的是从业者在新的职业活动中,当职业或专业类型发生变革时,支持从业者尽快达到新职业的要求,并且在新的职业环境中进行积极有效的职业活动的职业个性品质,具体表现为对职业环境的适应快慢,以及能否在工作中顺利地展示自我、提升自我。

## 7.3.2 提高职业适应的能力

一般而言，从业者职业适应能力的提高主要依靠行业协会、企业、教育机构以及从业者个人。目前，国内电子竞技行业只存在地方级别的行业协会，而由厂商主导的电子竞技项目职业联盟正在为电子竞技职业选手提供职业生涯规划培训的课程服务。因此，国内电子竞技从业人员职业适应能力的提高主要依赖电子竞技项目职业联盟、电子竞技企业、电子竞技教育机构以及电子竞技从业人员个人。

### 1. 电子竞技项目职业联盟

目前，电子竞技项目职业联盟（如 KPL）主要通过为电子竞技职业选手提供职业生涯规划培训课程的方式帮助职业选手理解职业适应不良的心理与行为表现，以及相对应的应对策略，以提高职业选手的职业适应能力。此外，电子竞技项目职业联盟发布的行业资讯也有助于电子竞技从业人员或有意从事电子竞技行业的人员提高对电子竞技行业的理解，以减少或避免电子竞技从业人员在电子竞技行业从事工作的不适应状况。

### 2. 电子竞技企业

电子竞技企业（如电子竞技俱乐部、电子竞技赛事执行公司、电子竞技赛事传播平台等企业）目前主要通过入职培训、前辈辅导等方式提高电子竞技从业人员的职业适应能力。然而，为了让电子竞技从业人员在职业发展的不同阶段都能适应实际的工作环境，保持良好的工作效率，电子竞技企业应定期开展职业培训课程，帮助电子竞技从业人员面对不同职业发展阶段的困难与挑战，进一步保障电子竞技从业人员个人的职业发展以及电子竞技企业的可持续发展。

### 3. 电子竞技教育机构

电子竞技教育机构（如开设电子竞技相关专业的院校以及电子竞技教育培训机构）可以在课程设置结构上进行优化，通过基础专业理论与实际工作环境相结合的课程帮助学员及时了解电子竞技行业的真实工作状况。另外，电子竞技教育机构也可以在原有的主要课程上添加帮助电子竞技从业人员提升职业适应能力的心理课程。

### 4. 电子竞技从业人员

电子竞技从业人员为提高个人的职业适应能力，应当发挥个人的积极性和主动性，及时了解电子竞技行业的资讯，客观而理性地评价个人的条件与能力，制定科学可行的职业生涯规划，以减少进入实际工作环境之后的不适应情况。

# 参考文献


[1] 杨林书，孙丽园. 传媒就业与职业规划导航[M]. 杭州：浙江大学出版社，2010.

[2] Gonyea J C. The on-line job search companion[M]. New York：McGraw-Hill Inc.，1995.

[3] Osipow S H. Theories of Career Development[M]. Des Moins：Meredith Corporation，1973.

[4] 林幸台. 生计辅导的理论与实施[M]. 台北：五南出版社，1990.

[5] 企鹅智库. 中国电竞运动行业发展报告|企鹅智库[R/OL]. [2021-06-16] https://mp.weixin.qq.com/s/ehMCog4iGth5FRp-7Owi7w.

[6] 倪坚. 职业规划解码[M]. 北京：光明日报出版社，2009.

[7] 吴文群，曾蓉. 我国大学生职业生涯规划的必要性研究[J]. 怀化学院学报，2007(05)：151-152.

[8] 苏传华，张毅. 大学生职业发展与就业指导[M]. 北京：中国铁道出版社，2012.

[9] L.F，Ginzberg E，Ginzburg S，et al. Occupational Choice. An Approach to a General Theory[J]. Population(French Edition)，1970，25：219.

[10] 刘淑艳，梁旭光，刘明，等. 职业生涯规划[M]. 北京：北京工业大学出版社，2009.

[11] 张再生. 职业生涯规划[M]. 天津：天津大学出版社，2007.

[12] BBKinG. 中国电竞幕后史[M]. 武汉：长江文艺出版社，2015.

[13] 企鹅智库. 世界与中国：2019 全球电竞行业与用户发展报告|企鹅智库 [R/OL]. [2019-06-20] https://mp.weixin.qq.com/s/U83ukyJsNXj62dBUJM2Grg.

[14] 人社部. 新职业——电子竞技员就业景气现状分析报告 [R/OL]. [2019-06-28] http://www.mohrss.gov.cn/SYrlzyhshbzb/dongtaixinwen/buneiyaowen/rsxw/202009/t20200923_390310.html.

[15] 人社部. 新职业——电子竞技运营师就业景气现状分析报告 [R/OL]. [2019-07-05] http://www.mohrss.gov.cn/SYrlzyhshbzb/dongtaixinwen/buneiyaowen/201907/t20190705_322555.html.

[16] Education D O，Science and Training. Employability skills for the future[J]. Department of Education Science & Training，2002.

[17] 虎扑电竞. 聚焦 RNG 心理辅导师：电竞选手需具备的心理素质 [R/OL]. [18-06-24] http://baijiahao.baidu.com/s?id=1604138006326888118&wfr=spider&for=pc.

[18] 企鹅智库. 中国电竞行业与用户发展报告：海量独家数据首发|企鹅智酷 [R/OL]. [2018-06-14] https://mp.weixin.qq.com/s/ITrU14GHpfUW5VY0g4AHpA.

[19] 张兵仿. 大学生就业指导教程[M]. 北京：时事出版社，2016.

[20] 企鹅智库. 2020 全球电竞运动行业发展报告|企鹅智库(免费版+付费版) [R/OL]. [2020-08-24] https://mp.weixin.qq.com/s/Lb09sQ6DpNN1zGaNGGQSCA.

[21] 许益锋，胡炎艳. 创业家视角下的创业者素质及培养策略[J]. 经营与管理，2014(05)：131-134.

[22] 曹无瑕. 论大学生的职业适应[J]. 经济技术协作信息，2014(34)：12-12.

[23] 孙梁. 浅谈学前教育专业高职生就业能力的培养[J]. 济南职业学院学报，2010，000(004)：48-50.

[24] 胡楠，郭冬娥，李群如，等. 大学生职业规划与就业指导教程[M]. 北京：人民邮电出版社，2017.

[25] Super D E，Knasel E G. Career development in adulthood：Some theoretical problems and a possible solution[J]. British Journal of Guidance & Counselling，1981，9(2)：194-201.

［26］ Fugate M，Kinicki A J，Ashforth B E. Employability：A psycho-social construct，its dimensions，and applications［J］. Journal of Vocational Behavior，2004，65(1)：14-38.

［27］ 陈蓉. 职业生涯教育：提高高职学生职业适应能力的突破口［J］. 职业教育研究，2009，000(008)：62-63.

［28］ 施晶晖. 关于提高职业适应能力的思考［J］. 中国职业技术教育，2004(18)：39-40.